21 世纪特殊教育创新教材

主编单位
华东师范大学学前与特殊教育学院
南京特殊教育师范学院
华中师范大学教育科学学院
陕西师范大学教育学院
总主编：方俊明
副主编：杜晓新　雷江华　周念丽

学术委员会
主　任：方俊明
副主任：杨广学　孟万金
委　员：方俊明　杨广学　孟万金　邓　猛　杜晓新　赵　微
　　　　刘春玲

编辑委员会
主　任：方俊明
副主任：丁　勇　汪海萍　邓　猛　赵　微
委　员：方俊明　张　婷　赵汤琪　雷江华　邓　猛　朱宗顺
　　　　杜晓新　任颂羔　蒋建荣　胡世红　贺荟中　刘春玲
　　　　赵　微　周念丽　李闻戈　苏雪云　张　旭　李　芳
　　　　李　丹　孙　霞　杨广学　王　辉　王和平

21 世纪特殊教育创新教材·理论与基础系列

主编：杜晓新　　　　　　　审稿人：杨广学　孟万金

- 特殊教育的哲学基础（华东师范大学：方俊明）
- 特殊教育的医学基础（南京特殊教育师范学院：张婷、赵汤琪）
- 融合教育导论（华中师范大学：雷江华）
- 特殊教育学（雷江华、方俊明）
- 特殊儿童心理学（方俊明、雷江华）
- 特殊教育史（浙江师范大学：朱宗顺）
- 特殊教育研究方法（华东师范大学：杜晓新、宋永宁）
- 特殊教育发展模式（纽约市教育局：任颂羔）

21 世纪特殊教育创新教材·发展与教育系列

主编：雷江华　　　　　　　审稿人：邓　猛　刘春玲

- 视觉障碍儿童的发展与教育（华中师范大学：邓猛）
- 听觉障碍儿童的发展与教育（华东师范大学：贺荟中）
- 智力障碍儿童的发展与教育（华东师范大学：刘春玲）
- 学习困难儿童的发展与教育（陕西师范大学：赵微）
- 自闭症谱系障碍儿童的发展与教育（华东师范大学：周念丽）
- 情绪与行为障碍儿童的发展与教育（华南师范大学：李闻戈）
- 超常儿童的发展与教育（华东师范大学：苏雪云；北京联合大学：张旭）

21 世纪特殊教育创新教材·康复与训练系列

主编：周念丽　　　　　　　审稿人：方俊明　赵　微

- 特殊儿童应用行为分析（天津体育学院：李芳；武汉麟洁健康咨询中心：李丹）
- 特殊儿童的游戏治疗（华东师范大学：周念丽）
- 特殊儿童的美术治疗（南京特殊教育师范学院：孙霞）
- 特殊儿童的音乐治疗（南京特殊教育师范学院：胡世红）
- 特殊儿童的心理治疗（华东师范大学：杨广学）
- 特殊教育的辅具与康复（南京特殊教育师范学院：蒋建荣、王辉）
- 特殊儿童的感觉统合训练（华东师范大学：王和平）

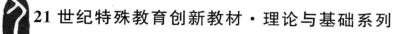

21世纪特殊教育创新教材·理论与基础系列

特殊教育研究方法
（第二版）

杜晓新　宋永宁　编　著

图书在版编目(CIP)数据

特殊教育研究方法 / 杜晓新，宋永宁编著. —2 版. —北京：北京大学出版社，2015.3
（21 世纪特殊教育创新教材）
ISBN 978-7-301-25397-7

Ⅰ.①特… Ⅱ.①杜… ②宋… Ⅲ.①特殊教育 – 研究方法 – 高等学校 – 教材 Ⅳ.①G760–3

中国版本图书馆 CIP 数据核字（2015）第 018017 号

书　　　名	特殊教育研究方法(第二版)
著作责任者	杜晓新　宋永宁　编著
丛 书 策 划	周雁翎
丛 书 主 持	李淑方
责 任 编 辑	李淑方
标 准 书 号	ISBN 978-7-301-25397-7
出 版 发 行	北京大学出版社
地　　　址	北京市海淀区成府路 205 号　100871
网　　　址	http://www.pup.cn　新浪微博：@北京大学出版社
微信公众号	通识书苑（微信号：sartspku）　科学元典（微信号：kexueyuandian）
电 子 邮 箱	编辑部 jyzx@pup.cn　总编室 zpup@pup.cn
电　　　话	邮购部 010-62752015　发行部 010-62750672　编辑部 010-62767346
印 　刷 　者	北京圣夫亚美印刷有限公司
经 销 者	新华书店
	787 毫米 × 1092 毫米　16 开本　17.5 印张　250 千字
	2011 年 5 月第 1 版
	2015 年 3 月第 2 版　2024 年 7 月第 8 次印刷
定　　　价	45.00 元

未经许可，不得以任何方式复制或抄袭本书之部分或全部内容。
版权所有，侵权必究
举报电话：010-62752024　电子邮箱：fd@pup.cn
图书如有印装质量问题，请与出版部联系，电话：010-62756370

顾明远序

去年国家颁布的《国家中长期教育改革和发展规划纲要（2010—2020年）》专门辟一章特殊教育，提出："全社会要关心支持特殊教育"。这里的特殊教育主要是指"促进残疾人全面发展、帮助残疾人更好地融入社会"的教育。当然，广义的特殊教育还包括超常儿童与问题儿童的教育。但毕竟残疾人更需要受到全社会的关爱和关注。

发展特殊教育（这里专指残疾人教育），首先要对特殊教育有一个认识。所谓特殊教育的特殊，是指这部分受教育者在生理上或者心理上有某种缺陷，阻碍着他的发展。特殊教育就是要帮助他排除阻碍他发展的障碍，使他得到与普通人一样的发展。残疾人并非所有智能都丧失，只是丧失一部分器官的功能。通过教育我们可以帮助他弥补缺陷，或者使他的损伤的器官功能得到部分的恢复，或者培养其他器官的功能来弥补某种器官功能的不足。因此，特殊教育的目的与普通教育的目的是一样的，就是要促进儿童身心健康的发展，只是他们需要更多的爱护和帮助。

至于超常儿童教育则又是另一种特殊教育。超常儿童更应该在普通教育中发现和培养，不能简单地过早地确定哪个儿童是超常的。不能完全相信智力测验。这方面我没有什么经验，只是想说，现在许多家长都认为自己的孩子是天才，从小就超常地培养，结果弄巧成拙，拔苗助长，反而害了孩子。

在特殊教育中倒是要重视自闭症儿童。我国特殊教育更多的是关注伤残儿童，对于自闭症儿童认识不足、关心不够。其实他们非常需要采取特殊的方法来矫正自闭症，否则他们长大以后很难融入社会。自闭症不是完全可以治愈的。但早期的鉴别和干预对他们日后的发展很有帮助。国外很关注这些儿童，也有许多经验，值得我们借鉴。

  我在改革开放以后就特别感到特殊教育的重要。早在1979年我担任北京师范大学教育系主任时就筹办了我国第一个特殊教育专业,举办了第一次特殊教育国际会议。但是我个人的专业不是特殊教育,因此只能说是一位门外的倡导者,却不是专家,说不出什么道理来。

  方俊明教授是改革开放后早期的心理学家,后来专门从事特殊教育二十多年,对特殊教育有深入的研究。在我国大力提倡发展特殊教育之今天,组织五十多位专家编纂这套"21世纪特殊教育创新教材"丛书,真是恰逢其时,是灌浇特殊教育的及时雨,值得高兴。方俊明教授要我为丛书写几句话,是为序。

中国教育学会理事长

北京师范大学副校长

2011年4月5日于北京求是书屋

沈晓明序

由于专业背景的关系,我长期以来对特殊教育高度关注。在担任上海市教委主任和分管教育卫生的副市长后,我积极倡导"医教结合",希望通过多学科、多部门精诚合作,全面提升特殊教育的教育教学水平与康复水平。在各方的共同努力下,上海的特殊教育在近年来取得了长足的发展。特殊教育的办学条件不断优化,特殊教育对象的分层不断细化,特殊教育的覆盖面不断扩大,有特殊需要儿童的入学率达到上海历史上的最高水平,特殊教育发展的各项指标均位于全国特殊教育前列。本市中长期教育改革和发展规划纲要,更是把特殊教育列为一项重点任务,提出要让有特殊需要的学生在理解和关爱中成长。

上海特殊教育的成绩来自于各界人士的关心支持,更来自于教育界的辛勤付出。"21世纪特殊教育创新教材"便是华东师范大学领衔,联合四所大学,共同献给中国特殊教育界的一份丰厚的精神礼物。该丛书全篇近600万字,凝聚中国特殊教育界老中青50多名专家三年多的心血,体现出作者们潜心研究、通力合作的精神与建设和谐社会的责任感。丛书22本从理论与基础、发展与教育、康复与训练三个系列,全方位、多层次地展现了信息化时代特殊教育发展的理念、基本原理和操作方法。本套丛书选题新颖、结构严谨,拓展了特殊教育的研究范畴,从多学科的角度更新特殊教育的研究范式,让人读后受益良多。

发展特殊教育事业是党和政府坚持以人为本、弘扬人道主义精神和保障人权的重要举措,是促进残障人士全面发展和实现"平等、参与、共享"目标的有效途径。《国家中长期教育改革和发展规划纲要(2010—2020年)》明确提出,要关心和支持特殊教育,要完善特殊教育体系,要健全特殊教育保障机制。我相信,随着我国经济的发展,教育投入的增加,我国特殊教育的专业队伍会越来越壮大,科研水平会不断地提高,特殊教育的明天将更加灿烂。

沈晓明

上海交通大学医学院教授、博士生导师

世界卫生组织新生儿保健合作中心主任

上海市副市长

2011年3月

丛 书 总 序

特殊教育是面向残疾人和其他有特殊教育需要人群的教育,是国民教育体系的重要组成部分。特殊教育的发展,关系到实现教育公平和保障残疾人受教育的权利。改革和发展我国的特殊教育是全面建设小康社会、促进社会稳定与和谐的一项急迫任务,需要全社会的关心与支持,并不断提升学科水平。

半个多世纪以来,由于教育民主思想的渗透以及国际社会的关注,特殊教育已成为世界上发展最快的教育领域之一,它在一定程度上也综合反映出一个国家或地区的政治、经济、文化和国民素质的综合水平,成为衡量社会文明进步程度的重要标志。改革开放30多年以来,在党和政府的关心下,我国的特殊教育也得到了前所未有的大发展,进入了我国历史上最好的发展时期。在"医教结合"基础上发展起来的早期教育、随班就读和融合教育正在推广和深化,特殊职业教育和高等教育也有较快的发展,这些都标志着我国特殊教育的发展进入了一个全球化、信息化的时代。

但是,作为一个发展中国家,由于起点低、人口多、各地区发展不均衡,我国特殊教育的整体发展水平与世界上特殊教育比较发达的国家和地区相比,还有一定的差距,存在一些亟待解决的主要问题。例如:如何从狭义的仅以视力、听力和智力障碍等残疾儿童为主要服务对象的特殊教育逐步转向包括各种行为问题儿童和超常儿童在内的广义的特殊教育;如何通过强有力的特教专项立法来保障特殊儿童接受义务教育的权利,进一步明确各级政府、儿童家长和教育机构的责任,使经费投入、鉴定评估等得到专项法律法规的约束;如何加强对"随班就读"的支持,使融合教育的理念能被普通教育接受并得到充分体现;如何加强对特教师资和相关的专业人员的培养和训练;如何通过跨学科的合作加强相关的基础研究和应用研究,较快地改变目前研究力量薄弱、学科发展和专业人员整体发展水平偏低的状况。

为了迎接当代特殊教育发展的挑战和尽快缩短与发达国家的差距,三年前,我们在北京大学出版社出版意向的鼓舞下,成立了"21世纪特殊教育创新教材"的丛书编辑委员会和学术委员会,集中了国内特殊教育界具有一定教学、科研能力的高级职称或具有本专业博士学位的专业人员50多人共同编写了这套丛书,以期联系我国实际,全面地介绍和深入地探讨当代特殊教育的发展理念、基本原理和操作方法。丛书分为三个系列,共22本,其中有个人完成的专著,还有多人完成的编著,共约600万字。

理论与基础系列

本系列着重探讨特殊教育的理论与基础。讨论特殊教育的存在和思维的关系,特殊教育的学科性质和任务,特殊教育学与医学、心理学、教育学、教学论等相邻学科的密切关系,力求反映出现代思维方法、相邻学科的发展水平以及融合教育的思想对现代特教发展的影响。本系列特别注重从历史、现实和研究方法的演变等不同角度来探讨当代特殊教育的特点和发展趋势。本系列由以下 8 种组成：

《特殊教育的哲学基础》《特殊教育的医学基础》《融合教育导论》《特殊教育学》《特殊儿童心理学》《特殊教育史》《特殊教育研究方法》《特殊教育发展模式》。

发展与教育系列

本系列从广义上的特殊教育对象出发，密切联系日常学前教育、学校教育、家庭教育、职业教育和高等教育的实际，对不同类型特殊儿童的发展与教育问题进行了分册论述。着重阐述不同类型儿童的概念、人口比率、身心特征、鉴定评估、课程设置、教育与教学方法等方面的问题。本系列由以下 7 种组成：

《视觉障碍儿童的发展与教育》《听觉障碍儿童的发展与教育》《智力障碍儿童的发展与教育》《学习困难儿童的发展与教育》《自闭症谱系障碍儿童的发展与教育》《情绪与行为障碍儿童的发展与教育》《超常儿童的发展与教育》。

康复与训练系列

本系列旨在体现"医教结合"的原则，结合中外的各类特殊儿童，尤其是有比较严重的身心发展障碍儿童的治疗、康复和训练的实际案例，系统地介绍了当代对特殊教育中早期鉴别、干预、康复、咨询、治疗、训练教育的原理和方法。本系列偏重于实际操作和应用，由以下 7 种组成：

《特殊儿童应用行为分析》《特殊儿童的游戏治疗》《特殊儿童的美术治疗》《特殊儿童的音乐治疗》《特殊儿童的心理治疗》《特殊教育的辅具与康复》《特殊儿童的感觉统合训练》。

"21 世纪特殊教育创新教材"是目前国内学术界有关特殊教育问题覆盖面最广、内容较丰富、整体功能较强的一套专业丛书。在特殊教育的理论和实践方面，本套丛书比较全面和深刻地反映出了近几十年来特殊教育和相关学科的成果。一方面大量参考了国外和港台地区有关当代特殊教育发展的研究资料；另一方面总结了我国近几十年来，尤其是建立了特殊教育专业硕士、博士点之后的一些交叉学科的实证研究成果，涉及 5000 多种中英文的参考文献。本套丛书力求贯彻理论和实际相结合的精神，在反映国际上有关特殊教育的前沿研究的同时，也密切结合了我国社会文化的历史和现实，将特殊教育的基本理论、基础理论、儿童发展和实际的教育、教学、咨询、干预、治疗和康复等融为一体，为建立一个具有前瞻性、符合科学发展观，具有中国历史文化特色的特殊教育的学科体系奠定基础。本套丛书在全面介绍和深入探讨当代特殊教育的原理和方法的同时，力求阐明如下几个主要学术观点：

1. 人是生物遗传和"文化遗传"两者结合的产物。生物遗传只是使人变成了生命活体和奠定了形成自我意识的生物基础；"文化遗传"才可能使人真正成为社会的人、高尚的人、成为"万物之灵"，而教育便是实现"文化遗传"的必由之路。特殊教育作为一个联系社会学科和自然学科、理论学科和应用学科的"桥梁学科"，应该集中地反映教育在人的种系发展和个体发展中所发挥的巨大作用。

2. 当代特殊教育的发展是全球化、信息化教育观念的体现，它有力地展现了人类社会发展过程中物质文明与精神文明之间发展的同步性。马克思主义很早就提出了两种生产力的概念，即生活物资的生产和人自身的繁衍。伴随生产力的提高和社会的发展，人类应该有更多的精力和能力来关注自身的繁衍和一系列发展问题，这些问题一方面是通过基因工程来防治和减少疾病,实行科学的优生优育,另一方面是通过优化家庭教育、学校教育和社会教育的环境,来最大限度地增加教育在发挥个体潜能和维护社会安定团结与文明进步等方面的整体功能。

3. 人类由于科学技术的发展、生产能力的提高,已经开始逐步地摆脱了对单纯性、缓慢性的生物进化的依赖,摆脱了因生活必需的物质产品的匮乏和人口繁衍的无度性所造成"弱肉强食"型的生存竞争。人类应该开始积极主动地在物质实体、生命活体、社会成员的大系统中调整自己的位置,更加注重作为一个平等的社会成员在促进人类的科学、民主和进步过程中所应该承担的责任和义务。

4. 特殊教育的发展,尤其是融合教育思想的形成和传播,对整个教育理念、价值观念、教育内容、学习方法和教师教育等问题,提出了全面的挑战。迎接这一挑战的方法只能是充分体现时代精神,在科学发展观的指导下开展深度的教育改革。当代特殊教育的重心不再是消极地过分地局限于单纯的对生理缺陷的补偿,而是在一定补偿的基础上,积极地努力发展有特殊需要儿童的潜能。无论是特殊教育还是普通教育都应该强调培养受教育者积极乐观的人生态度和做人的责任,使其为促进人类社会的进步最大限度地发挥自身的潜能。

5. 当代特殊教育的发展,对未来的教师和教育管理者、相关的专业人员的学识、能力和人格提出了更高的要求。未来的教师和教育管理者、相关的专业人员不仅要做到在教学相长中不断地更新自己的知识,还要具备从事普通教育和特殊教育的能力,具备新时代的人格魅力,从勤奋、好学、与人为善和热爱学生的行为中,自然地展示出对人类未来的美好憧憬和追求。

6. 从历史上来看,东西方之间思维方式和文化底蕴方面的差异,导致对残疾人的态度和特殊教育的理念是大不相同的。西方文化更注重逻辑、理性和实证,从对特殊人群的漠视、抛弃到专项立法和依法治教,从提倡融合教育到专业人才的培养,从支持系统的建立到相关学科的研究,思路是清晰的,但执行是缺乏弹性的,综合效果也不十分理想,过度地依赖法律底线甚至给某些缺乏自制力和公益心的人提供了法律庇护下的利己方便。东方哲学特别重视人的内心感受、人与自然和人与人之间的协调,以及社会的平衡与稳定,但由于封建社会落后的生产力水平和封建专制,特殊教育长期停留在"同情""施舍""恩赐""点缀""粉饰太平"的水平,缺乏强有力的稳定的实际支持系统。因此,如何通过中西合璧,结合本国的实际来发展我国的特殊教育,是一个需要深入研究的问题。

7. 当代特殊教育的发展是高科技和远古人文精神的有机结合。与普通教育相比,特殊教育只有200多年的历史,但近半个世纪以来,世界特殊教育发展的广度和深度都令人吃惊。教育理念不断更新,从"关心"到"权益",从"隔离"到"融合",从"障碍补偿"到"潜能开发",从"早期干预""个别化教育"到终身教育及计算机网络教学的推广,等等,这些都充分地体现了对人本身的尊重、对个体差异的认同、对多元文化的欣赏。

本套丛书力求帮助特殊教育工作者和广大特殊儿童的家长:① 进一步认识特殊教育的本质,勇于承担自己应该承担的责任,完成特殊教育从慈善关爱型向义务权益型转化;② 进一步明确特殊教育和普通教育的目标,促进整个国民教育从精英教育向公民教育转化;③ 进一步尊重差异,发展个性,促进特殊教育从隔离教育向融合教育转型;④ 逐步实现特殊教育的专项立法,进一步促进特殊教育从号召型向依法治教的模式转变;⑤ 加强专业人员的培养,进一步促进特殊教育从低水平向高质量的转变;⑥加强科学研究,进一步促进特殊教育学科水平的提高。

我们希望本套丛书的出版能对落实我国中长期的教育发展规划起到积极的作用,增加人们对当代特殊教育发展状况的了解,使人们能清醒地认识到我国特殊教育发展所取得的成就、存在的差距、解决的途径和努力的方向,促进中国特殊教育的学科建设和人才培养。在教育价值上进一步体现对人的尊重、对自然的尊重;在教育目标上立足于公民教育;在教育模式上体现出对多元文化和个体差异的认同;在教育方法上本着实事求是的精神实行因材施教,充分地发挥受教育者的潜能,发展受教育者的才智与个性;在教育功能上进一步体现我国社会制度本身的优越性,促进人类的科学与民主、文明与进步。

在本套丛书编写的三年时间里,四个主编单位分别在上海、南京、武汉组织了三次有关特殊教育发展的国际论坛,使我们有机会了解世界特殊教育最新的学科发展状况。在北京大学出版社和主编单位的资助下,丛书编委会分别于2008年2月和2009年3月在南京和上海召开了两次编写工作会议,集体讨论了丛书编写的意图和大纲。为了保证丛书的质量,上海市特殊教育资源中心和华东师范大学特殊教育研究所为本套丛书的编辑出版提供了帮助。

本套丛书的三个系列之间既有内在的联系,又有相对的独立性。不同系列的著作可作为特殊教育和相关专业的教材,也可供不同层次、不同专业水平和专业需要的教育工作者以及关心特殊儿童的家长等读者阅读和参考。尽管到目前为止,"21世纪特殊教育创新教材"可能是国内学术界有关特殊教育问题研究的内容丰富、整体功能强、在特殊教育的理论和实践方面覆盖面最广的一套丛书,但由于学科发展起点较低,编写时间仓促,作者水平有限,不尽如人意之处甚多,寄望更年轻的学者能有机会在本套丛书今后的修订中对之逐步改进和完善。

本套丛书从策划到正式出版,始终得到北京大学出版社教育出版中心主任周雁翎和责任编辑李淑方、华东师范大学学前教育学院党委书记兼上海市特殊教育资源中心主任汪海萍、南京特殊教育师范学院院长丁勇、华中师范大学教育科学学院院长邓猛、陕西师范大学教育科学学院副院长赵微等主编单位领导和参加编写的全体同人的关心和支持,在此由衷地表示感谢。

最后,特别感谢丛书付印之前,中国教育学会理事长、北京师范大学副校长顾明远教授和上海市副市长、上海交通大学医学院教授沈晓明在百忙中为丛书写序,对如何突出残疾人的教育,如何进行"医教结合",如何贯彻《国家中长期教育改革和发展规划纲要(2010—2020年)》等问题提出了指导性的意见,给我们极大的鼓励和鞭策。

"21世纪特殊教育创新教材"

编写委员会

(方俊明执笔)

2011年3月12日

前　言

"特殊教育研究方法"是我国高等师范院校特殊教育学专业以及相关专业的一门必修课程。然而,长期以来,缺乏与"特殊教育研究方法"课程相配套的教材。近年来,为了加强特殊教育研究方法的课程建设,我们查阅与整理了大量国内外的有关资料,并结合自己多年来的研究与教学实践,编写了本教材。

本教材内容包括6章。第1章,特殊教育研究概述;第2章,实验研究在特殊教育研究中的应用;第3章,单一被试实验法在特殊教育研究中的应用;第4章,质的研究在特殊教育研究中的应用;第5章,行动研究在特殊教育研究中的应用;第6章,研究的选题、开题与结题。

关于本教材的编写,有以下几点说明:

1. 一般来说,特殊教育学与教育学和心理学都属于社会科学的范畴。因此,适合社会科学的研究方法都适用于特殊教育研究。然而,已有的研究方法众多,新的研究方法层出不穷。在对本书内容进行选择时,我们根据现有资料,仅对目前常用于特殊教育研究中的四种方法(实验研究、单一被试实验研究、质的研究与行动研究)予以介绍。在这四种研究方法中,实验研究与单一被试实验研究属于量的研究;质的研究与行动研究属于质的研究。因此,本书内容既包括量的研究方法,也包括了质的研究方法。

2. 特殊教育研究方法包括理论与实际操作两部分。在本书的编写过程中,我们不仅介绍了各种研究方法的基本原理,而且更为详细地介绍了各种方法的操作流程与步骤。对于相关的数据处理,不仅提供了一般的计算方法与步骤,而且提供了利用SPSS统计软件进行数据处理的方法与步骤,并对软件输出结果作了较详尽的说明。

3. 本书所列举的大部分例子取之于我们多年来在特殊教育研究中所取得的成果。我们想通过这些例子,一方面使读者了解如何运用这些研究方法来探讨与解决特殊教育中的理论与实践问题;另一方面,也为读者在特殊教育研究领域中创造性地运用这些研究方法提供借鉴。

4. "特殊教育研究方法"是大学本科课程"教育统计学"的后续课程。因此,本教材对有关统计内容并未做全面、系统的叙述。只是对与本教材内容密切相关的统计知识作了复习,旨在为读者顺利学习相关内容作好必要的铺垫。

本教材的使用对象除了特殊教育学以及相关专业的本科生以外,还可面向所有从事特殊教育工作与普通教育工作的教师、学生和研究人员。在本书编撰与出版过程中,北京大学出版社的周雁翎主任、李淑方编辑，华东师范大学的方俊明教授，杨福义与张茂林博士，张伟锋硕士付出了辛勤的劳动。另外，本书还收录了王和平、万勤、邱轶、金野、李娜、张福娟老师的文章，在此一并对他们表示衷心的感谢。

由于作者学识有限，时间仓促，本书定有许多不妥之处，敬请各位专家与同行批评指正。

杜晓新
华东师范大学言语听觉康复科学系
2015 年 1 月

第二版修订说明

《特殊教育研究方法》一书自2011年5月出版以来,得到广大读者的关心与支持。在此岁末年初之际,应北京大学出版社之约,本人对原书进行了修订。修订的主要内容包括:在"实验研究在特殊教育研究中的应用"一章中,增加了两样本均数差异显著性检验、单因素与两因素实验设计方差分析流程图,流程图对各类实验设计与数据处理过程进行了高度的总结与概括,有助于帮助读者理清思路,分清各种数据处理的异同,提高数据处理的能力;在"质的研究的应用举例"与"行动研究的应用举例"两节中各增加了一个案例研究报告,分别为:《行为偏差生同伴交往状况的质的研究》与《对一名自闭症儿童进行辅导的行动研究》。另外,也对原书的部分文字进行了调整与修改。著书是一项令人遗憾的事业,我殷切希冀得到同行与广大读者的反馈与指正,不断完善与提高书的质量,为我国特殊教育事业的改革与发展贡献一份力量。

杜晓新
华东师范大学教育康复学系
2015年1月

目 录

顾明远序 ·· (1)
沈晓明序 ·· (1)
丛书总序 ·· (1)
前　　言 ··· (1)
第二版修订说明 ·· (1)

第1章　特殊教育研究概述 ·· (1)
　第1节　特殊教育研究的基本特点 ·· (1)
　　一、特殊教育研究对象的复杂性 ·· (1)
　　二、特殊教育研究方法的多样性与综合性 ··· (2)
　　三、特殊教育研究测量工具的独特性 ·· (2)
　　四、特殊教育研究伦理问题的突出性 ·· (3)
　第2节　特殊教育研究的基本过程 ·· (3)
　　一、研究问题的确定 ·· (3)
　　二、研究方案的规划 ·· (4)
　　三、研究资料的搜集 ·· (5)
　　四、研究结果的分析 ·· (5)
　　五、研究报告的撰写 ·· (5)
　第3节　常用特殊教育研究方法简介 ·· (6)
　　一、实验研究法 ··· (6)
　　二、单一被试实验法 ·· (6)
　　三、质的研究法 ··· (6)
　　四、行动研究法 ··· (7)

第2章　实验研究在特殊教育研究中的应用 ··· (8)
　第1节　实验研究概述 ··· (8)
　　一、实验研究的思想 ·· (8)
　　二、实验研究中的变量 ··· (8)
　　三、实验研究的程序 ·· (11)
　　四、实验设计的类型 ·· (14)
　　五、数据处理的基本知识 ··· (14)
　第2节　单组与双组实验设计及数据处理 ··· (25)
　　一、单组实验设计 ··· (25)

1

二、双组实验设计 …………………………………………………………… (26)
　　三、用SPSS统计软件对两样本均数的差异进行显著性检验 ………………… (30)
第3节　单因素完全随机实验设计及数据处理 …………………………………… (35)
　　一、单因素完全随机实验设计的特点与模式 …………………………………… (35)
　　二、单因素完全随机实验方差分析的原理与步骤 ……………………………… (36)
　　三、用SPSS统计软件对单因素完全随机实验进行数据处理 …………………… (40)
第4节　单因素重复测量实验设计及数据处理 …………………………………… (45)
　　一、单因素重复测量实验设计的特点与模式 …………………………………… (45)
　　二、单因素重复测量实验方差分析的原理与步骤 ……………………………… (46)
　　三、用SPSS统计软件对单因素重复测量实验进行数据处理 …………………… (49)
第5节　两因素完全随机实验设计及数据处理 …………………………………… (55)
　　一、两因素完全随机实验设计的特点与模式 …………………………………… (55)
　　二、两因素完全随机实验方差分析的原理与步骤 ……………………………… (56)
　　三、用SPSS统计软件对两因素完全随机实验进行数据处理 …………………… (59)
第6节　两因素重复测量实验设计及数据处理 …………………………………… (69)
　　一、两因素重复测量实验设计的特点与模式 …………………………………… (69)
　　二、两因素重复测量实验方差分析的原理与步骤 ……………………………… (70)
　　三、用SPSS统计软件对两因素重复测量实验进行数据处理 …………………… (73)
第7节　两因素混合实验设计及数据处理 ………………………………………… (81)
　　一、两因素混合实验设计的特点与模式 ………………………………………… (81)
　　二、两因素混合实验方差分析的原理与步骤 …………………………………… (82)
　　三、用SPSS统计软件对两因素混合实验进行数据处理 ………………………… (85)
第8节　实验研究的应用举例 ……………………………………………………… (95)
　　一、聋校高年级语文阅读教学中组织策略训练的实验研究 …………………… (95)
　　二、标记对聋生句子意义整体理解水平影响的实验研究 ……………………… (98)

第3章　单一被试实验法在特殊教育研究中的应用 ……………………………… (106)
　第1节　单一被试实验简介 ……………………………………………………… (106)
　　一、单一被试实验的界定与类型 ………………………………………………… (106)
　　二、单一被试实验的组成要素 …………………………………………………… (107)
　第2节　单一被试实验的方法论基础 …………………………………………… (108)
　　一、简单共存类比法 ……………………………………………………………… (108)
　　二、合情推理法 …………………………………………………………………… (109)
　　三、证伪法 ………………………………………………………………………… (109)
　第3节　单一被试实验的信度与效度 …………………………………………… (110)
　　一、单一被试实验的信度 ………………………………………………………… (110)
　　二、单一被试实验的效度 ………………………………………………………… (111)
　第4节　单一被试实验的数据收集 ……………………………………………… (112)
　　一、单一被试实验的数据指标 …………………………………………………… (112)

二、单一被试实验的数据收集方法 ………………………………………………… (112)
 第 5 节　单基线实验设计及数据处理 ……………………………………………… (113)
　　一、A—B 设计及数据处理 ………………………………………………………… (113)
　　二、A—B—A 设计及数据处理 …………………………………………………… (123)
 第 6 节　多基线实验设计及数据处理 ……………………………………………… (129)
　　一、多基线实验设计 ……………………………………………………………… (129)
　　二、多基线实验设计的数据处理 ………………………………………………… (132)
 第 7 节　U 实验设计及其数据处理 ………………………………………………… (133)
　　一、U 实验设计概述 ……………………………………………………………… (133)
　　二、U 实验设计的数据处理 ……………………………………………………… (133)
 第 8 节　单一被试实验的应用举例 ………………………………………………… (139)
　　一、注意缺陷多动倾向伴学习困难儿童训练的个案研究 ……………………… (139)
　　二、唇腭裂术后功能性 VPI 患儿言语共鸣障碍矫治的个案研究 ……………… (143)

第 4 章　质的研究在特殊教育研究中的应用 ……………………………………… (149)
 第 1 节　质的研究概述 ……………………………………………………………… (149)
　　一、质的研究的内涵 ……………………………………………………………… (149)
　　二、质的研究的基本特点 ………………………………………………………… (150)
　　三、质的研究与量的研究的区别 ………………………………………………… (151)
 第 2 节　质的研究的操作程序 ……………………………………………………… (152)
　　一、界定研究问题 ………………………………………………………………… (152)
　　二、搜集研究资料 ………………………………………………………………… (152)
　　三、整理和分析资料 ……………………………………………………………… (153)
　　四、进行理论建构 ………………………………………………………………… (153)
　　五、撰写研究报告 ………………………………………………………………… (153)
 第 3 节　质的研究的实施准备 ……………………………………………………… (153)
　　一、对研究问题进行反思 ………………………………………………………… (153)
　　二、确定研究对象 ………………………………………………………………… (154)
　　三、确定研究者的身份 …………………………………………………………… (154)
　　四、选择进入现场的方式 ………………………………………………………… (154)
　　五、研究的伦理 …………………………………………………………………… (155)
 第 4 节　质的研究的资料收集 ……………………………………………………… (155)
　　一、观察法 ………………………………………………………………………… (156)
　　二、访谈法 ………………………………………………………………………… (161)
　　三、实物分析 ……………………………………………………………………… (166)
 第 5 节　质的研究的资料整理与分析 ……………………………………………… (167)
　　一、资料的初步分析 ……………………………………………………………… (167)
　　二、资料的深入分析 ……………………………………………………………… (173)
 第 6 节　质的研究中的理论建构 …………………………………………………… (176)

  一、扎根理论简介 …………………………………………………………… (176)
  二、扎根理论的程序 ………………………………………………………… (176)
 第 7 节 质的研究报告的撰写 ………………………………………………… (178)
  一、组成部分 ………………………………………………………………… (178)
  二、呈现方式 ………………………………………………………………… (178)
 第 8 节 质的研究的应用举例 ………………………………………………… (179)
  一、行为偏差生同伴交往状况的质的研究 ………………………………… (179)
  二、他是如何实现职业成长的？——一名特殊教育教师职业生涯的质性研究 …… (181)

第 5 章 行动研究在特殊教育研究中的应用 …………………………… (192)
 第 1 节 行动研究概述 ………………………………………………………… (192)
  一、行动研究的内涵与特点 ………………………………………………… (192)
  二、行动研究的问题来源 …………………………………………………… (193)
  三、行动研究与质的研究的关系 …………………………………………… (194)
 第 2 节 行动研究操作过程 …………………………………………………… (195)
  一、问题的初始调查及归因 ………………………………………………… (195)
  二、发展和实施行动策略 …………………………………………………… (197)
  三、搜集和分析资料 ………………………………………………………… (200)
  四、研究结果的评估与反思 ………………………………………………… (204)
 第 3 节 行动研究报告的撰写 ………………………………………………… (204)
  一、问题提出 ………………………………………………………………… (204)
  二、问题的归因 ……………………………………………………………… (205)
  三、措施与行动 ……………………………………………………………… (205)
  四、评估、反思、附录 ……………………………………………………… (205)
 第 4 节 行动研究的应用举例 ………………………………………………… (205)
  一、构建区域性随班就读支持系统的行动研究 …………………………… (205)
  二、对一名自闭症儿童进行辅导的行动研究 ……………………………… (208)

第 6 章 研究的选题、开题与结题 ……………………………………… (213)
 第 1 节 课题类型、选题过程及原则 ………………………………………… (213)
  一、课题的类型 ……………………………………………………………… (213)
  二、选题的基本过程 ………………………………………………………… (214)
  三、选题的原则 ……………………………………………………………… (214)
 第 2 节 开题报告的撰写 ……………………………………………………… (216)
  一、课题的名称 ……………………………………………………………… (216)
  二、课题的目的和意义 ……………………………………………………… (216)
  三、课题的基本目标、内容，预计突破哪些难题 ………………………… (217)
  四、课题的研究思路和方法，研究工作方案和进度计划 ………………… (217)
  五、课题研究成果的预计去向及使用范围 ………………………………… (217)
  六、课题研究的组织机构和人员分工 ……………………………………… (218)

七、课题实施的可行性 …………………………………………………（218）
　　八、课题研究的资料准备、研究经费的预算及其他 …………………（218）
第 3 节　结题报告的撰写 ……………………………………………………（218）
　　一、研究的背景与意义 …………………………………………………（218）
　　二、研究的目标 …………………………………………………………（218）
　　三、研究的内容和方法 …………………………………………………（219）
　　四、研究的过程 …………………………………………………………（219）
　　五、研究的成果 …………………………………………………………（219）
　　六、研究的反思与展望 …………………………………………………（219）
　　七、参考文献和附件 ……………………………………………………（219）
第 4 节　开题报告与结题报告选读 …………………………………………（220）
　　一、"学习困难儿童学习策略的理论与训练研究"的开题报告 ………（220）
　　二、"构建智障儿童普通学校良好教育安置模式"的结题报告 ………（222）
参考文献 ……………………………………………………………………（233）
附录 …………………………………………………………………………（235）

第1章 特殊教育研究概述

 学习目标

1. 掌握特殊教育研究的基本特点。
2. 理解特殊教育研究的基本过程。
3. 了解常用的特殊教育研究方法。

特殊教育是教育的一个组成部分,是使用一般或特别设计的课程、教材、教法、组织形式和设备对特殊儿童(青少年)所进行的达到一般的或特殊的培养目标的教育。提高我国特殊教育的质量,是当前全体从事特殊教育工作者的重要任务。要提高特殊教育的质量,就需要特殊教育工作者在特殊教育教学实践过程中,面对各种各样的特殊教育现象,不断探究其内在规律,总结经验,并将经验提升为理论,在理论的指导下进行有效的教育教学实践,从而逐步提高特殊教育的水平。要达到这一目标,就离不开特殊教育研究,要使特殊教育研究富有成效,就必须掌握正确的特殊教育研究方法。特殊教育研究与普通教育研究既有共性的一面,也有其特殊性的一面。从共性的一面来看,普通教育研究方法的基本理论、原则等均适合特殊教育研究。从特殊性的一面来看,由于特殊教育的研究对象主要是各类残疾儿童,是社会中的弱势群体,因此以他们为对象的特殊教育研究,无论在有关理论、原则,以及研究方法的选择上都会有一定的特殊性。作为本书开篇的第一章,我们首先介绍特殊教育研究的基本特点、特殊教育研究的基本过程和常用的特殊教育研究方法,以期读者能对特殊教育研究方法有一个大体的概念。

第1节 特殊教育研究的基本特点

特殊教育研究有其自身的特点,具体体现在特殊教育研究对象、研究方法、测量工具,以及研究的伦理等方面。下面就这四方面分别进行论述。

一、特殊教育研究对象的复杂性

特殊教育研究对象的复杂性首先表现在研究对象的多样性上。目前我国主要将特殊教育对象分为听力残疾、视力残疾、智力残疾以及其他残疾(教育部,2009)。美国对特殊儿童的分类更为详细:在1997年修订的美国《障碍者教育法案》(*Individuals with Disabilities Education Act*,IDEA)中,将6~21岁需要接受特殊教育的对象划分为10大类,即学习障碍、情绪行为困扰、智力障碍、自闭症、其他的健康障碍、整形性障碍、脑外伤、言语语言障碍、

听觉障碍和视觉障碍。在每一类障碍中又包含诸多亚类型,如:自闭症作为一个谱系,根据《精神障碍诊断与统计手册》(Diagnostic and Statistical Manual of Mental Disorder,DSM-IV,APA,1994)的分类,它又具体包括自闭症障碍、里特障碍、儿童期分裂性障碍、阿斯伯格综合征和广泛性发展综合征等五种障碍。又如:根据 IQ(不是唯一标准)的高低,可将智力障碍的儿童划分为边缘、轻度、中度和重度智力障碍。再如:根据儿童听力损失程度,将其分为轻、中、重与极重度听力障碍。

特殊教育研究对象的复杂性又表现在特殊教育对象的差异性上。具体体现在三方面:一是特殊儿童群体与正常儿童群体间的差异,如听力障碍儿童与同龄健听儿童在阅读理解能力上的差异;二是不同特殊群体之间的差异,如听力障碍儿童与视觉障碍儿童听觉识别能力的差异;三是同类特殊儿童个体之间的差异,如不同程度的听力障碍儿童在听觉理解能力上的差异。

二、特殊教育研究方法的多样性与综合性

特殊教育研究对象的复杂性,决定了特殊教育研究方法的多样性及综合性。例如:对于不同群体间或相同群体之间差异的比较研究,可采用实验研究的方法。对于同一群体内的个体之间的比较研究的方法,可采用个案研究的方法,由于特殊教育研究对象的特殊性(如被试量少,异质性大),一些研究者倾向采用单一被试实验的研究方法。对于一些涉及变量较多,难以控制的研究课题(如对"特殊教育学校课堂教学改革的实践研究"研究课题),可采用质的研究或行动研究的方法。对于特殊教育对象的追踪研究(如"对离开教育机构进入社区后智力发展迟缓的个体进行生活状况的研究"课题),也可采用社会学和人类学的研究方法。

如上所述,根据研究目的、研究对象和研究场景等不同,可选用不同的研究方法。然而,各种研究方法的综合运用也十分必要。例如,对某一较宏观的研究课题,可先采用量的研究方法,对研究对象进行分类,使研究问题逐步聚焦。然后再采用质的研究方法,对个案进行深入调查与了解,从而总结与归纳出同类个案的心理特征与行为规律。又如,即使是一项个案研究,既可采用以描述性为特征的质的研究方法,同时也可采用具有量的研究特性的单一被试实验研究方法。两者的结合,往往能更好地实现研究的目标。再如,对于一定数量的同类性质的单一被试实验研究的结果,可运用元分析技术对其进行量的综合分析,以提高研究结果的概括性与普适性。

三、特殊教育研究测量工具的独特性

特殊教育研究离不开教育、心理等测量工具,测量工具的信度与效度是衡量研究水平的重要因素。由于特殊教育研究对象的特殊性,所以对其进行测量的工具也应具有特殊的要求。就现状来看,现有的大部分测量工具并不适用于特殊儿童的教育与心理研究,具体表现在:

第一,现有的大多数标准化测量工具均是以常态儿童为样本而制定的,在对特殊儿童的鉴别与评估中仅起到筛选的作用,即主要对群体间的差异做出鉴别,而对特殊儿童群体内差异的鉴别与区分很不敏感。

第二,现有测量工具的理论模型大多注重评定行为样本的反应结果,而不注重评定其反应过程的特点,而了解特殊儿童心理过程的特点是对其进行有效教育干预的重要前提。值得一提的是,近年来出现的 PASS 理论、多元智能等理论为编制相应的测量工具开辟了新的

途径,其测评的目的不仅在于对被试认知活动的结果做出评价,而且更加注重对被试认知活动过程的评价。例如,以 PASS 理论为基础的教育训练程序与测量工具已广泛应用在轻度弱智儿童与学习困难儿童的研究上。另外,一些新的实验研究技术也为研究特殊儿童认知过程的特点提供了更为科学的手段,如可利用眼动仪来探究注意缺陷儿童在观察时的视动轨迹,并与其观察结果做比较。也可在相关研究的基础上,将眼动仪作为评定儿童注意力水平的客观测量工具。

第三,特殊儿童类别的复杂性决定了相应测评工具的多样性与针对性。从理论与实践的需要来说,对各类特殊儿童应该制定相应的测验工具。例如,我们不仅需要正常儿童认知能力的评价工具,而且也需要听力障碍儿童认知能力的评价工具。有了这两类工具,就不仅可以对健听与听障儿童认知能力的发展水平进行比较,还可以对听障儿童群体内认知能力的个体差异进行比较,而后者对于提高听障儿童的康复教育水平具有更为重要的实际价值。

四、特殊教育研究伦理问题的突出性

目前,科学研究中的伦理问题已受到人们前所未有的关注,而特殊教育研究中的伦理问题就更为突出。作为特殊教育研究对象的特殊儿童在总体上所占比率很小,是绝对的弱势群体。在研究过程中,可能会对他们造成一些有意或无意的伤害,主要有:

第一,一些研究者在对特殊儿童进行研究时,对他们缺少基本的尊重,不是以一种平等的视角来看待他们,而是以一种居高临下的态度,命令他们做这做那,由于特殊儿童的申诉和防御能力较弱,在被动服从之后,自尊心往往受到严重的伤害。

第二,特殊教育研究可能会涉及特殊儿童的隐私,如特殊儿童的残疾状况、家庭经济状况、个人的学习状况等。由于特殊学生或特殊家庭有时候不愿意向外人暴露自己的相关的情况,而研究者的过分追问容易对他们造成伤害。另外,一些研究者在公开发表研究成果时,对其中涉及特殊儿童隐私的内容(如姓名、学校、班级和残疾状况等)并没有进行特别的相应处理,而是直接将其暴露于公众视线之中,这也违背了研究的伦理道德。

第2节 特殊教育研究的基本过程

与一般的研究过程一样,特殊教育研究也包括研究问题的确定、研究方案的规划、研究资料的搜集、研究结果的分析和研究报告的撰写等基本过程。下面对上述内容分别予以介绍。

一、研究问题的确定

在特殊教育实践工作中或者理论学习的过程中,我们往往会发现一些问题,并试图寻求这些问题的答案,这就需要对这些问题进行研究。研究的第一步同时也是最关键的一步就是确定研究的问题。这就需要认真考虑以下几个方面:首先,欲研究的问题是否有价值或意义?第二,研究问题的性质与类型,即主要是理论研究还是实践研究?是宏观研究还是中观或微观研究?第三,是否有适当的方法与手段来研究这些问题?第四,对研究结果是否可做出大致的预期?如在实验研究中,就应对研究结果进行预测,即提出研究假设,相应的研究过程就是不断地验证和修正研究假设的过程。上述四个方面的问题大致考虑清楚了,研究的问题也就基本确定了。

二、研究方案的规划

（一）选择研究对象

确定研究问题之后就要思考：研究对象或被试是谁？研究中需要几名被试？需要采用什么样的抽样方法？根据什么标准来选择被试？如以注意缺陷多动性障碍儿童（ADHD）作为研究对象，那么在筛选被试的时候，除了需要医学上的诊断之外，往往还需要采用 DSM-IV 诊断手册或者康纳斯（Conners）儿童行为问卷等工具进行配合筛选。如以学习困难学生（LD）为研究对象，那么首先必须对"学习困难"予以界定，如采用其操作定义，即儿童智力发展正常，但其主要学科成绩经常低于平均成绩 1.5 个标准差以下的儿童为学习困难儿童。这不仅要评估被试的智力水平，还需要掌握其主要学科的学业成绩。如以聋生为研究对象，则需要思考被试是哪一种类型的聋生？是全聋的还是有残余听力的学生？是佩戴助听器的还是植入人工耳蜗的学生？总之，由于特殊教育对象的复杂性，我们在选择研究对象时要慎重考虑选择的标准与方法。

（二）确定研究内容

确定研究的内容就是不断将研究内容细化和条理化。所谓细化是指研究者在选定研究题目之后，需要不断地对研究题目进行切磋琢磨，界定关键词，不断缩小研究的范围，使研究的内容越来越具体，越来越清晰。如在选择了"聋生语言能力研究"这个大方向之后，就需要对语言能力这个关键词进行界定，至少要思考以下问题：是研究语言理解能力还是语言表达能力？如果是研究语言理解能力，那么是研究书面语言理解能力还是手语或者口语理解能力？条理化是指研究者要将问题分解为若干部分，列出层次结构图，思考各部分的具体内容以及它们之间的相互关系。如以"聋生阅读能力"作为研究内容，就可以将其分为聋生对句、段、篇的阅读理解能力三部分，同时又可以年级为维度，对低、中、高年级聋生的阅读理解能力进行深入研究。

（三）选定研究方法

研究问题的性质决定了研究的方法。如研究问题所涉及的变量明确、有限，即可对相关变量进行测量、操纵与控制，这时可以选用实验研究的方法。如研究的问题涉及的因素很多，相关变量无法定量测量、操纵与控制，则可采用质的研究方法。如研究问题中的对象很少，则可开展个案研究，在个案研究中，既可采用以描述性为主的传统个案研究，也可以采用以单一被试实验法为主的实验研究，或者采用两者相结合的综合研究方法。如研究的是一个很实际的问题且尚未形成明晰的研究路径，又需要与其他人一起合作来寻找问题的解决方案时，则可以采用行动研究的方法。

各种研究方法有很大的区别，这就要求研究者熟练掌握相应研究方法的理论与技术。例如，要采用实验法开展研究，则在实验之前需要思考下面的问题：采用什么类型的实验设计？如何选择与分配被试？被试将按何种顺序接受实验处理？需要搜集到哪些数据？现有的实验能不能提供这些数据？如何分析数据？又如，拟用单一被试实验法进行研究，则必须考虑：采用何种类型的实验设计，是单基线的还是多基线的？以被试的何种生理与心理属性作为观察与记录指标？整个实验周期需要几天？如何分配实验的基线期与处理期的天数等？再如，要进行质的研究，即使其研究问题是在研究的过程中逐渐明晰的，但研究者在研究之前也应该有一个大致的研究方案,如应该采用什么样的方法来搜集资料?如果是访谈,那么将安排几次访谈?对哪些问题进行访谈?等等。

（四）研究人员分工和时间安排

一些研究课题往往需要团队合作才能够完成,这就需要成立课题研究小组,也必然会涉及人员分工的问题。在研究中,可以依据参与者的特长对人员进行分工,如课题组负责人应当承担课题研究的总规划;参与研究的一线人员由于接触研究对象比较方便,可以分担观察或测试的任务;对数据处理比较熟悉的人员,可承担后期的数据分析工作等。另外,课题实施的进程需要有一个明确的计划,要制订课题实施进度表,让全体研究人员知道在什么时间节点上应该完成哪些工作。

三、研究资料的搜集

研究的过程主要是课题参与人员进行分工协调,贯彻研究规划中的各种实施方案,完成研究资料的搜集的过程。在资料收集的过程中,应重视下列资料的搜集：① 课题相关的背景材料,② 课题研究过程中的经验总结及论文,③ 典型个案,④ 课题研究取得的成效凭证,⑤ 课题活动的大事记,⑥ 其他材料(如调查测验量表、课题阶段总结报告等)。研究资料应由专人管理,依不同性质进行分类,依时间顺序进行编排。例如：背景资料、课题方案、实施规划、阶段计划、实施进度与状况、相关论文,以及统计分析报告等都应分门别类,整理成册。

四、研究结果的分析

对不同的研究问题会采用不同的研究方法,而各种研究方法所获得的资料的性质不同,因此对这些资料的分析手段就有很大的差异。如：实验研究搜集到的资料多为数据资料,因此对其主要采用量化分析的方法,即需要对原始数据进行整理,绘制出统计图或统计表,并对样本数据进行统计推断,对原先的实验假设做出检验。在质的研究中,搜集到的资料多以文字(如观察记录、访谈记录)资料和各种实物为主,对这些资料进行分析主要采用质化分析的方法,即需要将原始资料重新整理,提取关键项目,对项目进行编码和登陆。行动研究多以改善实际工作状况为目标,搜集到的资料要能反映出研究前后实际工作的变化情况,资料的性质可以是数据,也可以是描述性的文字,对此类材料的分析可以同时采用质化分析和量化分析的方法。

五、研究报告的撰写

研究报告是总结研究成果,并将其公布于众的一种形式。研究方法不同,研究报告的撰写形式也有所差异。如实验研究报告一般由题目、作者(单位、邮编)、摘要、关键词、引言、方法(如实验设计、被试选取、测量方法、数据统计方法等)、结果、讨论、结论、参考文献及附录等内容组成。单一被试实验研究报告一般由研究的背景、研究对象及方法(包括对象的基本情况、评价结果、研究设计、实验干预方法、数据的收集和处理等)、结果与分析、讨论与建议等内容组成。质的研究报告一般由问题的提出、研究的目的与意义、背景材料(如文献综述)、研究方法的选择和运用、研究的结果、对研究结果的检验、讨论研究的效度、推广度和伦理道德问题等内容组成。行动研究报告一般由问题提出、问题的归因、措施与行动、评估与反思、致谢、参考文献、附录等内容组成。

第3节 常用特殊教育研究方法简介

特殊儿童是一种社会存在,特殊教育研究就是对与这一社会存在有关的各种现象及其相互关系做出明确的说明与解释。由于特殊儿童教育与心理研究中的变量众多,关系错综复杂,因此应依其特殊性,采用一些更加适合其特点的研究方法。其中,实验研究方法、单一被试实验法、质的研究法和行动研究法是在特殊教育研究中经常被采用的方法,现分别简介如下。

一、实验研究法

实验研究主要由实验设计与数据处理两部分组成。实验设计主要是要确定实验变量,安排与实施实验的程序,以获得预期的量化指标。数据处理就是对已获得的数据进行统计处理,并进行统计推断,以检验原实验假设是否得到证实。在有的特殊教育研究中,问题比较具体,涉及的变量不多且易操控,这时便可采用实验研究的方法进行研究。一般来说,实验研究所得到的结果其信度与效度较高。

目前,随着统计学与计算机技术的发展,许多新的统计理论与技术得到更为广泛的应用,如结构方程模型的方法、元分析技术和多变量分层线形模型分析(HLM)等。其中,结构方程模型的方法是现代统计技术发展的典型代表,它可以将多个变量(外生潜在变量与内生潜在变量)纳入同一个模型中进行研究,结构方程模型的方法已在社会科学研究领域中得到越来越广泛的应用,同样,这种方法也为揭示特殊教育复杂现象的规律提供了有效的科学工具。

二、单一被试实验法

我们将单一被试实验法分为传统的与现代的单一被试实验法两类。现代单一被试实验法在实验设计(如单基线设计、多基线设计、变式设计、U设计、R设计和W设计等)与数据处理(如C统计、T统计、U统计、R统计和W统计等)上较传统单一被试实验法有了很大的改进。目前,许多学者极力提倡在特殊教育研究中采用单一被试实验设计的方法。主要原因一是这种实验设计适用于大部分个案研究,而个案研究是特殊教育研究中的一个重要手段;二是这种实验设计改变了以往个案研究仅以描述性叙述来展示研究结果的状况。

三、质的研究法

目前越来越多的研究者逐步认识到在社会科学、教育学和心理学研究中纯量研究的局限性与不足,他们逐步提倡质的研究方法。伯格丹(Bogdan)和拜克伦(Biklen)将"质的研究方法"作为人类学、人种学和生态学研究中所有方法的总和,并对其特点作了总结。他们认为,质的研究将自然情境作为资料的直接来源,在这个过程中研究者本身就是关键的研究工具,研究以描述性陈述为主,研究者更关心的是研究的过程,研究者倾向对资料进行归纳性的分析并且以意义阐释为核心内容。鉴于质的研究方法的特点,许多学者特别强调在特殊教育研究中应用质的研究方法。

四、行动研究法

行动研究是有关社会情境的研究,是从改善行动品质的角度来进行研究的。有学者认为,行动研究法非常适用于对特殊教育中的某些问题进行研究,如,对特殊儿童教育现状的调查、特殊儿童教育教材教法以及教学模式的评估等。

目前,许多学者建议在特殊教育研究中采用综合的研究策略。概括地说,就是将质的研究与量的研究方法结合起来。已有许多特殊教育研究实践表明:在同一项研究中同时使用质与量的研究方法是完全可行的。通过质的研究,可以判定有关现象是否存在、结构如何、各要素之间具有何种联结等,并对各种现象的意义做出合理的解释,它往往奠定了研究的总体框架,决定了研究的大致发展方向与趋势,为量的研究奠定基础。量的研究往往可对整体研究中某些局部作进一步补充与深化,探索变量间的因果或相关关系,提高研究的信度与效度。

本章小结

1. 特殊教育研究的特点是:特殊教育研究对象的复杂性、特殊教育研究方法的多样性、特殊教育研究测量工具的独特性和特殊教育研究伦理道德问题的突出性。
2. 特殊教育研究的基本过程为:研究问题的确定、研究方案的规划、研究资料的搜集、研究结果的分析和研究报告的撰写。
3. 适合特殊儿童身心特点的研究方法有实验研究方法、单一被试实验法、质的研究法和行动研究法等。
4. 在特殊教育研究中,提倡质的研究与量的研究方法的综合使用。

思考与练习

1. 特殊教育研究有哪些特点?
2. 特殊教育研究的基本过程有哪些步骤?
3. 适合特殊教育的研究方法有哪些?各有什么主要特点?
4. 请以某特殊教育研究为例,说明质的研究与量的研究结合使用的优点。

第 2 章 实验研究在特殊教育研究中的应用

学习目标

1. 了解实验研究的基本思想,能够识别三类变量,掌握实验设计的一般步骤。
2. 掌握不同类型实验设计的特征、适用范围及数据处理的步骤。
3. 能够读懂有关的实验报告,并能够对实验设计的优劣进行评价。
4. 能够自己独立进行实验设计,完成实验的实施、数据处理及实验报告的撰写。

实验研究在特殊教育研究中占有重要地位。实验研究可以通过控制实验条件来探讨自变量与因变量之间的关系。如探讨在某种条件下听力障碍儿童认知加工特点,探讨组织策略训练对学习困难儿童阅读理解能力提高的作用,探讨某种教学方法对智障儿童教育与康复的有效性等,都可以采用实验研究的方法。本章旨在介绍实验研究的基本特点以及各种实验设计和数据处理的方法。

第 1 节 实验研究概述

在具体介绍各种实验研究方法之前,我们将在本节中先整体地了解以下内容:实验研究的思想、实验研究中的变量、实验研究的程序、实验设计的类型以及数据处理的基本知识。

一、实验研究的思想

实验研究是在人为严密控制实验条件的基础上,有计划地逐步操纵实验变量,观测与这些变量相伴随的现象,探究实验因子与反应现象之间关系的一种方法。在实验研究之前,需要对实验的整个框架进行设计,即实验设计。实验设计分为广义的实验设计与狭义的实验设计。广义的实验设计是指科学研究的程序性知识,它包括从问题的提出、假说的形成、变量的选择、结果的分析、论文的撰写等一系列内容。狭义的实验设计是指实施实验处理的一个计划方案以及与计划方案有关的统计分析。

实验研究是建立在实证主义的理论基础之上的。实证主义认为:社会现象是一种客观存在,不受主观价值的影响。社会现象必须被经验所感知,一切概念必须可以还原为直接的经验,理论的真理性必须由经验来验证。自然科学的研究遵循的是实证主义的思路,即认为事物内部和事物之间必然存在着逻辑因果关系,对事物的研究就是要找到这些关系,并通过科学的方法对它加以论证。

二、实验研究中的变量

（一）自变量、因变量和无关变量

变量是指在数量上或质量上可变的事物的属性。如,光的强度可以由弱变强,呈现时间

可以由短变长,IQ 可以由高到低,人的性别有男有女,听力的补偿效果有最适合、适合、较适合和不适合等,这些都属于变量。在实验设计中,一般将变量分为自变量、因变量和无关变量三类。自变量与因变量是数学(函数)中的一个常用概念,请看下面的函数:

$$y = kx + b,$$

上式是一个一元一次线性函数,其中,x 是自变量,y 是因变量,k 是斜率,b 是截距,其中因变量随自变量的变化而变化,此函数对应的图形是一条直线。这里,我们将因变量与自变量的概念引入实验研究中。自变量是指在实验中实验者可操纵的变量,因此我们说操纵自变量。因变量是指随自变量的变化而改变的量,是实验者要观察与测量的变量,因此我们说测量因变量。无关变量是指在实验中,不是实验者所欲研究的变量,但它会对因变量产生影响的变量,因此我们说控制无关变量。在只有一个自变量和因变量的实验设计中,自变量、因变量和无关变量三者之间关系,可用图 2-1-1 表示。

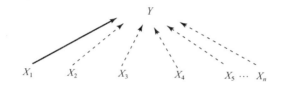

图 2-1-1　三类变量关系图

在 2-1-1 图中,Y 是因变量,X_1 是自变量,而 $X_2, X_3, X_4, X_5, \cdots, X_n$ 都是无关变量。

根据上述,要进行一项实验研究必须明确三类变量。如有一项研究为三种不同教学方法对聋生阅读成绩影响的实验研究。通过题目,我们可知:在该研究中,聋生阅读成绩是因变量,三种不同的教学方法是自变量。该研究的目的就是要通过操纵自变量(采用三种不同的教学方法)来测量因变量(聋生的阅读成绩),从而探究自变量与因变量之间的关系,即三种不同的教学方法是否会对聋生阅读成绩的提高产生影响?如果答案是肯定的,那么,哪一种教学方法所产生的影响最大?另外,除了教学方法之外,学生的年龄、性别、智力水平、听力损失程度等因素都会影响到他们的阅读成绩,这些都属于无关变量,都应该在实验中加以控制。

(二) 实验变量的选择与处理

1. 自变量的分类与操纵

(1) 按内外来源分

在有的实验研究中,将来自被试外部的刺激作为自变量,主要包括物理刺激和社会性刺激。如在灯光强度对阅读速度影响的实验研究中,灯光强度是自变量,是来自外部的物理刺激。又如,在不同奖励措施对儿童合作行为强化影响的实验研究中,不同奖励措施是自变量,是来自外部的社会性刺激。

在有的实验研究中,将被试的某些生理或心理属性作为自变量。这些属性又可分为:被试固有属性,即比较稳定的属性,如性别、年龄、智力水平等;被试暂时属性,即容易改变的属性,如动机水平、疲劳程度等。例如,在探讨儿童年龄与认知发展水平的研究中,年龄是自变量,是被试的生理属性。又如,在探讨学习困难儿童动机水平与其学业成就的研究中,动机水平是自变量,是被试的心理属性。

（2）按数据类型分

在教育统计和心理测量学中，数据可分为连续型随机数据与间断型随机数据两类。在实验研究中，有时自变量的取值是连续型随机数据，如将刺激呈现的时间作为自变量；有时自变量是间断型随机数据，如将被试性别、成绩及格与否等作为自变量。

在自变量的操纵过程中，必须注意两个问题：一是自变量取值间隔要适当；二是自变量取值的范围要适当。例如，在研究学生动机水平与学习成绩的关系时，如果选择三种不同的自变量的取值间隔与范围，则会出现三种截然不同的结果，如图2-1-2所示。

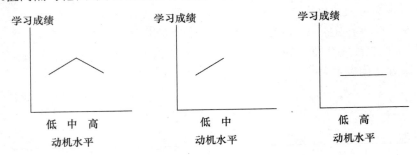

图2-1-2 动机水平与学习成绩的关系图

第一种情况，自变量取值间隔与范围适当，结论为：学生动机水平与学习成绩呈倒U型关系；第二种情况，自变量取值范围过窄，未包括高动机水平，结论为：学生动机水平与学习成绩呈正相关关系；第三种情况，自变量取值间隔过大，未包括中等动机水平，结论为：学生动机水平与学习成绩呈零相关关系。已有大量研究结果证明：第一种结论符合实际情况，而后两种结论都是错误的。

2. 因变量的选择与测量

在实验研究中，选择的因变量一是要有效，二是要客观。有效即因变量指标要能充分、敏感反应自变量的变化。例如，在探讨组织策略训练与学习困难学生阅读理解能力关系的实验研究中，如果将词汇的识别与理解作为因变量指标，那么，该因变量的选择是无效的。因为在该实验中，阅读理解能力指的是对文本信息整体把握的能力，而词汇的识别与理解只是文本中的局部信息。客观即因变量指标是客观存在的，是可以用较客观的方法测量和记录到的，如反应时、反应频率、作业完成量等。值得注意的是：尽管像幸福感、亲社会性、移情等也可以作为因变量指标，但这类指标的获得较为随意与主观，如采用这样的指标，则要对其进行界定，并采用适当的工具进行测量。

在对有些因变量的测量中，需要运用相应的心理测量工具。在教育与心理测量学中，将测量工具分为标准化的测量工具与非标准化的测量工具。标准化的测量工具提供了某指标在各年龄段的常模（平均数与标准差），如韦氏智力测验量表、瑞文智力测验量表等；反之，就是非标准化的测量工具，如实验者自编的调查问卷、学科测验试卷等。当实验者在研究中需要使用相关测验工具时，首先必须清楚这些工具是标准化的还是非标准化的，其次还要考虑其信度与效度。

3. 无关变量的识别与控制

实验研究中的无关变量主要有两个来源：一是被试的个体之间的差异；另一个是实验误差。要提高实验的内部效度，就要尽可能有效地控制无关变量，对无关变量的控制可以采用以下方法。

（1）随机化。随机化包括两个方面：一是从总体中随机选取被试；二是将被试随机地分配给各个实验处理。如单因素完全随机实验设计就是采用随机选取与随机分配被试的方法来控制无关变量的。

（2）匹配。将被试在某个或某些属性上进行配对，使其在这一或这些属性上尽量保持一致，以此来减少无关变量对因变量的影响。如双组实验设计中的配对组设计，就是采用匹配的方法来控制无关变量的。

（3）实验设计。可以通过不同的实验设计来控制无关变量。如可以将完全随机实验设计改为重复测量的实验设计，从而减少被试个体差异对实验结果的影响。

三、实验研究的程序

实验研究的程序就是实验的具体步骤，即实验者在实验的各个阶段应做的事情。概括地说，一般的实验研究需要经过以下五步：提出实验假设、确定实验设计的类型、选择被试、控制实验变量、搜集与分析实验资料和撰写实验报告。

（一）提出实验假设

实验假设是关于条件和结果之间（即自变量与因变量之间）关系的陈述。一般可有两种陈述形式：① 如果把对条件的叙述记为 x，把对行为表现的叙述记为 y，一般取"如果 x，那么 y"这样的形式作为实验的假设。② 用函数关系来表示。如用函数 $y=f(x)$ 来表明自变量 x 与因变量 y 的函数关系，这个方程式就读作 y 为 x 的函数，或 y 数量地依存于 x。

如某人以"大麻含量对人长时记忆的影响"为题进行了一项实验研究。实验前，研究者假设：大麻的含量对人的长时记忆是有影响的，随着大麻含量的增加，人的长时记忆能力减退。或者假设：人的长时记忆能力与吸食的大麻含量呈反比例关系。

（二）确定实验设计的类型

在研究问题明确，实验变量清楚之后，就需要确定实验设计的类型。如以"大麻含量对人长时记忆的影响"实验研究为例，可采用单因素完全随机实验设计；如欲研究文章类型与有无标记对学习困难儿童阅读理解能力的影响，则可采用两因素完全随机实验设计，如要提高该实验的精度，则可采用两因素重复测量的实验设计。总之，要根据研究目的、研究的假设、实验的条件以及对实验精度的要求来选择适当的实验设计。

（三）选择被试

在实验设计的类型确定以后，就需要考虑选择实验被试。一是要考虑需要多少被试，被试的数量与实验设计的类型有关。在上述"大麻含量对人长时记忆的影响"实验中，如果自变量大麻含量有四个水平，即实验共有四个组，若每组 15 人，则共需要被试 60 人。二是要考虑如何来选择被试，即选择符合实验要求的被试。一般而言，选择被试方法有以下两种：① 随机抽样法。这是最基本的抽样方法，即实验被试是随机抽取出来的，每个个体从总体中被抽取的机会是均等的。② 分层抽样法。当总体是由不同大小的组或层次组成时，就必须从各层次中抽取一定数量的被试，这样得到的样本才能更好地代表相应的总体。

（四）控制实验变量

在实验过程中，研究者必须思考与回答以下问题：① 实验的自变量是什么？如何进行操纵？

②实验的因变量是什么？如何观察与测量？③实验中有哪些无关变量？如何控制？如在上述"大麻含量对人长时记忆的影响"实验中，大麻含量是自变量，研究者将其分为四种水平：10mg、15mg、20mg、25mg。即在实验中，第一组被试吸食 10mg 大麻；第二组吸食 15mg 大麻；第三组吸食 20mg 大麻；第四组吸食 25mg 大麻，这就是实验者对自变量的操纵。人的长时记忆水平是实验中的因变量，实验者在被试吸食大麻后，让其学习包括 100 个单词的词表。一个月后招回被试，让其自由回忆学习过的 100 个单词，并以回忆百分率作为人的长时记忆水平的衡量指标。上述实验中的无关变量主要来自被试与实验过程中的各种影响因素。从被试来说，主要有：年龄、性别、文化程度、健康状况以及是否有吸毒史等；从实验中的影响因素来说，主要有：指导语、实验环境、单词之间的关联度等。实验者需要对这些无关变量加以控制，如尽可能地使被试同质，尽可能地使各单词之间的关联度降到最低，以防止部分被试采用记忆策略记忆单词等。

另外，实验者还需确定与实验设计相对应的统计方法。如，上述实验是一个单因素完全随机实验设计，对实验数据可利用 SPSS 统计软件中的单因素方差分析（ONE-WAY ANA-VO）模块进行数据处理。

（五）搜集与分析实验资料

1. 资料的类别

一般来讲，在特殊教育研究中，资料主要分为以下三类：

（1）分类资料：就是按个体的某一属性或某一反应属性进行分类的资料。如被试是男还是女，是高年级还是低年级，其反应是对还是错等。

（2）等级资料：在实验的过程中，往往需要用各种心理量表来获取数据。有些量表则将特殊儿童心理或行为发生的程度赋予强、中、弱等等级，这类资料属于等级资料。

（3）计量资料：就是用测量所得的数值大小来表示的资料，如被试者的年龄、体重、身高、脉搏、学科成绩等。

2. 数据分析

对实验数据进行分析主要包括两个方面：一是运用统计学知识对数据进行处理，具体涉及相关统计量的计算与推断或统计软件的应用、对数据处理结果的解释等；二是运用有关的专业知识对数据背后所蕴涵的信息作出恰当与合理的解释。

（六）撰写实验报告

实验结束后，就需要将实验的过程以及结果通过书面的形式反映出来，即撰写实验报告。一般来讲，一个完整的实验报告，通常包括以下内容：题目、摘要、关键词、引言（问题的提出）、方法（包括实验设计、被试选取、实验步骤、数据处理方法等）、结果、讨论、结论（小结）、参考文献及附录等。

1. 题目

题目要简洁明了。一般来说，题目中就包含自变量与因变量。例如，"标记类型对聋生句子阅读理解的影响"，从题目可以看出："标记类型"是自变量，"句子阅读理解"是因变量，该研究就是要验证：改变"标记类型"是否会对聋生句子阅读理解水平产生影响。

2. 摘要

正式发表的实验报告一般要求写摘要。摘要就是用最概括的文字归纳总结实验研究的问题、方法、结果等。一些杂志如《中国特殊教育》《中国听力语言康复科学杂志》等还要求附英文摘要。

3. 关键词

关键词是实验报告中出现频率较高或需要界定的词,一般是 3 至 5 个。通常在研究题目中就包含关键词。如在"标记类型对聋生句子阅读理解的影响"这一研究中,"标记类型"、"聋生"、"句子阅读理解"就可作为关键词。

4. 引言

在引言或前言中,研究者大致要说明以下内容:① 研究的目的与意义,可包括理论意义与实际意义。② 研究背景,即阐述国内外对该问题研究的历史与现状,并在此基础上,提出拟研究的问题。③ 提出假设,即对实验研究的结果提出预期。④ 简要介绍本研究的大体框架。引言要文字简练,逻辑清晰。

5. 实验方法

实验方法部分主要包括实验设计、被试选取、实验步骤、数据处理方法等内容。① 实验设计,主要是说明实验设计的类型,如本实验采用 2×3 两因素完全随机实验设计,则表明该实验中有两个因素,第一个因素有两个水平,第二个因素有三个水平。② 被试选取,则需说明选取被试的方式,被试的年龄、性别、来源、数量以及分组等情况。③ 实验步骤,则需说明有关的测量工具、仪器设备,以及实验实施的具体过程。对于所用的有关量表,则需要介绍量表的作者、版本、修订日期及信度、效度等。如果是自编的问卷,要说明问卷结构、评分标准;如果有多名评分者,则需要汇报评分者的评分一致性信度。如果使用相关的仪器设备,则需注明仪器的型号、生产厂家等。对于实验实施具体过程部分的说明,则应包括如实验环境、指导语和实验具体步骤等。另外,还需说明数据处理的方法或工具,如本研究采用 SPSS 或 SAS 统计软件处理数据。

6. 结果

实验结果也就是向读者展示数据处理的结果,主要包括统计图与统计表两种形式。对每一幅图、每一张表都应编号并配以文字解释。在此,仅对图与表的内容进行客观的说明,不做任何扩展性讨论。

7. 讨论

讨论部分大致包括以下内容:① 实验结果是否验证了原假设。② 当实验结果不能充分说明问题或各部分之间有矛盾时,就要进行分析,并找出原因。③ 如果实验结果与前人或别人的研究结果不一致时,应该进行讨论,提出自己的见解。④ 当得到意外的实验结果时,更应进行深入的分析与讨论。在结果讨论部分要注意,讨论要紧扣研究主题,要围绕实验结果来展开讨论。尤其需要注意的是,不可人为地扩大实验结果所适用的范围。

8. 结论

结论部分主要是用精练的文字对实验结果进行概括性地总结,即说明本实验得到了几条结论,每一结论的具体内容是什么。

9. 参考文献

在参考文献中,要将参考论文、书目的作者、题目、出版社、出版日期和参考页码等写明,以便读者查找。参考文献的排列顺序一般以其在文章中出现的先后为序。

10. 附录

附录部分一般包括一些需向读者展示的实验原始资料,如实验指导语、实验材料(题例)、测试材料(题例)等。

四、实验设计的类型

根据实验研究的目的与实验条件,会有不同的实验设计类型。在此,为了介绍实验设计的类型,我们先介绍因素、因素水平与因素水平结合的概念。

(1) 因素:实验研究中的自变量也称为因素,如"大麻含量对人长时记忆的影响"实验中大麻的含量是自变量,也称因素。

(2) 因素水平:因素的不同情况(包括量差或质别)称为因素水平,如"大麻含量对人长时记忆的影响"实验中的因素(大麻含量)就有 10mg、15mg、20mg 与 25mg 四个水平。

(3) 因素水平的结合:是指实验处理的一种条件,如一项两因素实验设计,有 A 与 B 两个因素,A 因素有 a_1 与 a_2 两个水平;B 因素有 b_1、b_2 与 b_3 三个水平,这时 a_1b_1,a_1b_2,a_1b_3,a_2b_1,a_2b_2,a_2b_3 就形成六种因素水平的结合。

实验设计的类型一般可分为以下三类:

(1) 从被试分组的数量看,可分为单组实验设计、双组实验设计以及多组实验设计。

(2) 从实验中包含的因素数量看,可分为单因素实验设计与多因素实验设计。

(3) 从被试接受实验处理的情况看,可分为被试间设计、被试内设计与混合实验设计。

被试间实验设计的基本特征是:实验中每一个被试只接受一次某因素一个水平或一次因素水平结合的实验处理。完全随机实验设计就是被试间实验设计,又称为非重复测量的实验设计,其中的自变量(因素)称为被试间变量。

被试内实验设计的基本特征是:实验中每一个被试必须接受某因素所有水平,或所有因素水平结合的实验处理。被试内实验设计又称为重复测量的实验设计,其中的自变量(因素)称为被试内变量。

如在实验设计中,有些自变量是被试内的,而有些自变量是被试间的,这样的实验设计便称为混合实验设计。

说明:

① 需要区分被试间变量与被试变量。在实验设计中,被试变量是指将每个被试所独有的某属性作为变量,如:年龄、性别、智力发展水平和听力等。在一些实验中,往往将被试变量作为被试间变量。

② 对实验设计进行分类主要是为了叙述的方便,在某些情况下它们是互相重合的。例如,如果一个单因素实验设计有两个水平,则既可将该实验看成是两组实验设计,也可将其看成为是一个单因素实验设计。又如,一个被试内或被试间实验设计,既可能是单因素实验设计,也可能是多因素实验设计。

关于每种实验设计的特点与数据处理方法,将在本章后面几节中详细讲解。

五、数据处理的基本知识

数据处理将涉及一些基本的统计学知识,主要包括描述统计与推断统计两方面内容。为了顺利学习以下章节数据处理的内容,在此先对统计学的部分基础知识做一简要复习,同时也对 SPSS 统计软件的简单运用做一介绍。

(一) 数据的描述统计

对实验获得的数据进行整理、概括,显现其分布特征的统计方法,称为描述统计。主要有两种方法：① 编制统计表格与绘制统计图。② 计算有关统计量,如集中量、差异量和相关量等。

1. 统计表和统计图

统计表和统计图是用来表达统计指标与被说明的事物之间数量关系的表或图,它以直观形象的形式表达出事物的全貌及其分布特征,使人一目了然,便于理解。在实验研究中,需要对数据进行初步的整理与分析,绘制统计表和统计图就是一种常用的有效方法。

(1) 统计表

统计表一般由序号、名称、标目、数字及表注组成。序号就是表的编号。名称又称表题,是一个表的名字,一般放在表的上方。标目又分为横标目和纵标目,用来说明表格中横行和纵行的内容。数字是指表中的统计指标。表注写于表的下方,它不是统计表的必要组成部分,如果需要可补充说明,如数据性质、数据来源等信息。统计表有：简单表、分组表、复合表,以及频数分布表。

(2) 统计图

统计图一般由图号、标题、单位、图形、图注组成。图号是图的编号。标题是图的题目,标题一般放在图的下方。单位是指图形基线(横坐标、纵坐标)上的各种单位名称,如时间、空间、次数等。图形是统计图中的各种曲线、条形或者散点等。图注是指图形或其局部需要借助文字或数字加以补充说明的内容。统计图一般分两种类型：一是表示间断变量的统计图,如直条图、圆形图；二是表示连续变量的统计图,如：线形图、直方图、多边图、累积频数和累积百分比多边图等。

2. 常用统计量

除了对数据进行列表与绘图以外,还需计算其特征量,包括集中量、差异量以及相关量等。

(1) 集中量

集中量是代表一组数据典型水平或集中趋势的量,它反映了频数分布中大量数据向某一点集中的情况。常用的集中量有算术平均数、中位数、众数等,其中,最常用的是算术平均数。算术平均数是所有观察值的总和除以总频数所得之商,简称平均数、均值或均数,用 $\overline{X}$ 表示。

(2) 差异量

差异量是表示一组数据变异程度或离散程度的量。常用的差异量指标有方差、标准差、全距、四分位距和差异系数等。差异量越大,说明数据分布的范围越广,越分散;差异量越小,说明数据分布越集中,变动范围越小。方差与标准差是应用最广泛的差异量,方差就是将一组数据中每个数据与该组平均数之差平方之,求其和后再除以数据的个数而得到的值,方差用 σ_x^2 表示。标准差是方差的平方根,用 σ_x 表示。

(3) 相关量

如果要对两个变量的一致性关系进行描述,就需要进行相关分析。根据两个变量类型的不同,可以分为积差相关、等级相关、质量相关等。其中,最常用的是积差相关。积差相关的使用条件是：必须是成对的数据、两组数据都是连续的、两组数据都是或接近正态分布的、两个变量之间呈线性关系。相关的大小可以用相关系数 r 来表示,其取值区间是 $[-1, 1]$。当 r 为正值时,表示两个变量之间是正相关,即两个变量的变化方向一致,即一个变量增大,另一个变量也增大,一个变量变小,另一个变量也变小；当 r 为负值时,表示两个变量之间是负相关,即两个变量的变化方向是相反的,当一个变量增大时,另一个变量变小,或者一个变量变小,而另一个变量增大;当 $r=0$ 时,表示两个变量之间是零相关,即两个变量的变化方向没有一定的规律,即一个变量增大,另一个变量可能增大,也可能变小。相关系数的正、负号只表示相关的方向,不代表相关程度的大小,相关系数的绝对值越接近1,表示相关程度越高,越接近0,表示相关程度越低。

相关系数在教育学、特殊教育学、心理学研究中有着广泛的应用。如可探讨儿童认知能力与阅读理解水平之间的关系;探讨听力障碍程度与听觉理解之间的关系;探讨问卷或量表的信度和效度等。以下举两个笔者运用相关分析解决实际问题的例子。

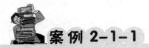

笔者曾编制了《上海市儿童五项认知能力测验量表》,该量表由数字推理、图形推理、异类鉴别、情景认知和记忆策略五项分测验组成。经过预测验后,拟用五项分测验之间的相关系数来反映该量表的结构效度。各分测验之间的相关系数大致可分三种情况:① 高相关,② 低相关,③ 中等相关。如果某两项分测验之间是高相关,则说明这两项分测验可以合并;如果是低相关,则表明这两项分测验很难同属于儿童认知能力的范畴;如果中等相关,则说明这两项分测验之间既有相互重合的部分,也有独立的部分。有重合的部分,则说明这两项分测验确实可同属于儿童认知能力的范畴;有独立的部分,则说明这两项分测验确实可在儿童认知能力范畴下分为两项独立的测验。数据统计结果为:五项分测验之间的相关系数在0.4至0.6之间,表明该量表具有较理想的结构效度。

案例 2-1-2

笔者曾在上海市实验学校对36名学生一年级入学时的认知能力测验成绩与其历年来主要学科成绩的平均成绩进行相关分析,以年级为横轴,以相关系数为纵轴,连接各点,结果如图2-1-3所示。

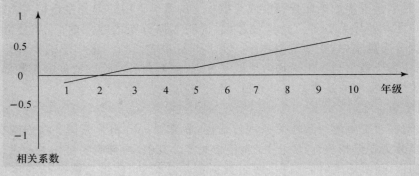

图 2-1-3 学生认知能力与主要学科成绩的相关

从图 2-1-3 可见：在低年级段，学生的认知能力与学习成绩呈低相关，1 至 2 年级甚至是负相关。笔者对此结果的解释是：学习成绩除与认知能力有关外，还受到其他多种因素的影响，如学习习惯、学习态度、学习内容的难易等。以 1 年级学生为例，他们学习习惯与态度的差异较大，学习内容的难度相对较低，依赖认知能力的程度也较低。所以，认知能力与学习成绩呈负相关或低相关；在中年级段，总体来看学生的认知能力与学习成绩呈中等相关。对此的解释是：随着年级的增加，学生学习习惯、学习态度的差异逐渐减小，学习内容的难度增加，依赖认知能力水平的程度也随之增加，所以学生认知能力与学习成绩之间相关程度有所提高；在高年级段，学生的认知能力与学习成绩的相关程度逐渐增高，至 10 年级，两者的相关系数已接近 0.7。通过对高年级学生的观察，发现所有的学生都很努力，但学习成绩的差异加大，这可能意味着学生对学习内容的理解与其认知能力的关系更为密切。需要说明的是，以上结果只是从上海市实验学校 36 名学生中得到的，是否有普遍意义，尚需进一步验证。

（4）Z 分数及其应用

标准分数（Standard score），也称 Z 分数，是以标准差为单位来衡量某一分数与其所在组平均数之间的离差情况，是反映个体在团体中相对位置的统计量。标准分数的计算过程是对变量值进行标准化处理的过程，它并没有改变一组数据的分布形状，而只是将数据变为平均数为 0，标准差为 1 的标准分布形式。其计算公式如下：

$$Z = \frac{x - \bar{x}}{\sigma_x},$$

式中 x 为组中的某一分数，$\bar{x}$ 为全组的算术平均值，σ_x 为全组的标准差。

Z 分数在教育与心理学研究中的应用很广。如：判断学生各科总分的优劣、确定录取分数线、确定等级评定的人数和学生品质评定数量化等都需要将原始分数转换成 Z 分数。以下举一个笔者曾在上海市实验学校运用 Z 分数来确定某学生历年数学成绩在全班学生中位置变化的例子。

如何反映一名学生数学成绩历年来在全班学生中的位置呢？如果仅通过查阅该学生历年的数学成绩，并不能得到多少有价值的信息。因为，历年数学考试的试卷不同、难度不同，因而很难在原始分数之间进行比较，也无法判断其数学水平在全班学生中所处的位置。但是，如果将其历年来数学成绩的原始分数转化为 Z 分数，并以年级为横轴，以 Z 分数为纵轴，就可得到该生历年数学成绩（纵轴）的一条连线，如图 2-1-4 所示。

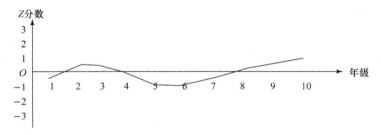

图 2-1-4　某学生不同学年数学成绩在全班中的位置

通过图 2-1-4,我们可知:该生的数学成绩在 2,3,9,10 年级均高于全班的平均值;在 4,8 年级,其成绩正好等于全班的平均值;而在 1,5,6,7 年级,其成绩低于全班的平均值。图 2-1-4 提供了如下信息:从总体上看,该生数学成绩在全班的排名有所波动;但从 6 年级起,该生的数学成绩呈直线上升的趋势。

3. 用 SPSS 对数据进行描述性统计

以下对如何应用 SPSS 软件对数据进行描述性统计进行介绍。

测得 20 名学生的身高与体重数据,具体见表 2-1-1。

表 2-1-1　20 名学生身高体重的原始数据表

编号	性别	年龄	身高	体重	编号	性别	年龄	身高	体重
1	男	13	1.58	54	15	女	12	1.50	41
2	男	12	1.55	45	16	男	13	1.57	46
3	女	12	1.51	38	17	男	13	1.61	54
4	男	11	1.53	43	18	女	11	1.53	42
5	女	13	1.51	45	19	男	13	1.60	55
6	男	11	1.53	42	20	女	12	1.52	44
7	男	12	1.54	43					
8	女	12	1.53	44					
9	男	11	1.54	44					
10	男	13	1.6	55					
11	女	11	1.53	44					
12	女	12	1.51	39					
13	女	13	1.55	45					
14	女	11	1.47	41					

要求运用 SPSS 统计软件,解决以下三个问题:

问题一:20 名学生中男女学生各有多少人,男女学生的平均身高、标准差各是多少?

问题二:20 名学生中分几个年龄段?每一年龄段各有多少人?每个年龄段学生的平均身高、标准差各是多少?

问题三:20 名学生中各年龄段中男生、女生各有多少人?平均身高、平均体重、标准差各是多少?

1. 设置变量,输入原始数据,建立数据表

打开 SPSS13.0,点击表格区域下面的 Variable View 按钮,或双击表格区域每一列的标题栏,进入变量设置界面。分别设置"性别"、"年龄"、"身高"、"体重"四个变量,如表 2-1-2 所示。

表 2-1-2　SPSS 定义变量表

	Name	Type	Width	Decimals	Label	Values	Missing	Columns	Align	Measure
1	性别	Numeric	8	2		None	None	8	Right	Scale
2	年龄	Numeric	8	2		None	None	8	Right	Scale
3	身高	Numeric	8	2		None	None	8	Right	Scale
4	体重	Numeric	8	2		None	None	8	Right	Scale

在性别变量一行的 Values 中,设置 1="男",2="女",如图 2-1-5 所示。

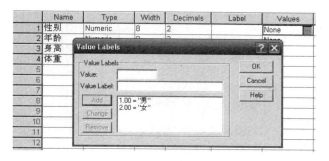

图 2-1-5 变量赋值设定图

点击表格区域下方的 Data View,进入数据输入窗口。并将原始数据输入到 SPSS 表格区域,如表 2-1-3 所示。

表 2-1-3　20 名学生身高、体重数据结构表

	性别	年龄	身高	体重
1	1	13.00	1.58	54.00
2	1	12.00	1.55	45.00
3	2	12.00	1.51	38.00
4	1	11.00	1.53	43.00
5	1	12.00	1.51	45.00
6	1	11.00	1.53	42.00
7	1	12.00	1.54	43.00
8	2	12.00	1.53	44.00
9	1	11.00	1.54	44.00
10	1	13.00	1.60	55.00
11	2	11.00	1.53	44.00
12	2	12.00	1.51	39.00
13	1	13.00	1.55	45.00
14	2	11.00	1.47	41.00
15	2	11.00	1.50	41.00
16	1	13.00	1.57	46.00
17	1	13.00	1.61	54.00
18	2	12.00	1.53	42.00
19	1	13.00	1.60	55.00
20	2	12.00	1.52	44.00

2. 对数据进行统计

问题一:20 名学生中男女学生各有多少人?男女学生的平均身高、标准差各是多少?

操作步骤:

(1) 选择菜单项:Analyze\Compare Means\Means,如图 2-1-6 所示。

图 2-1-6　描述统计菜单图

(2) 将性别键入自变量列表(Independent list),将身高和体重键入因变量列表(Dependent list),如图 2-1-7 所示。

图 2-1-7　描述性统计主对话框

(3) 点击 OK,执行程序。

输出结果如表 2-1-4 所示。

表 2-1-4　描述统计结果表(Report)

性别	统计量	身高	体重
男	Mean	1.5650	48.1000
	N	10	10
	S.D	.03100	5.62633
女	Mean	1.5160	42.3000
	N	10	10
	S.D	.02171	2.49666
Total	Mean	1.5405	45.2000
	N	20	20
	S.D	.03620	5.17687

说明:表 2-1-4 中,Mean 代表身高或体重的平均值,N 代表样本数量,S.D 代表标准差。

问题二:20 名学生中分几个年龄段?每一年龄段各有多少人?每个年龄段学生的平均身高、标准差各是多少?

操作步骤:

(1) 选择 Analyze\Compare Means\Means(同问题一第一步)。

(2) 将年龄键入自变量列表(Independent list),将身高和体重键入因变量列表(Dependent List),如图 2-1-8 所示。

图 2-1-8　描述统计主对话框

(3) 点击 OK，执行程序。

输出结果如表 2-1-5 所示。

表 2-1-5　描述统计结果表(Report)

年龄	统计量	身高	体重
11.00	Mean	1.5217	42.6667
	N	6	6
	S.D	.02563	1.21106
12.00	Mean	1.5229	42.0000
	N	7	7
	S.D	.01799	2.70801
13.00	Mean	1.5743	50.5714
	N	7	7
	S.D	.03505	4.92805
Total	Mean	1.5405	45.2000
	N	20	20
	S.D	.03620	5.17687

问题三：20 名学生中各年龄段中男生、女生各有多少人？平均身高、平均体重、标准差各是多少？

操作步骤：

(1) 选择 Analyze\General Linear Model\Mutivariate，如图 2-1-9 所示。

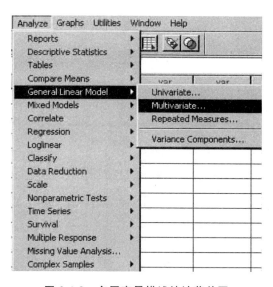

图 2-1-9　多因变量描述统计菜单图

(2) 将性别、年龄键入自变量列表(Independent list)，将身高和体重键入因变量列表(Dependent List)，如图 2-1-10 所示。

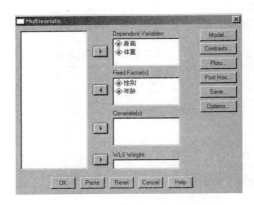

图 2-1-10　多因变量统计主对话框

（3）在主对话框中点击选项（Options...），将"OVERALL"选入右边列表（Display means for），勾选描述性统计分析（Descriptive statistics），然后点击 Continue 按钮，如图 2-1-11 所示。

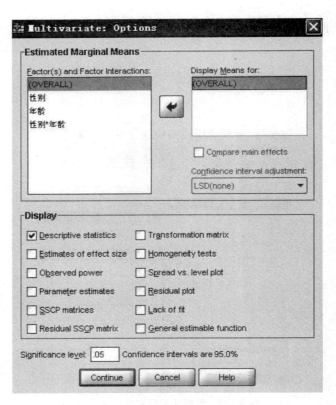

图 2-1-11　多因变量统计选项对话框

（4）点击 OK，执行程序。

输出结果如表 2-1-6 所示。

表 2-1-6 描述统计结果表（Descriptive Statistics）

	性别	年龄	Mean	S.D	N
身高	男	11	1.5333	.00577	3
		12	1.5450	.00707	2
		13	1.5920	.01643	5
		Total	1.5650	.03100	10
	女	11	1.5100	.03464	3
		12	1.5140	.01140	5
		13	1.5300	.02828	2
		Total	1.5160	.02171	10
	Total	11	1.5217	.02563	6
		12	1.5229	.01799	7
		13	1.5743	.03505	7
		Total	1.5405	.03620	20
体重	男	11	43.0000	1.00000	3
		12	44.0000	1.41421	2
		13	52.8000	3.83406	5
		Total	48.1000	5.62633	10
	女	11	42.3333	1.52753	3
		12	41.2000	2.77489	5
		13	45.0000	.00000	2
		Total	42.3000	2.49666	10
	Total	11	42.6667	1.21106	6
		12	42.0000	2.70801	7
		13	50.5714	4.92805	7
		Total	45.2000	5.17687	20

（二）实验数据的推断统计

1. 统计假设

利用样本统计量的值，根据一定的概率，来推断相应总体和分布情况，就称为假设检验。根据不同的统计需要，有不同的假设检验，如对一样本是否来自相应总体参数的假设检验、两样本所对应的总体平均数是否存在显著性差异的假设检验等。统计假设一般由两个相互对立的假设组成，即零假设（又称原假设、虚无假设）和备择假设（又称研究假设、对立假设）。以样本均数差异的假设检验为例，所谓零假设就是两个或多个样本相应总体平均数之间不存差异的假设，它往往是研究者期待拒绝的假设，一般用 H_0 表示。所谓备择假设就是两个或多个样本相应总体平均数之间存在差异的假设，它往往是研究者期待证实的假设，一般用 H_1 表示。统计推断采用的是反证法，即如果统计结果不得不否定零假设的真实性，那么就不得不承认备择假设的真实性。

2. 显著性水平

统计学中，把拒绝零假设的概率称为显著性水平。一般常用以下两种水平：一是指概率(P)等于或小于 0.05,用 $a≤0.05$ 表示;一是指概率(P)等于或小于 0.01,用 $a≤0.01$ 表示。如果选择了 $a=0.05$ 的显著性水平,也就是说是在 95% 的可靠度上,对假设进行检验。以 Z 假设检验为例,当 $Z≥1.96$ 时,$P≤0.05$,我们称有显著性差异;当 $Z≥2.58$ 时,$P≤0.01$,我们称有极显著性差异,如图 2-1-12 所示。

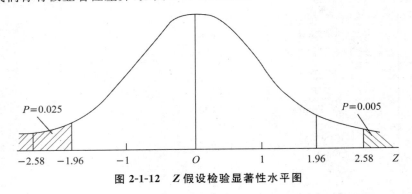

图 2-1-12　Z 假设检验显著性水平图

3. 本质误差与抽样误差

先看一个简单的例子,如某小学四年级两个班一次数学考试结果为:甲班平均分数为 86 分,乙班为 81 分,两班平均分相差 5 分。如果因此得出结论:甲班学生数学成绩优于乙班学生。那么,这显然是违背统计常识的。因为,造成两班均数 5 分差异的原因可能来自两方面:一是两班学生的数学水平确实有差异,这种差异就称为本质误差;二是由于两个班级考试环境与学生状态等不同所产生的,这种差异就称为抽样误差。统计检验就是要分析误差的来源,判断误差究竟是以本质误差为主,还是以抽样误差为主。如果是前者,那么就可以下结论:误差在统计学上有显著意义。如:甲班学生数学成绩确实优于乙班学生。如果是后者,那么就可下结论:误差在统计学上没有显著意义。例如,甲班与乙班学生的数学成绩没有实质性的差异,5 分的差异仅仅是由抽样误差造成的。通过上述例子的分析,我们可知:实验中的误差包括本质误差与抽样误差,本质误差是由不同的实验处理造成的,而抽样误差是由被试间个体差异及实验误差造成的。用一式子来表达,即:误差=本质误差+抽样误差。这里,误差是一个常量,所以,当抽样误差大时,本质误差就小;反之,抽样误差小时,本质误差就大。

P 值就是衡量抽样误差可能性大小的指标。以两样本均数差异显著性检验为例,P 值有三种情况:① $P≤0.01$,我们就说,抽样误差的可能性极小,本质误差的可能性极大,因此两样本均值的差异极显著。② $0.01<P≤0.05$,我们就说,抽样误差的可能性小,本质误差的可能性大,因此,两样本均值的差异显著。③ $P>0.05$,我们就说,抽样误差的可能性大,本质误差的可能性小,因此,两样本均值的差异不显著。

4. 假设检验的分类

假设检验的方法有两种:参数检验(Parametric tests)和非参数检验(Nonparametric tests)。参数检验有两个前提假设:① 假设样本所属的总体呈正态分布;② 两样本所在的总体(或几个总体)方差齐性。它适用于等距变量和比率变量的资料,如 Z、t、F 检验都是根据样本信息对相应的总体参数进行的假设检验,是参数检验。

但许多调查或实验所得的数据,其总体分布未知或无法确定,这时的统计检验一般不是针对总体参数,而是针对总体分布的假设检验,这类方法称非参数检验。它不仅适用于非正态总体名义变量和次序变量的资料,而且也适用于正态总体等距变量和等比变量的资料。检验时,也不需对两个总体作方差齐性的假定。如:χ^2 检验、符号检验、单一被试中的 U 检验等都是非参数检验。非参数检验的应用范围较参数检验为广,但其精确度不如参数检验。

5. 用 SPSS 对数据进行推断统计

对实验数据进行统计时,可以利用计算器或统计软件来进行。前者主要是先对原始数据进行初步整理,再根据统计公式,计算出相应的统计量(如,Z、t、F 等)。然后查表,找出显著性的临界值,通过计算出来的统计量与临界值的比较,作出相应总体参数有无显著性差异的统计决断。利用统计软件进行数据处理,比前者更为快速、便捷和准确。如,SPSS 是英文 Statistics Package for Social Science(社会科学统计元件包)的缩写,是一种在世界范围内常用的专业统计软件,它具有强大的统计功能。利用 SPSS 进行统计时,我们只需要将原始数据按照一定的格式输入 SPSS 中的数据窗,并按步骤选择相应的模块,最后软件会自动输出统计结果,给出用于统计决断的 P 值。在以下各章节的叙述中,我们将以 SPSS13.0 版为例,说明如何进行有关的操作。

第 2 节 单组与双组实验设计及数据处理

一、单组实验设计

单组实验设计是用一组被试为实验研究对象,施加某种实验处理的实验设计。在单组实验设计中,一般又分单组后测设计和单组前后测设计两种设计模式。下面就对这两种设计模式的特点进行介绍。

(一)单组后测实验设计

单组后测实验设计的模式如下:

$$X—O,$$

式中,X 代表实验处理,O 代表实验的后测。这种设计的特点是:既无对照组也无前测;实验处理(X)在前,对被试行为的观察记录或测验(O)在后。据了解,我国一些特殊教育学校在进行单科单项教学改革,或教师进行探索性教学实验尝试时,往往采用这种实验模式。应该说,这种实验有一定的实践意义,通过探索能改进原有的教育教学工作。但由于这种实验模式缺乏对无关变量的控制(如缺少被试实验前后成绩的对比),又由于缺少对照组,也难以排除被试自然成熟的因素等。因此,很难对研究的结果予以准确的定论。为了弥补这种实验设计的缺陷,在单组后测实验设计的基础上,在实验处理实施前,又增加了一次前测,将其演变成了单组前后测实验设计。

(二)单组前后测实验设计

单组前后测实验设计的模式如下:

$$O_1—X—O_2,$$

式中,O_1 代表前测,通过前测可以获得被试在实验处理前某一行为或属性的初始表现;X 为实验处理;O_2 为后测,即用与前测相同的评价方法或测验工具对被试进行测试。然后,对 O_1 与 O_2 进行统计检验,如结果表明两者差异显著,则可得出实验处理有效的结论。比如,为了研究口算练习对计算能力的影响,取一组有代表性的学生作为被试,先测量其计算水平(前测),然后进行一个月口算训练,每日随堂练习10分钟。最后再用难度相等的另一套测验题目测量被试计算水平(后测)。如果统计检验表明该组学生后测平均成绩显著高于前测。则可得出口算练习对提高学生计算能力有显著作用的结论。与单组后测实验设计相比,单组前后测实验设计,由于增加了一次前测,提供了一个与后测进行比较的参照点,故其实验的内部效度在一定程度上有了提高。

单组前后测实验设计存在的主要问题有:此模式仍然难以排除被试自然成熟对因变量的影响。例如,在一项"儿童科学教育对其认知能力影响的实验研究"中,研究者采用单组前后测实验设计,被试为幼儿园中班儿童,并采用自编的工具对儿童认知能力进行前测与后测,整个研究过程为期一年(两学期)。前测与后测统计结果表明:儿童认知能力后测平均成绩显著高于前测。研究者因而得出结论:对中班儿童进行科学教育能有效提高其认知能力。然而这一结论难以成立。因为,中班儿童正处于认知能力发展的关键时期,后测成绩高于前测,是儿童自然成熟的影响?还是科学教育的作用?抑或兼而有之?显然,研究者是无法明确回答这些问题的。

综上,单组前后测实验设计的应用会受到一定程度的限制,只有当实验周期较短、环境较稳定、并能明确排除被试自然成熟的影响时才可采用。为了克服单组前后测实验设计的缺陷,在设立实验组的同时,再设立一个对照组,通过两组之间的对比来尽量排除诸如被试自然成熟等无关变量的影响。这就是下面将要介绍的双组实验设计。

二、双组实验设计

双组实验设计是通过设置一个对照组来平衡被试自然成熟等无关因素对实验结果所产生的影响,因而使结论更具说服力。双组实验设计是特殊教育研究中经常采用的一种实验设计方法。如欲检验两种训练方法对脑瘫儿童大肌肉运动功能康复的有效性,或哪一种训练方法对康复更有效,则可采用双组实验设计。

(一)双组实验设计的基本模式

1. 双组前后测实验设计

双组前后测实验设计模式如下:

$$G_1: O_1 — X_1 — O_2,$$
$$G_2: O_3 — X_2 — O_4,$$

式中,G_1 代表组1;G_2 代表组2;O_1 与 O_2 分别表示组1的前测与后测;O_3 与 O_4 分别表示组2的前测与后测。X_1 与 X_2 表示不同的实验处理。该实验设计的逻辑是:在实验前对两组进行前测,并检验前测成绩的差异,在保证两组前测成绩没有显著性差异的基础上,两组分别接受不同的实验处理(X_1、X_2),实验后,对两组进行后测,并对两组后测成绩进行显著性检验,如果后测成绩有显著性差异,那就说明,两组的差异是由于不同的实验处理造成的。

我们来看一个实际应用的例子:有研究者为验证聋校中年级语文阅读教学中组织策略训练的效果,进行了这样一项实验研究。他们以六年级聋学生为实验对象,将其分为实验班和对照班。并设计了A、B两份阅读测验试卷(长度、难度一致)。实验前,随机选用A卷对两班进行前测。前测数据统计结果为：两班成绩无显著性差异,从而表明：两班在实验前阅读能力是相当的。实验开始后,实验班在阅读课上接受组织策略的训练,对照班按常规教学计划上课,两班教师水平与学生作业量均相当。一学期后,用 B 卷对两班同时进行后测,测试程序与前测相同。后测数据统计结果表明：两班成绩有显著性差异,实验班的成绩远高于对照班。因此,研究者得出结论：两班阅读成绩的差异可以看成是实验处理造成的,即组织策略训练对提高聋校中年级学生语文阅读能力有明显的效果。通过上例可见：研究者通过设立对照组、设计平行试卷、进行前测、平衡教师水平与学生作业量等手段,较严格、有效地控制了无关变量。因此,该研究的结论较可信、可靠。

2. 双组延时实验设计

双组延时实验设计模式如下：

$$G_1：O_1—X_1—O_2—O_3，$$
$$G_2：O_4—X_2—O_5—O_6。$$

与双组前后测实验设计相比,该模式增加了两次后测,即 O_3 和 O_6,即两组在经过第一次后测之后,经过一段时间又进行的第二次后测。该模式的主要功能在于验证实验处理是否具有延时效应。这里,可分三种情况进行讨论：① O_1 等于 O_4,O_2 不等于 O_5,O_3 等于 O_6。这表明：经过不同的实验处理,两组第一次后测成绩有差异,但第二次后测成绩已无差异,即不同的实验处理对两组被试成绩的影响只有即时效应,没有延时效应。② O_1 等于 O_4,O_2 等于 O_5,O_3 不等于 O_6。这表明：经过不同的实验处理,两组的第一次后测成绩无差异,而第二次后测成绩有差异,即实验处理没有即时效应,但有延时效应。③ O_1 等于 O_4,O_2 不等于 O_5,O_3 不等于 O_6,这表明：实验处理对两组被试成绩的影响既有即时效应,也有延时效应。

在上述聋校中年级语文阅读教学中组织策略训练效果的研究中,如果研究者想验证组织策略训练是否对提高聋校中年级学生阅读水平具有延时效应,则可采用双组延时实验设计。

(二) 双组实验设计数据处理的原理与步骤

1. 样本的分类

样本类型可分为相关样本与独立样本,分别介绍如下。

(1) 相关样本

两个样本内个体之间存在着一一对应关系,这两个样本称为相关样本。相关样本有两种情况：第一,用同一个测验对同一组被试在实验前后进行两次测验,所获得的数据是相关样本；第二,根据某些条件基本相同的原则,将被试一一配对,然后将每对被试随机地分配到两组,对两组被试实行不同的实验处理后,用同一个测验所获得的数据,也是相关样本。

(2) 独立样本

两个样本内的个体是随机抽取的,它们之间不存在一一对应的关系,这样的样本称为独立样本。如某班级男、女学生数学考试成绩组成的两个样本就属于独立样本。

2. 检验的步骤

对两样本进行假设检验需要经过以下四步：第一步,判断是独立样本还是相关样本,如果是独立样本则需要对其方差齐性进行检验。第二步,判断是大样本还是小样本。第三步,根据四种不同情况选择相应的公式。第四步,进行两样本均数差异的显著性检验。

(1) 第一步:判断是独立样本还是相关样本

我们可以根据独立样本与相关样本的定义对两样本的类型进行识别,如果判断得知样本属于相关样本,则直接进入第二步,如果判断得知样本属独立样本,则需要对两样本的方差齐性情况进行假设检验。因为,两样本均数差异显著性检验属于参数检验,参数检验的一个基本前提条件是:各样本所来自的总体应具有同质性。方差齐性是检验样本所在总体同质性的一个指标。如果两个样本的方差相差很大,超过统计学允许的范围,我们就说,两样本方差不齐,即被试不同质;如果两样本方差的差异未超过统计学允许的范围,我们就说,两样本方差齐性,即被试同质。由于相关样本被认为是同质的样本,因此,我们只需要对独立样本进行方差齐性检验。方差齐性检验的公式如下:

$$F = \frac{n_1 \sigma_{X1}^2 / (n_1 - 1)}{n_2 \sigma_{X2}^2 / (n_2 - 1)},$$

式中,σ_{X1}^2 和 σ_{X2}^2 分别表示两个样本的方差,n_1 和 n_2 分别表示两个样本的容量。

在检验时,将方差大的作为分子,方差小的作为分母。通过查 F 表得到 F 的临界值,将计算所得的 F 值与 F 表中的临界值进行比较,从而做出统计决断。

表 2-2-1　F 检验统计决断规则表

F 值与临界值的比较	P 值	误差分析	检验结果
$F < F(df_1, df_2)_{0.05}$	$P > 0.05$	抽样误差大,本质误差小	无显著差异
$F(df_1, df_2)_{0.05} \leq F < F(df_1, df_2)_{0.01}$	$0.01 < P \leq 0.05$	抽样误差较小,本质误差较大	有显著差异
$F \geq F(df_1, df_2)_{0.01}$	$P \leq 0.01$	抽样误差极小,本质误差极大	有极显著差异

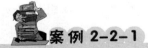

案例 2-2-1

对某聋校四年级两个班的学生进行阅读理解测验。甲班 10 人,测验成绩的方差是 6.460;乙班 9 人,成绩的方差为 7.272,问:两组方差是否齐性?

$$F = \frac{n_1 \sigma_{X1}^2 / (n_1 - 1)}{n_2 \sigma_{X2}^2 / (n_2 - 1)}$$

$$= \frac{9 \times 7.272 / (9 - 1)}{10 \times 6.46 / (10 - 1)}$$

$$= 1.14,$$

式中,分子自由度 $= 9 - 1 = 8$,分母自由度 $= 10 - 1 = 9$,经查表,临界值 $F(8,9)_{0.05} = 3.23$,$F = 1.14 < 3.23$,所以,$P > 0.05$。因此,抽样误差的可能性较大,本质误差的可能性较小,故在 0.05 显著性水平上认为两样本方差是齐的。如果两样本方差不齐,可选用两均值比较的校正公式进行假设检验(具体方法可参见有关统计教材)。

(2) 第二步:判断是大样本还是小样本

两个样本容量 n_1、n_2 都大于或等于 30 的样本称为大样本。两个样本容量 n_1、n_2 均小于 30,或其中一个小于 30 的样本称为小样本。

(3) 第三步：根据四种不同情况选择相应的公式

通过对两样本的类型以及大小的判断，可产生对应的四种情况，即：相关大样本、相关小样本、独立大样本和独立小样本，其对应统计量及自由度的计算公式如表 2-2-2 所示。

表 2-2-2　两样本均数差异检验统计表

样本类型		统计量	自由度
相关样本	大样本	$Z = \dfrac{\overline{X}_1 - \overline{X}_2}{\sqrt{\dfrac{\sigma_{X1}^2 + \sigma_{X2}^2 - 2r\sigma_{X1}\sigma_{X2}}{n-1}}}$	
	小样本	$t = \dfrac{\overline{X}_1 - \overline{X}_2}{\sqrt{\dfrac{\sigma_{X1}^2 + \sigma_{X2}^2 - 2r\sigma_{X1}\sigma_{X2}}{n-1}}}$	$n-1$
独立样本	大样本	$Z = \dfrac{\overline{X}_1 - \overline{X}_2}{\sqrt{\dfrac{\sigma_{X1}^2}{n_1} + \dfrac{\sigma_{X2}^2}{n_2}}}$	
	小样本	$t = \dfrac{\overline{X}_1 - \overline{X}_2}{\sqrt{\dfrac{n_1\sigma_{X1}^2 + n_2\sigma_{X2}^2}{n_1+n_2-2} \times \dfrac{n_1+n_2}{n_1 n_2}}}$	$n_1 + n_2 - 2$

(4) 第四步：进行两样本均数差异的显著性检验

① Z 统计量

无论是相关还是独立样本，只要是大样本，就用 Z 统计量。Z 检验统计决断规则如表 2-2-3 所示。

表 2-2-3　Z 检验统计决断规则表

计算出 Z 与临界值比较	P 值	误差分析	检验结果
$Z < 1.96$	$P > 0.05$	抽样误差大，本质误差小	两样本均数无显著差异
$2.58 > Z \geq 1.96$	$0.01 < P \leq 0.05$	抽样误差较小，本质误差较大	两样本均数有显著差异
$Z \geq 2.58$	$P \leq 0.01$	抽样误差极小，本质误差极大	两样本均数有极显著差异

此表可转化为以下的 Z, P 轴图，如图 2-2-1 所示。

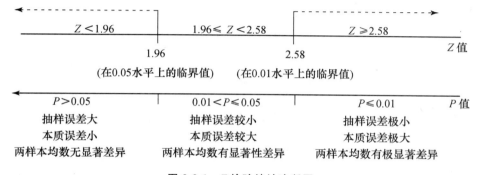

图 2-2-1　Z 检验统计决断图

② t 统计量

无论是相关还是独立样本，只要是小样本，就用 t 统计量。t 检验统计决断规则如表 2-2-4 所示。

表 2-2-4　t 检验统计决断规则表

计算出 t 与临界值比较	P 值	误差分析	检验结果
$\|t\|<t(df)_{0.05}$	$P>0.05$	抽样误差大，本质误差小	两样本均数无显著差异
$t(df)_{0.05}\leq\|t\|<t(df)_{0.01}$	$0.01<P\leq0.05$	抽样误差较小，本质误差较大	两样本均数有显著差异
$\|t\|\geq t(df)_{0.01}$	$P\leq0.01$	抽样误差极小，本质误差极大	两样本均数有极显著差异

说明：df 为自由度，根据显著性水平与相应的自由度查 t 值临界表。

三、用 SPSS 统计软件对两样本均数的差异进行显著性检验

（一）独立样本

案例 2-2-2

随机抽取 15 名聋生为被试，实验班 8 人，对照班 7 人。两班前测的语文成绩见下表 2-2-5，问两组成绩是否有显著差异？

表 2-2-5　两班语文成绩

对照班	76	77	80	78	81	78	74	
实验班	83	80	85	86	79	88	82	77

1. 操作步骤

第一步：录入数据。先定义两个变量：班级类型与语文成绩，再设定班级类型的变量值：1 为对照班，2 为实验班。输入原始数据，如表 2-2-6 所示。

表 2-2-6　两班语文成绩数据表

	班级类型	语文成绩
1	1.00	76.00
2	1.00	77.00
3	1.00	80.00
4	1.00	78.00
5	1.00	81.00
6	1.00	78.00
7	1.00	74.00
8	2.00	83.00
9	2.00	80.00
10	2.00	85.00
11	2.00	86.00
12	2.00	79.00
13	2.00	88.00
14	2.00	82.00
15	2.00	77.00

第二步：选择菜单 Analyze\Compare Means\Independent-Sample T test，如图 2-2-2 所示。

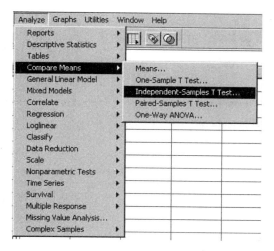

图 2-2-2　独立样本假设检验菜单图

第三步：移动变量到相应的位置。将"班级类型"键入组变量（group variable），将"语文成绩"键入测试变量（test variables），如图 2-2-3 所示。

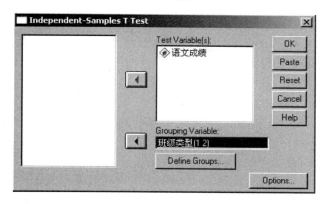

图 2-2-3　独立样本假设检验主对话框

第四步：定义组变量（Define groups），在组 1（goup1）中输入 1；在组 2（group2）中输入 2，如图 2-2-4 所示。

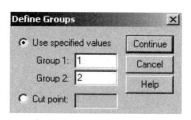

图 2-2-4　定义组变量对话框

31

第五步:回到主对话框,点击 OK,执行程序。

2. 输出结果

① 描述统计结果

表 2-2-7 描述统计结果表(Group Statistics)

	N	Mean	S.D
对照班	7	77.7143	2.36039
实验班	8	82.5000	3.74166

说明:表 2-2-7 列出的是两班被试数(N)、平均数(Mean)、标准差(S.D)。

② 独立样本 t 检验结果

表 2-2-8 t 检验结果表(Independent Samples Test)

	Levene's Test for Equality of Variances		t-test for Equality of Means			
	F 1.986	Sig. .182	t	df	Sig. (2-tailed)	Mean Difference
Equal variances assumed			−2.908	13	.012	−4.78571
Equal variances not assumed			−2.999	11.935	.011	−4.78571

说明:

① Levene's Test for Equality of Variances 是两样本方差齐性检验。当方差齐时,参照 Equal variances assumed 一行的结果;当方差不齐时,参照 Equal variances not assumed 一行的结果。本例 $F=1.986$,$P=0.182>0.05$,两样本方差是齐的,所以应该看表2-2-4中 Equal variances assumed 一行的检验结果。

② t-test for Equality of Means 是对两样本的均值进行 t 检验,两样本方差齐时,$t=-2.908$,自由度 $df=13$,Sig(P 值)$=.012$,由于 $0.01<P<0.05$,故实验班与对照班语文成绩有显著性差异。两样本均值的差(Mean Difference)为 -4.78571。

(二)相关样本

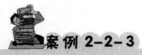

案例 2-2-3

对 10 名脑瘫儿童施以体育疗法,并测定其举起哑铃的次数,前后测数据见下表 2-2-9,问该体育疗法是否有效?

表 2-2-9 10 名脑瘫儿童训练前后结果表

编号	1	2	3	4	5	6	7	8	9	10
训练前	13	14	13	15	4	7	11	7	12	13
训练后	23	16	12	26	10	15	14	14	14	16

1. 操作步骤

第一步：定义变量并录入数据。定义两个变量，分别为：训练前和训练后，如表 2-2-10 所示。

表 2-2-10 10 名脑瘫儿童训练前后数据表

	训练前	训练后
1	13.00	23.00
2	14.00	16.00
3	13.00	12.00
4	15.00	26.00
5	4.00	10.00
6	7.00	15.00
7	11.00	14.00
8	7.00	14.00
9	12.00	14.00
10	13.00	16.00

第二步：选择菜单：Analyze\Compare Means\Paired-Samples T test，如图 2-2-5 所示。

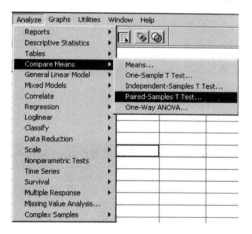

图 2-2-5 相关样本假设检验菜单图

第三步：移动变量到相应的方框中，如图 2-2-6 所示。

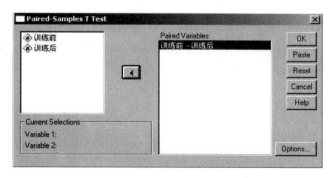

图 2-2-6 相关样本假设检验主对话框

第四步：回到主对话框，点击 OK，执行程序。

2. 输出结果

① 描述统计结果

如表 2-2-11 所示。

表 2-2-11　描述统计结果表（Paired Samples Statistics）

	Mean	N	S.D
训练前	10.9000	10	3.63471
训练后	16.0000	10	4.87625

说明：表 2-2-11 列出的是训练前后的平均数（Mean）、标准差（S.D）以及被试数（N）。

② 相关系数及其显著性检验结果

表 2-3-12　相关系数表（Paired Samples Correlations）

N	Correlation	Sig.
10	.614	.059

说明：

① Correlation＝0.614 为训练前后成绩的相关系数。

② 0.059 是相关系数显著性双侧检验的 P 值，因为 $P>0.05$，所以，训练前后成绩相关系数不显著。

③ 相关样本 t 检验结果

如表 2-2-13 所示。

表 2-2-13　相关样本 t 检验结果表（Paired Sample Test）

	Mean	S.D	95% Confidence Interval of the Difference		t	df	Sig. (2-tailed)
			Lower	Upper			
训练前 — 训练后	−5.10	3.90	−7.88999	−2.31001	−4.135	9	.003

说明：表 2-2-13 中，Mean 表示训练前后成绩的平均差值，S.D 为差值的标准差。95% Confidence Interval of the Difference 为训练前后成绩差值的置信区间，即在 95% 的可靠性上，训练前后成绩差值的区间为 [−7.88999, −2.31001]。$t=-4.135$，自由度 $=n-1=10-1=9$。Sig.＝0.003 是双侧检验的 P 值，因为 $P<0.01$，所以，前后训练成绩有极显著性差异。

（三）两样本均数差异显著性检验流程图

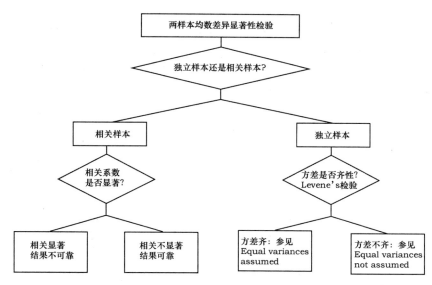

图 2-2-7　两样本均数差异显著性检验流程图

第3节　单因素完全随机实验设计及数据处理

如前所述，单因素实验设计是指实验中只有一个自变量的实验设计。由于被试接受实验处理的方式不同，单因素实验设计又可分为：单因素完全随机实验设计、单因素随机区组实验设计、单因素重复测量实验设计和单因素拉丁方实验设计。本书主要介绍单因素完全随机实验与单因素重复测量实验设计。本节先对单因素完全随机实验设计的特点与模式、方差分析的原理与步骤，以及如何利用 SPSS 统计软件对其实验结果进行数据处理等进行介绍。

一、单因素完全随机实验设计的特点与模式

为了说明单因素完全随机实验设计的原理，我们先看一个例子：有三种不同的教学方法 A、B、C，从 5 年级学生中随机挑选 12 名学生参加教学实验，并将其随机分为 3 组，每组（4 名学生）接受一种教学方法。一学期结束后，对 12 名学生进行阅读理解能力测验，测验结果如表 2-3-1 所示。

表 2-3-1　三种教学方法测试结果表

A 教学法	B 教学法	C 教学法
2	10	9
3	7	11
3	9	10
4	6	10

对上述数据，用 F 检验来推断各组平均数差异的显著性。这种实验设计就是单因素完全随机实验设计。一般来说，有两种情况可用该实验设计：一是随机选择 N 个同质的被试，并随机分配到 K 个不同水平的实验处理中，每组被试人数可相同，也可不同。二是有 K 组不同质的被试均接受同一种实验处理，每组被试人数可相同，也可不同。

单因素完全随机实验设计的特点为：实验中只有一个自变量，自变量有多个水平（$\geqslant 2$）；随机抽取被试、随机分配被试接受自变量不同水平的实验处理；每个被试只接受一个水平的处理。如某实验中，自变量（A 因素）有三个水平，其实验模式即为表 2-3-2 所示。

表 2-3-2　单因素完全随机实验设计模式

a_1	a_2	a_3
S_1	S_2	S_3
S_4	S_5	S_6
S_7	S_8	S_9
S_{10}	S_{11}	S_{12}

表 2-3-2 第一行中的 a_1, a_2, a_3 分别表示自变量（因素）的三个水平。S(Subject)表示被试，其下标的阿拉伯数字表示被试的编号。S_6 则表示编号为 6 的被试在 a_3 因素水平上的得分。

一般来讲，进行单因素完全随机设计的方差分析需要满足以下前提假设：① 正态分布，即因变量在因素的各个水平上都呈正态分布。如果不能保证正态分布，每组的样本量应不少于 15 人。② 方差齐性，即因变量在因素的各个水平上方差齐性。如果各组方差不齐且各组的样本量也相差较大，方差分析的结果会变得不可信。③ 独立性，即各组被试必须是从总体中随机抽取的样本，各组的因变量值彼此独立。

关于单因素完全随机设计的数据处理，应注意以下问题：① 如果自变量有两个水平，即实验中有两组被试，则 F 检验与两组 Z 或 t 检验等效。换句话说，两个独立样本差异的显著性检验可看成是单因素完全随机实验设计的特例。② 如果自变量有两个以上水平，即实验中有多组被试，则不能用 Z 或 t 检验去进行所有两组之间差异的显著性检验。以三组为例，如果对三组数据进行两两比较，则需做 3 次检验。若每次都在 95% 可靠度上检验，那么，依概率乘法定理，3 次检验的可靠度仅为 85.7%，即，如果各组均数实际上并没有显著性差异，而决断为有显著性差异（α 错误）的可能性由 5% 增大到了 14.3%。③ 如果 F 检验结果显著，则表明各组（$\geqslant 2$）均数中至少有两组均数的差异是显著的，但并不知道哪几组均数差异显著，所以还需进一步做多重比较。

单因素完全随机实验设计的优点是：每个被试只需接受一次处理，没有疲劳与练习效应。缺点是：由于被试间的个体差异无法控制，故实验的精度较低。

二、单因素完全随机实验方差分析的原理与步骤

（一）单因素完全随机实验方差分析的基本原理

将上例中的数据绘制成图 2-3-1。

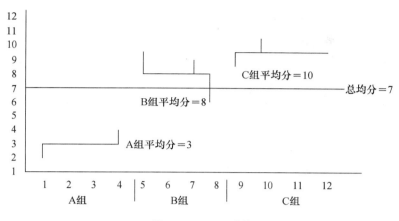

图 2-3-1　三组成绩均值图

从图 2-3-1 可见，3 组平均分分别为 3 分、8 分及 10 分，A 组低于总平均分(7 分)，B 与 C 组高于总平均分。显然各组间产生了差异，我们把各组平均数之间的差异称为组间变异(差异)。由于 12 名被试是同质的，因此，组间变异显然是由于不同的实验处理(3 种不同的教学方法)造成的。另外，从各组内部来看，各被试的测试成绩并不一定等于该组平均数，我们把这种组内差异称为组内变异(差异)，组内变异主要是由个体间差异及实验误差造成的。因此，在单因素完全随机实验设计中，可以将总变异分解为组间变异和组内变异，即：总变异＝组间变异＋组内变异。总变异即总平方和，包括实验处理效应与各种无关变异。组间变异即组间平方和，指所有由实验处理引起的变异。组内变异即组内平方和，包括所有不能用实验处理解释的变异，如个体差异及实验误差。在单因素完全随机实验中，不再对组内平方和做进一步分离，因此，在总变异中减去组间平方和就是组内平方和。

如果规定 F 值等于组间变异除以组内变异，则分两种情况进行讨论：① 如果 F 值等于或接近 1，则说明组间变异与组内变异相等或接近，不同实验处理所造成的差异等于或接近被试间的个体差异，那么就可以说实验处理无效。② 如果 F 值远大于 1，即组间变异远大于组内变异，或者说不同实验处理所造成的差异远大于被试间的个体差异，那么就可以说实验处理有效。通过对组间变异与组内变异比值的分析，来推断几个相应平均数差异的显著性，这就是方差分析的逻辑。

将上述用数学公式来表达，即：

$$F=\frac{MS_b}{MS_w}=\frac{SS_b/df_b}{SS_w/df_w}。$$

说明：

① MS_b 为组间均方差(代表组间变异)，SS_b 为组间平方和，df_b 为组间自由度。

② MS_w 为组内均方差(代表组内变异)，SS_w 为组内平方和，df_w 为组内自由度。

(二) 单因素完全随机实验方差分析的步骤

结合上例，我们来看如何对其进行假设检验。一般来讲，对单因素完全随机实验数据的处理需要经过以下步骤。

1. 提出假设

H_0：3 组平均数均相等，即：$u_1 = u_2 = u_3$。

H_1：至少有两组平均数不相等。

2. 计算 F 统计量

表 2-3-3　单因素完全随机实验方差分析公式表

项目名称	计算公式
总平方和分解	$SS_t = SS_b + SS_w$
总平方和计算	$SS_t = \sum_{j=1}^{p} \sum_{i=1}^{n} Y_{ij}^2 - \dfrac{\left(\sum_{i=1}^{n} \sum_{j=1}^{p} Y_{ij}\right)^2}{np}$
组间平方和	$SS_b = \sum_{j=1}^{p} \dfrac{\left(\sum_{i=1}^{n} Y_{ij}\right)^2}{n} - \dfrac{\left(\sum_{i=1}^{n} \sum_{j=1}^{p} Y_{ij}\right)^2}{np}$
组内平方和	$SS_w = SS_t - SS_b$
组间自由度	$df_b = p - 1$
组内自由度*	$df_w = p(n-1)$
总自由度	$df_t = df_b + df_w = np - 1$

* 当各组容量不相等时：组内自由度＝各组容量之和减去组数。

本例统计量计算如下：

① 总变异的平方和：

$$SS_t = 2^2 + 3^2 + \cdots + 10^2 - \frac{84^2}{4 \times 3}$$
$$= 706 - 588$$
$$= 118。$$

② 组间的平方和：

$$SS_b = \frac{12^2}{4} + \frac{32^2}{4} + \frac{40^2}{4} - \frac{84^2}{4 \times 3}$$
$$= 692 - 588$$
$$= 104。$$

③ 组内的平方和：

$$SS_w = 118 - 104 = 14。$$

④ 组间的自由度：

$$df_b = p - 1 = 3 - 1 = 2。$$

⑤ 组内的自由度：

$$df_w = p(n-1) = 3 \times (4-1) = 9。$$

⑥ F 统计量：

$$F = \frac{MS_b}{MS_w} = \frac{SS_b/df_b}{SS_w/df_w} = \frac{104/2}{14/9} = 33.43。$$

3. F 检验的统计推断

本例是要检验 3 组平均数差异是否显著，则可根据组间自由度(2)和组内自由度(9)查 F 值表，得 $F(2,9)_{0.05} = 4.26$，$F(2,9)_{0.01} = 8.02$。因为实际计算出的 $F = 33.43 > 8.02 =$

$F(2,9)_{0.01}$，则 $P<0.01$，表明 3 组均数有极其显著的差异，即说明 3 种不同的教学方法对学生的阅读成绩的影响有极显著的差异。由于 F 检验结果显著，还需做多重比较，具体方法见随后 SPSS 统计软件操作部分。

4. 单因素完全随机实验方差分析的齐性检验

与两样本方差齐性检验一样，单因素方差分析也要进行多组方差的齐性检验。如果齐性检验结果表明各组方差齐性，则说明 F 检验适当，可维持对检验结果的解释。如果各组内方差不齐，则说明此 F 检验违反了组内被试应同质的原则，即原来所得的结论是有误差的。多组方差的齐性检验可用最大 F 值检验法进行，其统计量为：

$$F_{\max}=\frac{\sigma_{\max}^2}{\sigma_{\min}^2},$$

式中，$\sigma_{\max}^2$ 表示各组中的最大方差，$\sigma_{\min}^2$ 表示各组中的最小方差。计算后，查 $F_{\max}$ 临界值表，将计算结果与 $F_{\max}$ 临界值相比较，最后做出各组方差是否齐性的判断。查 $F_{\max}$ 临界值表，需根据三个条件：方差的组数 K、自由度 $df=n-1$、显著性水平。其检验步骤如下：

（1）提出假设

H_0：$\sigma_A^2=\sigma_B^2=\sigma_C^2$。

H_1：至少有两个总体方差不相等。

（2）计算检验统计量的值

现利用上例中的有关数据，计算各班总体的估计值。

A 组方差的估计值：

$$\begin{aligned}S_A^2&=\frac{\sum X_A^2-\left(\sum X_A\right)^2/n}{n-1}\\&=\frac{(2^2+3^2+3^2+4^2)-(2+3+3+4)^2/4}{4-1}\\&=\frac{38-36}{3}\\&=0.67。\end{aligned}$$

B 组方差的估计值：

$$\begin{aligned}S_B^2&=\frac{\sum X_B^2-\left(\sum X_B\right)^2/n}{n-1}\\&=\frac{(10^2+7^2+9^2+6^2)-(10+7+9+6)^2/4}{4-1}\\&=\frac{266-256}{3}\\&=3.33。\end{aligned}$$

C 组方差的估计值：

$$\begin{aligned}S_C^2&=\frac{\sum X_C^2-\left(\sum X_C\right)^2/n}{n-1}\\&=\frac{(9^2+11^2+10^2+10^2)-(9+11+10+10)^2/4}{4-1}\\&=\frac{402-400}{3}\\&=0.67。\end{aligned}$$

本例中,三组的方差分别为:0.67,3.33,0.67,因此,$\sigma_{max}^2 = 3.33, \sigma_{min}^2 = 0.67$,所以:

$$F_{max} = \frac{\sigma_{max}^2}{\sigma_{min}^2} = \frac{3.33}{0.67} = 4.97。$$

(3) 统计决断

表 2-3-4 F_{max} 检验统计决断的规则表

F_{max} 与临界值的比较	P 值	显著性
$F < F_{max0.05}$	$P > 0.05$	不显著
$F_{max0.05} \leqslant F < F_{max0.01}$	$0.01 < P \leqslant 0.05$	显著
$F \geqslant F_{max0.01}$	$P \leqslant 0.01$	极其显著

根据本例,$k=3$,$df=4-1=3$,查 F_{max} 临界值表,寻找相应的临界值。但表中 df 是从 4 开始的,如果按 $df=4$,$k=3$,其 $F_{max0.05}=15.5$。计算得到的 $F_{max}=4.79<15.5$。因此,$P>0.05$,即各组方差是齐的。

三、用 SPSS 统计软件对单因素完全随机实验进行数据处理

结合上面的例子,我们用 SPSS 统计软件对上述数据进行数据处理。

(一) 例题分析

这是一个多组均数差异显著性的检验问题。可用单因素方差分析来处理。首先作 F 检验,其目的在于:检验三组均数之间是否有差异。结果有两种可能:一是 F 检验结果不显著,那就说明三组中任何两组均数之间均无显著差异,检验就此结束。二是 F 检验结果有显著性差异,则说明三组间至少有两组均数之间有差异,但不能判断究竟是哪两组或哪几组之间有差异。因此,还必须进行各组均数之间的多重比较。

(二) SPSS 数据处理操作步骤

1. 操作步骤

第一步:定义两个变量,即教学方法与阅读分数,三种教学方法用数字 1 至 3 来表示,输入数据,建立数据文件。变量设置及数据结构如表 2-3-5 所示。

表 2-3-5 单因素完全随机实验数据表

	教学方法	阅读分数
1	1.00	2.00
2	1.00	3.00
3	1.00	3.00
4	1.00	4.00
5	2.00	10.00
6	2.00	7.00
7	2.00	9.00
8	2.00	6.00
9	3.00	9.00
10	3.00	11.00
11	3.00	10.00
12	3.00	10.00

第二步：选用单因素方差分析模块 Analyze\Compare means\One-Way ANOVA（单因素方差分析），如图 2-3-2 所示。

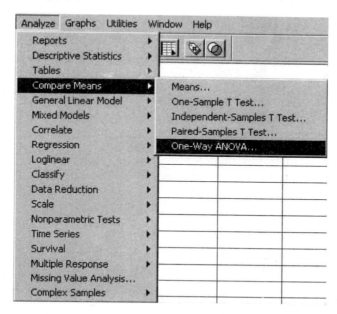

图 2-3-2　单因素完全随机实验方差分析菜单图

第三步：将阅读分数选入因变量列表框（Dependent List）中；将教学方法选入因素变量框（Factor）中，如图 2-3-3 所示。

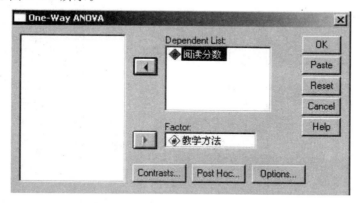

图 2-3-3　单因素完全随机实验方差分析主对话框

第四步：对三组数据进行方差齐性检验。在主对话框中，点击选项（Option）。① 选择变量同质性检验（Homogeneity of variance test）对数据进行方差齐性的检验。② 选择描述性统计（Descriptive），以了解三组数据的均值和标准差。③ 选择均值图（Means plot），以显示三组均值图示，如图 2-3-4 所示。

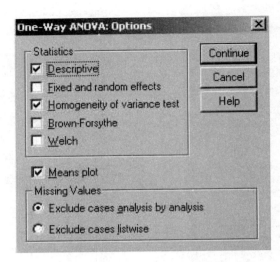

图 2-3-4　方差齐性检验及描述性统计对话框

第五步：在主对话框中点击选择事后检验（Post Hoc…），选择多重比较的方法。如果方差齐性（Equal Variances Assumed），则选择常用的 Least-significant difference（LSD）法进行检验，来完成各组均值间的配对比较。如果方差不齐（Equal Variances not Assumed），则选择下面的检验方法，如 Tamhane's T2 检验等。因为不知道三组方差是否齐性，我们分别选用 LSD 法和 Tamhane's T2 进行多重比较，如图 2-3-5 所示。

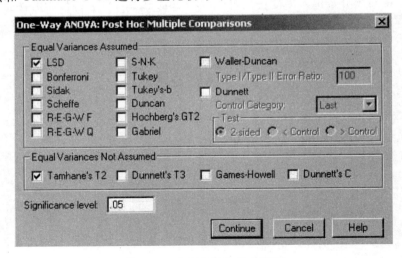

图 2-3-5　均值多重比较对话框

第六步：点击 OK，执行程序。

2. 输出结果

（1）各组的描述统计量

描述统计结果如表 2-3-6 所示。

表 2-3-6　描述统计结果表(Descriptives)

	(N)	Mean	S.D	Std. Error	95% Confidence Interval Lower Bound	Upper Bound
A	4	3.00	.82	.41	1.70	4.30
B	4	8.00	1.83	.91	5.09	10.91
C	4	10.00	.82	.41	8.70	11.30
Total	12	7.00	3.28	.95	4.92	9.08

表 2-3-6 给出了三组被试在阅读分数这个因变量上的描述统计量。例如：样本容量 (N)、平均值(Mean)、标准差(S.D)、标准误(Std. Error，即均值在其抽样分布上的标准差)、均值 95% 的置信区间(95% Confidence Interval)，即均值有 95% 的可能会落在此区间，Lower Bound 表示区间下限，Upper Bound 表示区间上限。

(2) 方差齐性检验结果

方差齐性检验结果如表 2-3-7 所示。

表 2-3-7　方差齐性检验结果表(Test of Homogeneity of Variances)

Levene Statistic	df_1	df_2	Sig
4.00	2	9	.06

表 2-3-7 给出了方差齐性检验的结果。Levene Statistic 是表示用莱文尼统计方法进行方差齐性检验，检验结果 F 值 $=4.00$，$df_1=2$，指较大方差的自由度是 2；$df_2=9$，指较小方差的自由度是 9，Sig$=0.06$，指双侧检验的 P 值，本例 $P>0.05$，说明各组方差是齐的。

(3) 方差分析结果

方差分析结果见表 2-3-8。

表 2-3-8　方差分析表(ANOVA)

Source	Sum of Squares	df	Mean Square	F	Sig
Between Groups	104.00	2	52.00	33.43	.00
Within Groups	14.00	9	1.556		
Total	118.00	11			

表 2-3-8 中，Source 指方差来源，Between Groups 指组间方差，Within Groups 指组内方差。Sum of Squares 指方差平方和。df 指组间自由度和组内自由度。Mean Square 指均方差，其值等于 Sum of Squares 除于相应的自由度。$F=33.43$，即 F 检验的结果。Sig$=.00$，指双侧检验的 P 值。本例 $P<0.01$，说明各组均值有极显著性差异。

(4) 多重比较

多重比较结果见表 2-3-9 所示。

表 2-3-9　多重比较结果表（Multiple Comparisons）

	(I)	(J)	Mean Difference (I-J)	Std. Error	Sig	95% Confidence Interval Lower Bound	95% Confidence Interval Upper Bound
LSD	1.00	2.00	−5.00000(*)	.88192	.000	−6.9950	−3.0050
		3.00	−7.00000(*)	.88192	.000	−8.9950	−5.0050
	2.00	1.00	5.00000(*)	.88192	.000	3.0050	6.9950
		3.00	−2.00000(*)	.88192	.050	−3.9950	−.0050
	3.00	1.00	7.00000(*)	.88192	.000	5.0050	8.9950
		2.00	2.00000(*)	.88192	.050	.0050	3.9950
Tamhane	1.00	2.00	−5.00000(*)	1.00000	.020	−8.8568	−1.1432
		3.00	−7.00000(*)	.57735	.000	−8.8902	−5.1098
	2.00	1.00	5.00000(*)	1.00000	.020	1.1432	8.8568
		3.00	−2.00000	1.00000	.303	−5.8568	1.8568
	3.00	1.00	7.00000(*)	.57735	.000	5.1098	8.8902
		2.00	2.00000	1.00000	.303	−1.8568	5.8568

表 2-3-9 给出了运用 LSD 和 Tamhane 选项输出的多重比较结果。(I)与(J)列中的"1"、"2"、"3"分别表示 A、B、C 三种教学方法。前面的方差齐性检验表明，三组方差是齐的，因此，进行多重比较时，应该看 LSD 法的多重比较结果。结果显示：A 教学法和 B 教学法，A 教学法和 C 教学法之间都具有极显著性差异；B 教学法和 C 教学法之间有显著性差异。

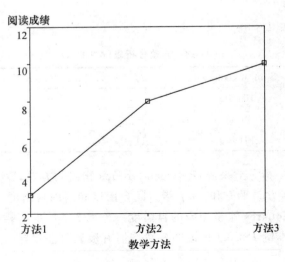

图 2-3-6　自变量不同水平的均值图

（5）均值图

图 2-3-6 以教学方法（三个水平）为横轴，以学生的阅读成绩为纵轴，绘制三组均值图。从图中，可以直观地看到：教学方法 3 要优于教学方法 2，教学方法 2 要优于教学方法 1，教学方法 3 要优于教学方法 1。

（三）单因素完全随机实验设计方差分析流程图

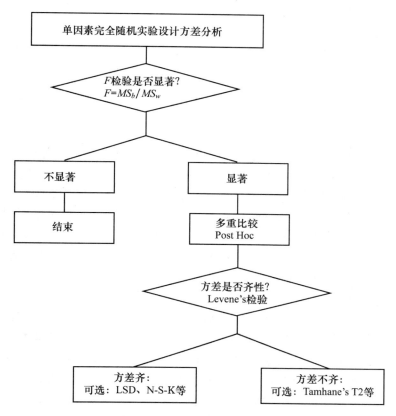

图 2-3-7　单因素完全随机实验设计方差分析流程图

第4节　单因素重复测量实验设计及数据处理

本节将对单因素重复测量实验设计的特点与模式、单因素重复测量实验方差分析的原理与步骤，以及如何利用 SPSS 统计软件对单因素重复测量实验结果进行数据处理等问题进行探讨。

一、单因素重复测量实验设计的特点与模式

为了说明单因素重复测量实验设计的特点，我们先看一个例子：有一项"标记类型对听障学生阅读理解能力影响的实验研究"，该研究的因变量是听障学生阅读理解能力。自变量是标记类型（A），分三个水平，即在文章的重点内容下划线（a_1）、对文章的重点内容用斜体字表示（a_2）、对文章的重点内容字体加粗（a_3）；被试为某聋校六年级 12 名学生。实验材料：① 三篇长度与难度相仿的文章，三篇文章三种标记类型。② 与三篇文章内容相关的阅读理解试卷。实验处理：每位学生阅读上述三篇文章后，进行阅读理解测验。

从上述可见，单因素重复测量实验设计的特点是：实验中只有一个自变量，被试接受这个自变量所有水平的实验处理。其中的自变量被称为被试内变量或被试内因素。如某实验中，A 因素有三个水平，共有四名被试，则其实验模式如表 2-4-1 所示。

表 2-4-1 单因素重复测量实验设计模式

a_1	a_2	a_3
S_1	S_1	S_1
S_2	S_2	S_2
S_3	S_3	S_3
S_4	S_4	S_4

一般来说，有两种情况可用单因素重复测量实验设计：一是一组被试前后多次接受同一种测试，检验不同测试之间的差异。例如，某实验目的是要检验对一个班的智障儿童进行三周的体能训练，每周训练结束后都进行一次测试，要想知道三周的成绩是否有所差异时，可以采用此种实验设计；二是某一组被试，先后接受不同的实验处理，检验不同实验处理之间的差异。例如，让一个班的聋学生阅读易、中、难三篇文章，每阅读完一篇文章后都针对文章的内容进行一次测试，要想知道阅读三篇文章学生成绩的差异时，可采用此种设计。

单因素重复测量实验设计方差分析要满足以下前提假设：① 正态性：因变量在各个实验单元内呈正态分布，即多次测量结果服从正态分布。如果每个单元的样本量达到 15 人可不受正态分布的条件限制。② 方差齐性：在重复测验的实验设计中，方差齐性检验是假设因变量在因素任意两个水平间的差值方差相等，而在单因素完全随机实验中，方差齐性检验是假设不同组的方差都相等。在 SPSS 中，可通过球形假设（Sephericity assumption）对方差齐性进行检验。③ 独立性和随机性：样本必须是从总体中随机抽取获得，被试间相互保持独立。

单因素重复测量实验设计的优点是：可以很好地控制被试间的差异；所用被试量少。其缺点是：多次测量容易使被试产生练习和疲劳效应；有些实验材料互相影响大，不适合重复测量的实验设计。

二、单因素重复测量实验方差分析的原理与步骤

（一）单因素重复测量实验方差分析的基本原理

在单因素重复测量实验设计中，将总变异分解为被试间变异和被试内变异。被试间变异，即总变异中所有由被试个体差异引起的变异。被试内变异包括被试在接受不同实验处理时产生的变异（实验处理效应）以及由偶然因素引起的误差变异（残差），即：被试内变异＝实验处理变异（实验处理效应）＋误差变异（残差）。据此，总变异＝被试间变异＋被试内变异＝被试间变异＋实验处理变异＋误差变异。

在单因素完全随机实验设计中，F 检验的含义是：组间变异与组内变异的比值，组内变异既包括个体差异，也包括误差。而在单因素重复测量实验设计中，F 检验的含义是：实验处理变异与误差的比值。这里，将被试间变异排除了，也就是说被试的个体差异与 F 检验无关了。因此，在类似实验条件下，与单因素完全随机实验设计相比，单因素重复测量实验设计的 F 统计量的分母大大减小，F 值更易显示出差异，所以说，单因素重复测量实验设计比单因素完全随机实验设计更为敏感。

单因素重复测量实验设计的 F 检验公式如下：

$$F = \frac{MS_A}{MS_{残差}} = \frac{SS_A / df_A}{SS_{残差} / df_{残差}}。$$

说明：

① MS_A 为被试内因素 A 的均方差（实验处理效应），SS_A 为被试内因素 A 的平方和，df_A 为被试内因素 A 的自由度。

② $MS_{残差}$ 为残差均方差（实验误差），$SS_{残差}$ 为残差平方和，$df_{残差}$ 为残差自由度。

（二）单因素重复测量实验的计算步骤

为了研究不同阅读方法对听障学生阅读成绩的影响，某教师进行了下面的实验。在实验中，该教师分别设定了"无策略阅读（a_1）"、"边阅读边划出段落中心句（a_2）"、"边阅读边填充文章的组织结构图（a_3）"三种阅读方法，并选用了 A、B、C 三篇难度相当的阅读材料让学生进行阅读，每篇材料采用一种阅读方法。学生阅读结束后，立即测试学生对文章的理解情况，8 名聋学生测试的结果如表 2-4-2。问：三种阅读方法对增进学生对课文的理解方面有无差异？

表 2-4-2　聋学生阅读测试结果表

	a_1	a_2	a_3	总和
S_1	44	50	55	149
S_2	42	52	58	152
S_3	39	57	52	148
S_4	41	45	49	135
S_5	47	43	57	147
S_6	45	49	56	150
S_7	43	53	58	154
S_8	44	51	54	149
总和	345	400	439	1184

结合上例，我们来看如何对单因素重复测量实验数据进行数据处理。

1. 提出假设

H_0：$u_1 = u_2 = u_3$，即：三个总体平均数相等。

H_1：至少有两个总体平均数不相等。

2. 计算 F 统计量

表 2-4-3 单因素重复测量实验方差分析计算公式表

项目名称	计算公式
总平方和分解	$SS_t = SS_{被试间} + SS_{被试内}$ $= SS_{被试间} + (SS_A + SS_{残差})$
总平方和计算	$SS_t = \sum\limits_{j=1}^{p}\sum\limits_{i=1}^{n} Y_{ij}^2 - \dfrac{\left(\sum\limits_{i=1}^{n}\sum\limits_{j=1}^{p} Y_{ij}\right)^2}{np}$
被试间平方和	$SS_{被试间} = \sum\limits_{i=1}^{n} \dfrac{\left(\sum\limits_{j=1}^{p} Y_{ij}\right)^2}{p} - \dfrac{\left(\sum\limits_{i=1}^{n}\sum\limits_{j=1}^{p} Y_{ij}\right)^2}{np}$
被试内平方和	$SS_{被试内} = SS_t - SS_{被试间}$
A 的平方和	$SS_A = \sum\limits_{j=1}^{p} \dfrac{\left(\sum\limits_{i=1}^{n} Y_{ij}\right)^2}{n} - \dfrac{\left(\sum\limits_{i=1}^{n}\sum\limits_{j=1}^{p} Y_{ij}\right)^2}{np}$
残差平方和	$SS_{残差} = SS_{被试内} - SS_{处理}$
被试间自由度	$df_{被试间} = n - 1$
A 的自由度	$df_A = p - 1$
残差自由度	$df_{残差} = (n-1)(p-1)$
总自由度	$df_t = np - 1$

计算本例 F 统计量：

总变异的平方和：

$$SS_t = 44^2 + 42^2 + \cdots + 54^2 - \dfrac{1184^2}{3 \times 8}$$
$$= 1936 + 1764 + \cdots + 2916 - 58410.67$$
$$= 59218 - 58410.67$$
$$= 807.33。$$

被试间平方和：

$$SS_{被试间} = \dfrac{149^2}{3} + \cdots + \dfrac{149^2}{3} - \dfrac{1184^2}{3 \times 8}$$
$$= 5550.25 + \cdots + 5550.25 - 58410.67$$
$$= 58486.67 - 58410.67$$
$$= 76。$$

被试内平方和：

$$SS_{被试内} = 807.33 - 76 = 731.33。$$

A 的平方和：

$$SS_A = \dfrac{345^2}{8} + \dfrac{400^2}{8} + \dfrac{439^2}{8} - \dfrac{1184^2}{3 \times 8}$$
$$= 14878.13 + 20000 + 24090.13 - 58410.67$$
$$= 557.59。$$

残差平方和：
$$SS_{残差}=731.33-557.59=173.75。$$

A 的自由度：
$$df_A=p-1=3-1=2。$$

残差自由度：
$$df_{残差}=(n-1)(p-1)=(8-1)\times(3-1)=14。$$

F 统计量：
$$F=\frac{MS_A}{MS_{残差}}=\frac{SS_A/df_A}{SS_{残差}/df_{残差}}=\frac{557.59/2}{173.75/14}=\frac{278.80}{12.41}$$
$$=22.46。$$

3. F 检验的统计推断

根据 $df_A=2; df_{残差}=14$，查 F 值表，得 $F(2,14)_{0.05}=3.74, F(2,14)_{0.01}=6.51$。因为实际计算出的 $F=22.46>F(2,14)_{0.01}$，则 $P<0.01$，表明：三组均数有极显著差异，即说明：三种阅读方法对聋生课文理解的影响有极显著的差异。

三、用 SPSS 统计软件对单因素重复测量实验进行数据处理

下面结合上例来说明如何运用 SPSS 统计软件对单因素重复测量实验进行数据处理。

（一）例题分析

该研究采用单因素重复测量实验设计，可用重复测量的方差分析来处理。首先，作 F 检验，检验三组均数之间是否有差异？如果有差异，则说明三组间至少有二组均数之间有差异，但不能判断究竟是哪两组或哪几组之间有差异？因此，还必须进行多重比较。

（二）SPSS 数据处理操作步骤

1. 操作步骤

第一步：分别定义 a_1（阅读方法 1）、a_2（阅读方法 2）和 a_3（阅读方法 3）三个变量水平。输入数据，建立数据文件，如表 2-4-4 所示。

表 2-4-4　聋学生阅读测试结果数据结构表

	a1	a2	a3
1	44.00	50.00	55.00
2	42.00	52.00	58.00
3	39.00	57.00	52.00
4	41.00	45.00	49.00
5	47.00	43.00	57.00
6	45.00	49.00	56.00
7	43.00	53.00	58.00
8	44.00	51.00	54.00

第二步：选用重复测量的方差分析模块 Analyze\General Linear Model\Repeated Measures，如图 2-4-1 所示。

第三步：在定义被试内变量(Within-Subject Factor Name)的方框中,设置被试内变量 a,在定义水平数(Number of Level)的框内,输入 3,并按添加(Add)钮,如图 2-4-2 所示。

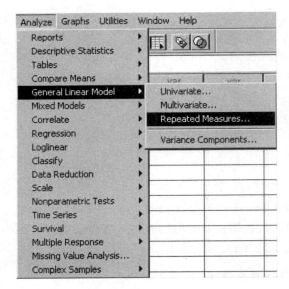

图 2-4-1　重复测量方差分析菜单图　　　图 2-4-2　重复测量方差分析变量定义对话框

第四步：按定义键(Define),进入重复测量方差分析主对话框。将定义的三个变量(水平)都键入到被试内变量(Within-Subjects Variables)框中,如图 2-4-3 所示。

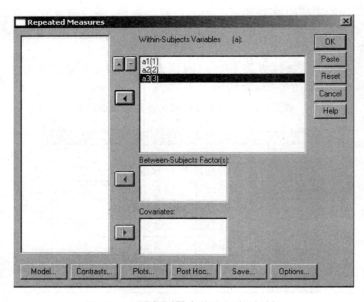

图 2-4-3　重复测量方差分析主对话框

第五步：点击选项(Options)按钮,进行如下操作：① 将变量 a 键入到右边 Display

Means for 下的方框中,采用 LSD(none)法对变量 a 的三个水平进行多重比较;② 在 Display 命令下选择描述统计(Desriptive statistics)以得到三组数据的均值和标准差。见图 2-4-4 所示。

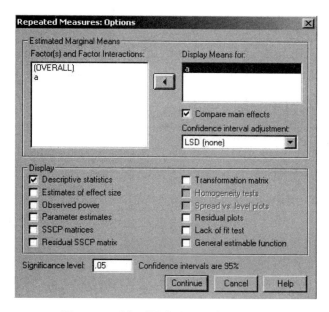

图 2-4-4　重复测量方差分析选项对话框

说明:
① SPSS 对被试内变量方差齐性检验是默认的,故不需要对方差齐性检验再行选择。
② Post Hoc 法(见主对话框)仅用于被试间变量各水平(＞2)均值之间的多重比较。
第六步:在主对话框中,选择 Plots,绘制均值图。将 a 键入横轴(Horizontal Axis),点击添加(Add)钮,如图 2-4-5 所示。

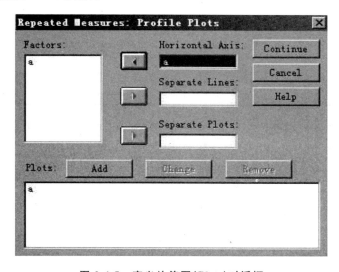

图 2-4-5　定义均值图(Plots)对话框

第七步：在主对话框中，点击 OK，执行程序。

2．输出结果

（1）描述统计量

表 2-4-5　描述统计结果表（Descriptive Statistics）

	Mean	S.D	N
a_1	43.1250	2.47487	8
a_2	50.0000	4.44008	8
a_3	54.8750	3.13676	8

表 2-4-5 列出了三种阅读方法的均值、标准差以及样本量。

（2）多元方差分析结果

表 2-4-6　多元方差分析结果表（Multivariate Tests）

Effect		Value	F	Hypothesis df	Error df	Sig.
a	Pillai's Trace	.962	74.973	2.000	6.000	.000
	Wilks' Lambda	.038	74.973	2.000	6.000	.000
	Hotelling's Trace	24.991	74.973	2.000	6.000	.000
	Roy's Largest Root	24.991	74.973	2.000	6.000	.000

表 2-4-6 列出了多元方差分析结果。重复测量的数据处理可采用一元方差分析，也可以采用多元方差分析，它不受球形假设检验结果的限制。多元方差分析是将被试内变量的不同水平作为因变量，表中 Pillai's Trace、Wilks' Lambda、Hotelling's Trace、Roy's Largest Root 是四种不同的多元方差分析方法。从表 2-4-6 中可见：四种检验方法的 P 值均小于 0.01，说明从整体上讲，三种阅读方法对聋生课文理解的影响有极显著的差异。

（3）球形检验结果

表 2-4-7　球形检验结果表（Mauchly's Test of Sphericity）

Within Subjects Effect	Mauchly's W	Approx. Chi-Square	df	Sig.
a	.419	5.213	2	.074

表 2-4-7 给出了球形假设（Mauchly's Test of Sphericity）的检验结果。球形假设检验实际上是对同一组被试的多次测量结果之间是否存在相关性进行检验。当被试内变量超过 2 个水平时，采用球形假设检验。本例球形假设检验结果为：$P=0.074>0.05$，满足球形假设。

（4）一元方差分析结果

表 2-4-8　被试内变量主效应检验结果表（Tests of Within-Subjects Effects）

Source		Type III Sum of Squares	df	Mean Square	F	Sig.
a	Sphericity Assumed	557.583	2	278.792	22.464	.000
	Greenhouse-Geisser	557.583	1.265	440.645	22.464	.001
	Huynh-Feldt	557.583	1.416	393.638	22.464	.000
	Lower-bound	557.583	1.000	557.583	22.464	.002
Error	Sphericity Assumed	173.750	14	12.411		
	Greenhouse-Geisser	173.750	8.858	19.616		
	Huynh-Feldt	173.750	9.915	17.523		
	Lower-bound	173.750	7.000	24.821		

表 2-4-8 是一元方差分析的结果。表 2-4-8 第一行中的 Source 为方差来源、Type III Sum of Squares 为平方和的计算方式。方差来源下的 a 是被试内变量；Error 是被试内变量的误差。这里给出了被试内变量主效应检验的四种方法，即：Sphericity Assumed、Greenhouse-Geisser、Huynh-Feldt、Lower-bound。第一种方法（Sphericity Assumed）是标准一元方差分析，在球形假设满足的条件下使用；后三种方法是备选方差分析，在球形假设不满足的条件下使用，通常以 Greenhouse-Geisser 为准。

本例球形假设满足。因此，参见标准一元方差分析（Sphericity Assumed）结果：$F=22.464$，$P=<0.01$，表明三组均值有极显著性差异。至于具体是哪两组之间存在差异，则需进行多重比较。

（5）因素各水平间的多重比较

表 2-4-9　多重比较结果表（Multiple Comparisons）

(I)	(J)	Mean Difference (I-J)	Std. Error	Sig	95% Confidence Interval for Difference Lower Bound	Upper Bound
1	2	−6.875(*)	2.232	.018	−12.152	−1.598
	3	−11.750(*)	.959	.000	−14.018	−9.482
2	1	6.875(*)	2.232	.018	1.598	12.152
	3	−4.875(*)	1.846	.033	−9.241	−.509
3	1	11.750(*)	.959	.000	9.482	14.018
	2	4.875(*)	1.846	.033	.509	9.241

表 2-4-9 给出三种不同阅读方法两两比较的结果。表中（I）与（J）列下的 1，2，3 表示三种阅读方法。结果表明：阅读方法 1 与 2 有显著差异（$P=.018<0.05$）；阅读方法 1 与 3 有极显著差异（$P=.000<0.01$）；阅读方法 2 与 3 有显著差异（$P=.033<0.05$）。

（6）均值图

图 2-4-6 是以阅读方法为横坐标，以阅读成绩为纵坐标绘制而成的自变量均值图，直观地显示出：方法 3 优于方法 2，方法 3 优于方法 1，方法 2 优于方法 1。

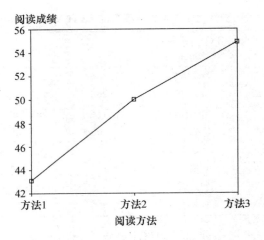

图 2-4-6　自变量不同水平的均值图

(三)单因素重复测量实验设计方差分析流程图

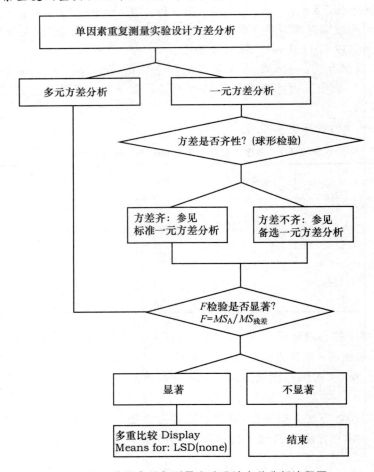

图 2-4-7　单因素重复测量实验设计方差分析流程图

第5节 两因素完全随机实验设计及数据处理

在实验研究中,如果有多个自变量,就称为多因素实验设计。多因素实验设计不仅可以探讨各个自变量的作用,而且还可探讨它们之间的交互作用。因此,与单因素实验设计相比,多因素实验设计可以获得更多的信息,其实验效率也更高。

两因素实验设计是多因素实验设计的一种基本形式。根据被试接受的实验处理不同,两因素实验设计又可分为:两因素完全随机实验设计、两因素随机区组实验设计、两因素重复测量的实验设计和两因素混合实验设计。本节将对两因素完全随机实验设计的特点与模式、两因素完全随机实验方差分析的原理与步骤,以及如何利用SPSS统计软件对两因素完全随机实验结果进行数据处理等问题进行探讨。

一、两因素完全随机实验设计的特点与模式

先看一个例子,有一项"两种教学方法对不同学习能力学生学习成绩影响"的教学实验研究。其中,学习成绩是因变量 A,教学方法 B 与学习能力 C 是两个自变量。B 有两个水平,即 b_1 为教学方法 1,b_2 为教学方法 2。C 有两个水平,即 c_1 为学习能力强,c_2 为学习能力低。选取 N 个被试,分为四组,每一被试只接受一种教学方法。这就是一个两因素完全随机实验设计。两因素完全随机实验设计具有以下特点:

(1) 有两个自变量,每个自变量有两个或多个水平。

(2) 如果一个自变量有 p 个水平,另一个自变量有 q 个水平。那么,该实验就有 $p \times q$ 个实验处理水平的结合。

(3) 实验有 $p \times q$ 组。将被试随机分配到每个组中,每个被试只接受一种实验处理水平的结合。

假设在某一项实验中,自变量 A 有两个水平为 a_1、a_2,自变量 B 有三个水平为 b_1、b_2、b_3,则其实验设计模式如表 2-5-1 所示。

表 2-5-1 两因素完全随机实验设计模式

	b_1	b_2	b_3
a_1	S_1 S_4 S_7 S_{10}	S_2 S_5 S_8 S_{11}	S_3 S_6 S_9 S_{12}
a_2	S_{13} S_{16} S_{19} S_{22}	S_{14} S_{17} S_{20} S_{23}	S_{15} S_{18} S_{21} S_{24}

两因素完全随机实验设计方差分析要满足以下前提条件:

(1) 正态分布。因变量在每个实验单元内都是呈正态分布。如果正态分布的条件不满足,使用大样本可以提高方差分析结果的可信度,即每个实验单元的被试达到 15 人以上。

(2) 方差齐性。因变量在所有实验单元内的方差齐性。如果各组方差不齐,而且各单

元的样本量不等,则方差分析结果不可信。

(3) 独立性。被试必须从总体中随机抽取,因变量在各个单元内的数据相互独立,如果不独立,方差分析的结果不可信。

(4) 连续性。因变量应为连续型变量。

多因素方差分析就是要对实验中自变量的主效应与交互效应是否显著作出检验。实验中一个因素的不同水平引起的变异称为该因素的主效应。它是通过忽略实验中其他因素不同水平引起的变异,而单纯计算某一个因素引起的效应而得到的。在多因素实验设计中,有几个因素就计算几个主效应。如上例,有学习能力和教学方法两个主效应。学习能力的主效应就是在不考虑采用什么样的教学方法的情况下,看不同学习能力学生的成绩是否有显著差异。教学方法的主效应就是在不考虑学生学习能力的情况下,看不同教学方法是否会对学生成绩的差异造成显著影响。在多因素实验中,自变量之间往往互相影响,共同对因变量产生作用。当一个因素的不同水平在另一个因素的不同水平上变化趋势不一致时,称这两个因素之间有交互效应。一个实验中,如有两个自变量,则可检验 $A*B$ 一个交互效应;如果有三个自变量,则可检验 $A*B, A*C, B*C$ 与 $A*B*C$ 四个交互效应。因此,可检验的交互效应的数量是各因素的组合数。

以上述"两种教学方法对不同学习能力学生学习成绩影响"研究为例,如果将有关实验数据整理、绘制成图,可能有两种情况,如图 2-5-1 所示。

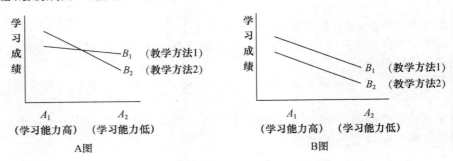

图 2-5-1　教学方法与学习能力的交互作用

A 图两条直线交叉(变化趋势不一致),表明教学方法与学习能力有交互效应。即采用教学方法 1 时,学习能力高与低的学生在学习成绩上没有显著差异。而采用教学方法 2 时,学习能力高的学生的学习成绩高于学习能力低的学生。

B 图两条直线平行(变化趋势一致),表明教学方法与学习能力无交互效应。即无论采用教学方法 1 还是教学方法 2,学习能力高的学生的学习成绩均优于学习能力低的学生。

综上,两因素完全随机实验设计的方差分析包括两步:第一,对各因素的主效应和交互效应进行检验。第二,如果主效应显著,而交互效应不显著,则需要对超过两个水平的因素进行多重比较;如果两因素之间交互效应显著,则需进一步做简单效应检验。

二、两因素完全随机实验方差分析的原理与步骤

(一) 两因素完全随机实验方差分析的基本原理

在两因素完全随机实验方差分析中,将总差异分解为处理间变异和处理内变异,即总变异

＝处理间变异＋处理内变异。总变异指所有由实验处理、实验误差、无关变量以及个体差异等引起的变异。处理间变异指所有由实验处理引起的变异,包括 A 因素、B 因素及 AB 的交互作用引起的变异。处理内变异指所有不能由实验处理解释的变异,包括个体差异、实验误差、无关变量等引起的变异。两因素完全随机实验设计的方差分析是通过 F 值的大小,即各因素变异与单元内误差(误差)变异的比较来判断各因素主效应及其交互效应的显著性的。

(二) 两因素完全随机实验的计算步骤

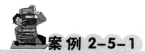
案例 2-5-1

有一项"文章标记类型与句子长度对聋生句子理解的实验研究"。其中,句子阅读理解成绩是因变量。标记类型(A)和句子长度(B)是两个自变量,标记类型为无标记(a_1)和有标记(a_2)两个水平。句子长度分为短句(b_1)、中句(b_2)和长句(b_3)三个水平。随机抽取 24 名被试,分配到各实验组。

实验结果如表 2-5-2 所示。

表 2-5-2 标记对句子阅读影响的数据表

$N=24$	b_1	b_2	b_3
a_1	6	5	2
	7	6	4
	6	7	5
	6	6	4
a_2	5	9	7
	8	8	8
	6	8	6
	7	9	7

对表 2-5-2 中的数据进行汇总,得到简表 2-5-3。

表 2-5-3 标记对句子阅读影响的数据汇总表

$n=4$	b_1	b_2	b_3	总和
a_1	25	24	15	64
a_2	26	34	28	88
总和	51	58	43	152

我们来看如何对两因素完全随机实验的数据进行方差分析。

1. 提出假设

由于两因素实验设计中涉及两个变量的主效应及交互作用效应,因此,提出以下三个零假设:

① 标记类型对阅读成绩没有影响。

② 句子长度对阅读成绩没有影响。
③ 标记类型与句子类型对阅读成绩没有交互效应。

2. 计算 F 统计量

F 统计量计算公式如下：

$$F_A = \frac{MS_A}{MS_{误差}} = \frac{SS_A/df_A}{SS_{误差}/df_{误差}},$$

$$F_B = \frac{MS_B}{MS_{误差}} = \frac{SS_B/df_B}{SS_{误差}/df_{误差}},$$

$$F_{AB} = \frac{MS_{AB}}{MS_{误差}} = \frac{SS_{AB}/df_{AB}}{SS_{误差}/df_{误差}}。$$

表 2-5-4　两因素完全随机实验方差分析计算公式表

项目名称	计算公式
总平方和分解	$SS_t = SS_{处理间} + SS_{处理内}$ $= (SS_A + SS_B + SS_{AB}) + SS_{单元内误差}$
总平方和计算	$SS_t = \sum_{i=1}^{n}\sum_{j=1}^{p}\sum_{k=1}^{q} Y_{ijk}^2 - \frac{\left(\sum_{i=1}^{n}\sum_{j=1}^{p}\sum_{k=1}^{q} Y_{ijk}\right)^2}{npq}$
A 的平方和	$SS_A = \sum_{j=1}^{p} \frac{\left(\sum_{i=1}^{n}\sum_{k=1}^{q} Y_{ijk}\right)^2}{nq} - \frac{\left(\sum_{i=1}^{n}\sum_{j=1}^{p}\sum_{k=1}^{q} Y_{ijk}\right)^2}{npq}$
B 的平方和	$SS_B = \sum_{k=1}^{q} \frac{\left(\sum_{i=1}^{n}\sum_{j=1}^{p} Y_{ijk}\right)^2}{np} - \frac{\left(\sum_{i=1}^{n}\sum_{j=1}^{p}\sum_{k=1}^{q} Y_{ijk}\right)^2}{npq}$
AB 的平方和	$SS_{AB} = \sum_{j=1}^{p}\sum_{k=1}^{q} \frac{\left(\sum_{i=1}^{n} Y_{ijk}\right)^2}{n} - \frac{\left(\sum_{i=1}^{n}\sum_{j=1}^{p}\sum_{k=1}^{q} Y_{ijk}\right)^2}{npq} - SS_A - SS_B$
单元内误差平方和	$SS_{单元内误差} = SS_t - SS_A - SS_B - SS_{AB}$
A 自由度	$df_A = p - 1$
B 自由度	$df_B = q - 1$
AB 自由度	$df_{AB} = (p-1)(q-1)$
单元内误差自由度	$df_{单元内误差} = pq(n-1)$
总自由度	$df_t = npq - 1$

3. 统计推断

(1) 主效应

① A 因素的主效。根据变量 A 的自由度与单元内误差自由度，查 F 值表，得 $F(1,18)_{0.05} = 4.41$，$F(1,18)_{0.01} = 8.29$。因为本例实际计算出的 $F = 27.87 > F(1,18)_{0.01}$，则 $P < 0.01$，表明 A 的主效应极显著，即说明有标记和无标记对聋生阅读成绩有极显著的影响。

② B 因素的主效应。根据变量 B 的自由度与单元内误差的自由度，查 F 值表，得 $F(2,18)_{0.05} = 3.35$，$F(2,18)_{0.01} = 6.01$。因为本例实际计算出的 $F = 8.18 > F(2,18)_{0.01}$，则 $P < 0.01$，表明 B 的主效应极显著，即说明不同长度的句子对聋生阅读成绩有极显著的影响。

(2) 交互效应

根据 $A \times B$ 的自由度和单元内误差自由度，查 F 值表，得 $F(2,18)_{0.05} = 3.74$，$F(2,18)_{0.01} =$

6.51。因为本例实际计算出的 $F=5.66$,$F(2,18)_{0.05}<5.66<F(2,18)_{0.01}$,则 $0.01<P<0.05$,表明 A、B 的交互效应显著,即说明标记类型和句子长短对聋生阅读成绩有显著交互效应。交互效应显著时,需要进一步做简单效应的检验。

三、用 SPSS 统计软件对两因素完全随机实验进行数据处理

下面利用上例数据,说明如何利用 SPSS 统计软件对两因素完全随机实验进行数据处理。

(一)例题分析

上例中,A 与 B 是两个被试间变量。因此,是一个两因素完全随机实验设计,对其进行方差分析的思路为:

(1)检验 A 因素的主效应。即在不考虑 B 因素效应的前提下,因变量在 A 因素各水平上的均值是否存在显著差异。

(2)检验 B 因素的主效应。即在不考虑 A 因素效应的前提下,因变量在 B 因素各水平上的均值是否存在显著性差异。

(3)检验 A 与 B 的交互效应。因变量在 A 因素各水平上的均值差异是否是 B 因素各水平的变异函数,也就是说,在两个因素共同作用下,因变量在因素各水平上的差异是否显著。

(4)当两因素之间交互效应显著时,则需进一步做简单效应的检验。简单效应检验是指:检验一个因素在另一个因素的每个水平上的处理效应,以便具体地确定它的处理效应在另一个因素的哪个(些)水平上是显著的,在哪个(些)水平上是不显著的。简单效应的检验可通过在 SPSS 语句窗中增写相应语句来方便地实现。

(5)如果因素的主效应显著,且超过 3 个水平,则需进行该因素各水平之间的多重比较。

(二)SPSS 数据处理操作步骤

1. 基本步骤

第一步,分别定义 a(标记类型)、b(句子长度)、score(阅读分数)三个变量。输入数据,建立数据文件。对 a(标记类型)赋值时,分别设定:1="无标记",2="有标记"。对 b(句子长短)赋值时,分别设定:1="短句子",2="中句子",3="长句子",如图 2-5-2,图 2-5-3 所示。

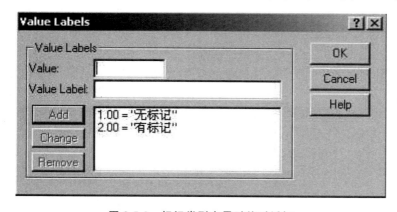

图 2-5-2 标记类型变量赋值对话框

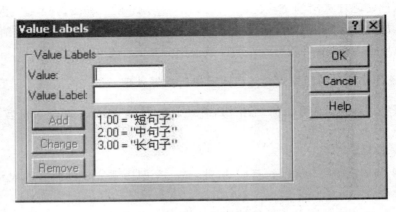

图 2-5-3　句子类型变量赋值对话框

点击表格区域下方的 Data View，进入数据输入窗口，将原始数据输入 SPSS 表格区域，如表 2-5-5 所示。

表 2-5-5　数据结构表

	a	b	score
1	1.00	1.00	6.00
2	1.00	1.00	7.00
3	1.00	1.00	6.00
4	1.00	1.00	6.00
5	1.00	2.00	5.00
6	1.00	2.00	6.00
7	1.00	2.00	7.00
8	1.00	2.00	6.00
9	1.00	3.00	2.00
10	1.00	3.00	4.00
11	1.00	3.00	5.00
12	1.00	3.00	4.00
13	2.00	1.00	5.00
14	2.00	1.00	8.00
15	2.00	1.00	6.00
16	2.00	1.00	7.00
17	2.00	2.00	9.00
18	2.00	2.00	8.00
19	2.00	2.00	8.00
20	2.00	2.00	9.00
21	2.00	3.00	7.00
22	2.00	3.00	8.00
23	2.00	3.00	6.00
24	2.00	3.00	7.00

第二步，选用一元方差分析模块 Analyze\General Linear Model\Unvariate，如图 2-5-4 所示。

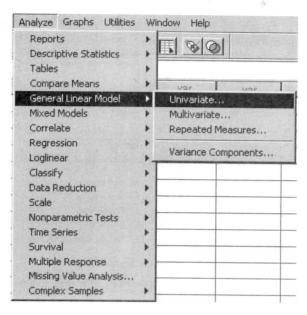

图 2-5-4　单因变量方差分析菜单图

第三步，在主对话框中，将 Score，键入因变量（Dependent Variable）方框中，将 a、b 变量键入固定变量（Fixed Factor(s)）方框中，如图 2-5-5 所示。

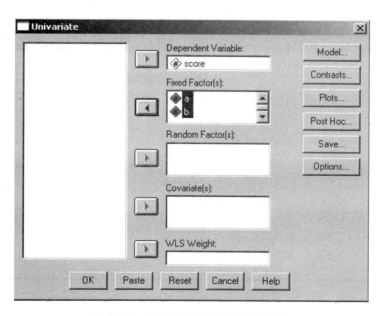

图 2-5-5　单因变量方差分析主对话框

第四步,点击选项(Options)按钮,选择(Descriptive statistics)对数据进行描述性统计;选择(Homogeneity tests)进行方差齐性检验,如图 2-5-6 所示。

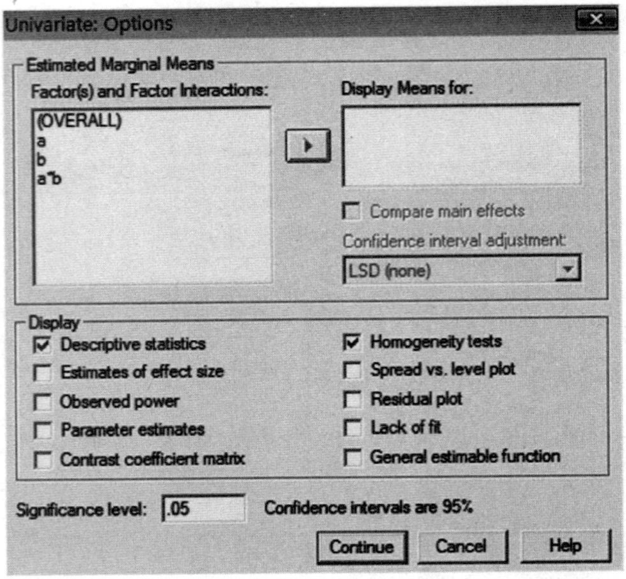

图 2-5-6　单因变量方差分析 Options 选项对话框

第五步,在主对话框中点击 Post Hoc 按钮,对 b 因素(被试间变量)的三个水平进行多重比较。在方差齐性假设前提条件下可选用 Tukey 法;在方差非齐性假设前提条件下可选用 Dunnett's C 法,如图 2-5-7 所示。

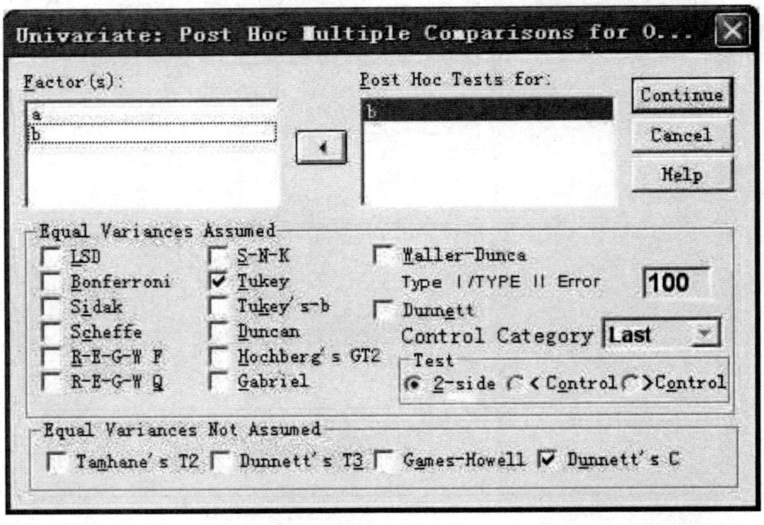

图 2-5-7　单因变量方差分析均值多重比较(Post Hoc)对话框

第六步,绘制均值图。在主对话框中点击 Plots 按钮,选定 a 为横坐标(Horizontal Axis),选定 b 为独立拆线(Sperate Lines)。也可根据需要,选定 b 为横坐标(Horizontal Axis),选定 a 为独立拆线(Sperate Lines),单击 Add 按钮完成操作,见图 2-5-8 所示。

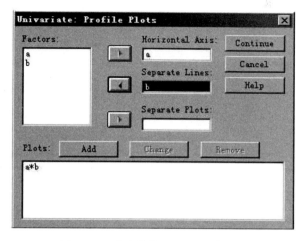

图 2-5-8　定义均值图(Plots)对话框

第七步,点击 OK,执行程序。

2. 输出结果

(1) 描述统计结果

描述统计结果见表 2-5-6。

表 2-5-6　描述统计结果表(Descriptive Statistics)

a	b	Mean	S.D	N
1	1	6.2500	.5000	4
	2	6.0000	.8165	4
	3	3.7500	1.2583	4
	Total	5.3333	1.4355	12
2	1	6.5000	1.2910	4
	2	8.5000	.5774	4
	3	7.0000	.8165	4
	Total	7.3333	1.2309	12
Total	1	6.3750	.9161	8
	2	7.2500	1.4880	8
	3	5.3750	1.9955	8
	Total	6.3333	1.6594	24

表 2-5-6 中给出了因变量在各实验单元中的均值(Mean)、标准差(S.D)及被试数(N)。

(2) 方差齐性检验结果

方差齐性检验结果见表 2-5-7。

表 2-5-7　方差齐性检验表(Levene's Test of Equality of Error Variances)

F	df_1	df_2	Sig.
.923	5	18	.489

表 2-5-7 中，$P=.489>.05$，表明各组因变量的方差是齐的。如进行多重比较，则应该采用方差齐性假设前提下的统计方法，如 Tukey 等。

(3) 被试间效应检验方差分析表

表 2-5-8　被试间效应检验方差分析表(Tests of Between-Subjects Effects)

Source	Type III Sum of Squares	df	Mean Square	F	Sig.
Corrected Model	47.833	5	9.567	11.110	.000
Intercept	962.667	1	962.667	1117.935	.000
a	24.000	1	24.000	27.871	.000
b	14.083	2	7.042	8.177	.003
a*b	9.750	2	4.875	5.661	.012
Error	15.500	18	.861		
Total	1026.000	24			
Corrected Total	63.333	23			

从表 2-5-8 可见：a 因素主效应检验的 $F=27.871$，$P<0.01$，说明标记类型(a)的主效应极显著，即不同标记类型对阅读成绩有极显著的影响；b 因素主效应检验的 $F=8.177$，$P<0.01$，说明句子长短(b)的主效应极显著，即不同长度句子对阅读成绩有极显著的影响；a 与 b 两因素交互效应检验的 $F(a*b)=5.661$，$P=.012$，说明 a 与 b 的交互作用显著，即标记类型与句子长度对阅读成绩有显著的交互影响。交互作用显著，还需要进一步进行简单效应检验。

(4) 多重比较结果表

多重比较结果见表 2-5-9。

表 2-5-9　多重比较结果表(Multiple Comparisons)

Dependent Variable: score

	(I) b	(J) b	Mean Difference (I-J)	Std. Error	Sig.	95% Confidence Interval Lower Bound	95% Confidence Interval Upper Bound
Tukey HSD	1.00	2.00	−.8750	.46398	.171	−2.0592	.3092
		3.00	1.0000	.46398	.107	−.1842	2.1842
	2.00	1.00	.8750	.46398	.171	−.3092	2.0592
		3.00	1.8750(*)	.46398	.002	.6908	3.0592
	3.00	1.00	−1.0000	.46398	.107	−2.1842	.1842
		2.00	−1.8750(*)	.46398	.002	−3.0592	−.6908
Dunnett C	1.00	2.00	−.8750	.61782		−2.6945	.9445
		3.00	1.0000	.77632		−1.2863	3.2863
	2.00	1.00	.8750	.61782		−.9445	2.6945

续表

(I) b	(J) b	Mean Difference (I-J)	Std. Error	Sig.	95% Confidence Interval Lower Bound	Upper Bound
	3.00	1.8750	.88009		−.7169	4.4669
3.00	1.00	−1.0000	.77632		−3.2863	1.2863
	2.00	−1.8750	.88009		−4.4669	.7169

Based on observed means.

* The mean difference is significant at the .05 level.

表 2-5-9(I)列与(J)列中的"1"表示短句子,"2"表示中句子,"3"表示长句子。本例方差齐性检验结果表明,三组方差是齐的。因此,进行多重比较时,应该看用 Tukey 法进行多重比较的结果。比较结果为:短句子与中句子的差异不显著($P=.171$),短句子与长句子的差异不显著($P=.107$),而中句子与长句子的差异是极显著的($P=.002$)。

(5)均值显示图

从两变量均值显示图 2-5-9 可见:代表中句和长句的两条直线大体平行,而代表短句的直线与两条直线交叉。因此,大致可以判断两个因素之间存在交互效应。

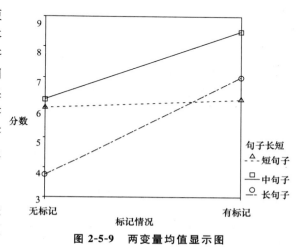

图 2-5-9 两变量均值显示图

3. 简单效应检验

交互作用显著时,需要进行简单效应(Simple effect)分析,如果某因素在另一因素的几个水平上简单效应显著,还需要进行多重比较,以发现具体的差异所在。简单效应的检验步骤如下:

(1)选用统计语句

SPSS 没有提供进行简单效应检验的菜单,必须通过编写语句来实现。

① 编写语句

回到单因变量方差分析(Univariate)主对话框,上述进行方差分析时所做的一切设置不变,单击 Paste 按钮,SPSS 会把全部操作转换成为语句并粘贴到新打开的程序语句窗口中,如图 2-5-10 所示。

② 指定分析要求

增加 EMMEANS 引导的语句,如图 2-5-11 所示。

```
UNIANOVA
   score BY a b
/METHOD=SSTYPE(3)
/INTERCEPT=INCLUDE
/POSTHOC=b(TUKEY C)
/PLOT=PROFILE(a*b)
/PRINT=DESCRIPTIVE HOMOGENEITY
/CRITERIA=ALPHA(.05)
/DESIGN=a b a*b.
```

图 2-5-10　SPSS 程序语句

```
UNIANOVA
   score BY a b
/METHOD=SSTYPE(3)
/INTERCEPT=INCLUDE
/EMMEANS=TABLES(a*b) COMPARE(b) ADJ(SIDAK)
/EMMEANS=TABLES(b*a) COMPARE(a) ADJ(SIDAK)
/CRITERIA=ALPHA(.05)
/DESIGN=a b a*b.
```

图 2-5-11　修改过的 SPSS 程序语句

说明：

① /EMMEANS=TABLES($a*b$) COMPARE(b) ADJ(SIDAK)

该语句的功能在于：在 a 的各水平上，检验 b 变量不同水平差异的显著性。如，在 a_1 上看，b_1、b_2 与 b_3 之间的差异。

② /EMMEANS=TABLES($b*a$) COMPARE(a) ADJ(SIDAK)

该语句的功能在于：在 b 的各水平上，检验 a 变量不同水平差异的显著性。如，在 b_1 上看，a_1 与 a_2 的差异是否显著。

③ 上述两个语句是从两个纬度来进行检验的。在实际应用中，可根据研究的需要，选择其中的一个语句。

④ 如果被检验变量超过 2 个水平，且简单效应显著。则还需做多重比较。

⑤ 运行

在程序语句窗中，单击菜单 Run-All 运行程序，如图 2-5-12 所示。

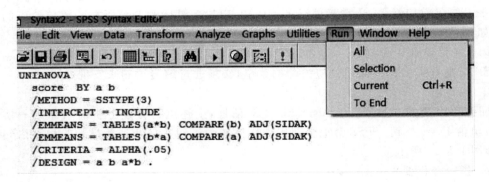

图 2-5-12　SPSS 程序语句编辑窗口

（2）输出结果

① 变量 b（句子长短）简单效应检验结果

表 2-5-10　变量 b 简单效应检验结果表（Univariate Tests）

a		Sum of Squares	df	Mean Square	F	Sig.
1	Contrast	15.167	2	7.583	8.806	.002
	Error	15.500	18	.861		
2	Contrast	8.667	2	4.333	5.032	.018
	Error	15.500	18	.861		

表 2-5-10 显示：在无标记（a_1）情况下，短句子、中句子、长句子之间存在极显著性差异 $[F(2,18)=8.806, P<.01]$；在有标记（a_2）的情况下，短句子、中句子、长句子之间存在显著性差异 $[F(2,18)=5.032, P=.018]$。

② 变量 a（标记类型）简单效应检验

表 2-5-11　变量 a 简单效应检验结果表（Univariate Tests）

b		Sum of Squares	df	Mean Square	F	Sig.
1	Contrast	.125	1	.125	.145	.708
	Error	15.500	18	.861		
2	Contrast	12.500	1	12.500	14.516	.001
	Error	15.500	18	.861		
3	Contrast	21.125	1	21.125	24.532	.000
	Error	15.500	18	.861		

表 2-5-11 显示：在短句（b_1）情况下，有标记和无标记对阅读成绩不存在显著性差异 $[F(1,18)=.145, P=.708]$；在中句（b_2）情况下，有标记和无标记对阅读成绩存在极显著性差异 $[F(1,18)=14.516, P<.01]$；在长句（b_3）情况下，有标记和无标记对阅读成绩存在极显著性差异 $[F(1,18)=24.532, P<.01]$。

③ 简单效应检验后的多重比较

表 2-5-12　简单效应检验多重比较结果表 Pairwise Comparisons

Dependent Variable：score

a	(I) b	(J) b	Mean Difference (I-J)	Std. Error	Sig.(a)	95% Confidence Interval for Difference(a)	
						Lower Bound	Upper Bound
1.00	1.00	2.00	.250	.656	.975	−1.476	1.976
		3.00	2.500*	.656	.004	.774	4.226
	2.00	1.00	−.250	.656	.975	−1.976	1.476
		3.00	2.250*	.656	.009	.524	3.976
	3.00	1.00	−2.500*	.656	.004	−4.226	−.774
		2.00	−2.250*	.656	.009	−3.976	−.524
2.00	1.00	2.00	−2.000*	.656	.021	−3.726	−.274
		3.00	−.500	.656	.839	−2.226	1.226
	2.00	1.00	2.000*	.656	.021	.274	3.726
		3.00	1.500	.656	.100	−.226	3.226

续表

a	(I) b	(J) b	Mean Difference (I-J)	Std. Error	Sig.(a)	95% Confidence Interval for Difference(a) Lower Bound	Upper Bound
	3.00	1.00	.500	.656	.839	−1.226	2.226
		2.00	−1.500	.656	.100	−3.226	.226

Based on estimated marginal means
* The mean difference is significant at the .05 level.
a. Adjustment for multiple comparisons: Sidak.

多重比较结果表明：

① 在无标记的情况下，短句子与中句子之间不存在显著性差异（$P=.975$）；短句子与长句子之间存在极显著性差异（$P=.004$）；中句子与长句子之间存在极显著性差异（$P=.009$）。

② 在有标记的情况下，短句子与中句子之间存在显著性差异（$P=.021$）；短句子与长句子之间不存在显著性差异（$P=.839$）；中句子与长句子之间不存在显著差异（$P=.100$）。

(三)两因素完全随机实验设计方差分析流程图

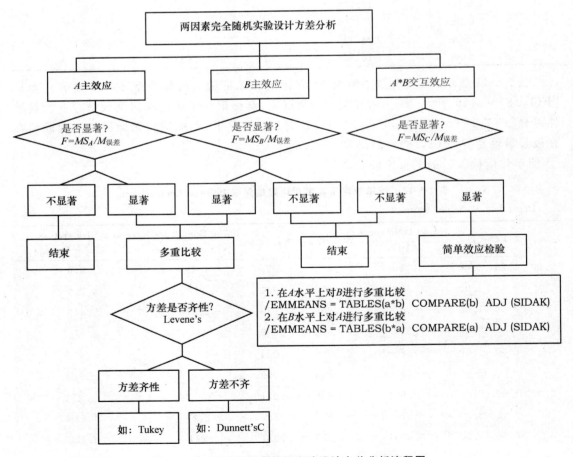

图 2-5-13　两因素完全随机实验设计方差分析流程图

第6节 两因素重复测量实验设计及数据处理

两因素重复测量实验设计也是多因素实验设计的一种,与两因素完全随机实验设计相比,它需要较少的被试就能获得较多的信息。本节将对两因素重复测量实验设计的特点与模式、两因素重复测量实验方差分析的原理与步骤,以及如何利用 SPSS 统计软件对两因素重复测量实验结果进行数据处理等问题进行探讨。

一、两因素重复测量实验设计的特点与模式

先看一个例子,有一项"文章类型与标记方式对阅读理解影响"的实验研究。其中,阅读理解是因变量 A;文章类型 B 与标记方式 C 是两个自变量。B 有两个水平,即 b_1 为叙述文,b_2 为说明文。C 有两个水平,即 c_1 为无标记,c_2 为有标记。随机选取 N 个被试,每一被试要阅读四篇文章,即:无标记的叙述文、无标记的说明文、有标记的叙述文和有标记的说明文。这就是一个两因素重复测量的实验设计。其主要特点是:

(1) 研究中有两个自变量,每个自变量有两个或多个水平。
(2) 如果一个自变量有 p 个水平,另一个自变量有 q 个水平。那么,该实验就有 $p \times q$ 个实验处理水平的结合。
(3) 两个自变量都是被试内变量,每个被试要接受 $p \times q$ 次实验处理。

假设在某一项实验中,自变量 A 有两个水平,为 a_1、a_2。自变量 B 有三个水平,为 b_1、b_2、b_3,被试四名。则其实验设计模式如表 2-6-1 所示。

表 2-6-1 两因素重复测量实验设计模式

$a_1 b_1$	$a_1 b_2$	$a_1 b_3$	$a_2 b_1$	$a_2 b_2$	$a_2 b_3$
S_1	S_1	S_1	S_1	S_1	S_1
S_2	S_2	S_2	S_2	S_2	S_2
S_3	S_3	S_3	S_3	S_3	S_3
S_4	S_4	S_4	S_4	S_4	S_4

对重复测量与混合实验设计进行数据处理既可用一元方差分析,也可用多元方差分析。一元方差分析分为标准一元方差分析与备选一元方差分析。如满足球型检验,即方差齐性,则用标准一元方差分析;如不满足球型检验,即方差不齐,则用备选一元方差分析。另外,也可用多元方差分析。多元方差分析不需要考虑球形假设是否满足。

一元方差分析的假设前提:

(1) 正态性。因变量在各个实验单元内呈正态分布。每个单元的样本量达到 15 可不受正态分布的条件限制。
(2) 方差齐性。因变量在因素的任意两个水平间的差值变异(方差)相等。备选方差分析和多元方差分析不受方差齐性条件的限制。
(3) 独立性与随机性。样本必须是从总体中随机抽取获得,被试间相互独立。

多元方差分析是计算因变量在因素的各水平上的分数之差。如当被试内因素有三个

水平时,先计算第一水平与第二水平因变量分数之差,第二水平与第三水平因变量分数之差,然后检验这两组差值的均值是否为零,还会自动检验第一水平与第三水平的差值的均值是否为零,以及这些差值的线性组合是否为零。因此,多元方差分析使用的变量是原始变量的差值,其前提假设是针对差值而言的,差值变量的数目等于被试内变量的水平数减1。

多元方差分析的假设前提:
(1) 多元正态性。每个差值变量都呈正态分布,大样本不受限制。
(2) 随机性与独立性。样本从总体中随机抽取获得,各差值之间相互独立。

两因素重复测量的实验设计可以利用较少的被试,获取较多的信息;能够尽可能地控制被试的个体差异,统计效度较高。但是,这种实验设计容易产生练习效应和疲劳效应。另外,某些具有累积效应的变量也不适用于重复测量的实验设计。

二、两因素重复测量实验方差分析的原理与步骤

(一) 两因素重复测量实验方差分析的基本原理

在两因素重复测量实验方差分析中,将总差异分解为被试间变异和被试内变异,即总变异=被试间变异+被试内变异。被试间变异包含所有由被试个体差异引起的变异;被试内变异包括所有由实验处理引起的变异及误差变异。具体来说,被试内变异又由三部分组成:① A 因素的处理效应与其误差(残差),残差均方用做 A 因素的 F 检验的误差项。② B 因素的处理效应与其误差(残差),残差均方用做 B 因素的 F 检验的误差项。③ A 因素与 B 因素的交互效应与其误差(残差),残差均方用做 AB 交互效应的 F 检验的误差项。由此可见:两因素重复测量的方差分析,将被试间变异(个体差异引起的变异)有效分离出来,将被试内变异中的误差项分为三项,由于误差项数目增加,误差项的数值减小,对应的 F 检验更加敏感。

(二) 两因素重复测量实验方差分析的计算步骤

以上述的标记实验为例,研究者为了较好地控制被试变量,可以采用两因素重复测量的实验设计,即把标记类型(A)和句子类型(B)都作为被试内变量。标记类型分为无标记(a_1)和有标记(a_2)两个水平,句子类型分为长句子(b_1)、中句子(b_2)和短句子(b_3)三个水平。这样就有6个处理水平的结合。如果只用四名被试,则每名被试需接受所有处理水平的结合。实验结果如表2-6-2所示。

表 2-6-2 ABS 表

	a_1b_1	a_1b_2	a_1b_3	a_2b_1	a_2b_2	a_2b_3	总和
S_1	3	4	5	4	8	12	36
S_2	6	6	7	5	9	13	46
S_3	4	4	5	3	8	12	36
S_4	3	2	2	3	7	14	31

为了后续统计计算的方便,可将ABS表整理成AB表、AS表、BS表。如:表2-6-3,表2-6-4和表2-6-5所示。

表 2-6-3　AB 表

$n=4$	b_1	b_2	b_3	总和
a_1	16	16	19	51
a_2	15	32	51	98
总和	31	48	70	149

表 2-6-4　AS 表

$n=3$	a_1	a_2	总和
S_1	12	24	36
S_2	19	27	46
S_3	13	23	36
S_4	7	24	31
总和	51	98	149

表 2-6-5　BS 表

$n=2$	b_1	b_2	b_3	总和
S_1	7	12	17	36
S_2	11	15	20	46
S_3	7	12	17	36
S_4	6	9	16	31
总和	31	48	70	149

两因素重复测量实验的数据处理，大体需要经过以下三步：

1. 提出假设

由于实验涉及两个变量的主效应及交互效应。在此定性地提出三个零假设：

① 标记类型对阅读成绩没有影响。

② 句子类型对阅读成绩没有影响。

③ 标记类型与句子类型对阅读成绩没有交互影响。

2. 计算 F 统计量

F 统计量的计算公式：

$$F_A = \frac{MS_A}{MS_{A\times 被试}} = \frac{SS_A/df_A}{SS_{A\times 被试}/df_{A\times 被试}},$$

$$F_B = \frac{MS_B}{MS_{B\times 被试}} = \frac{SS_B/df_B}{SS_{B\times 被试}/df_{B\times 被试}},$$

$$F_{AB} = \frac{MS_{AB}}{MS_{A\times B\times 被试}} = \frac{SS_{AB}/df_{AB}}{SS_{A\times B\times 被试}/df_{A\times B\times 被试}}。$$

可以看出，两因素重复测量实验的方差分析是通过对各变量的变异与其残差变异进行比较，根据 F 值的大小来判断各变量主效应与其交互效应是否具有显著性。

表 2-6-6 两因素重复测量实验计算公式表

项目名称	计算公式
总平方和分解	$SS_t = SS_{被试间} + SS_{被试内}$ $= SS_{被试间} + (SS_A + SS_{A\times 被试} + SS_B + SS_{B\times 被试} + SS_{AB} + SS_{A\times B\times 被试})$
总平方和计算	$SS_t = \sum_{i=1}^{n}\sum_{j=1}^{p}\sum_{k=1}^{q} Y_{ijk}^2 - \dfrac{\left(\sum_{i=1}^{n}\sum_{j=1}^{p}\sum_{k=1}^{q} Y_{ijk}\right)^2}{npq}$
被试间平方和	$SS_{被试间} = \sum_{i=1}^{n} \dfrac{\left(\sum_{j=1}^{p}\sum_{k=1}^{q} Y_{ijk}\right)^2}{nq} - \dfrac{\left(\sum_{i=1}^{n}\sum_{j=1}^{p}\sum_{k=1}^{q} Y_{ijk}\right)^2}{npq}$
被试内平方和	$SS_{被试内} = SS_t - SS_{被试间}$
A 的平方和	$SS_A = \sum_{j=1}^{p} \dfrac{\left(\sum_{i=1}^{n}\sum_{k=1}^{q} Y_{ijk}\right)^2}{nq} - \dfrac{\left(\sum_{i=1}^{n}\sum_{j=1}^{p}\sum_{k=1}^{q} Y_{ijk}\right)^2}{npq}$
$A\times$ 被试的平方和	$SS_{A\times 被试} = \sum_{i=1}^{n}\sum_{j=1}^{p} \dfrac{\left(\sum_{k=1}^{q} Y_{ijk}\right)^2}{q} - \dfrac{\left(\sum_{i=1}^{n}\sum_{j=1}^{p}\sum_{k=1}^{q} Y_{ijk}\right)^2}{npq} - SS_{被试间} - SS_A$
B 的平方和	$SS_B = \sum_{k=1}^{q} \dfrac{\left(\sum_{i=1}^{n}\sum_{j=1}^{p} Y_{ijk}\right)^2}{np} - \dfrac{\left(\sum_{i=1}^{n}\sum_{j=1}^{p}\sum_{k=1}^{q} Y_{ijk}\right)^2}{npq}$
$B\times$ 被试的平方和	$SS_{B\times 被试} = \sum_{i=1}^{n}\sum_{k=1}^{q} \dfrac{\left(\sum_{j=1}^{p} Y_{ijk}\right)^2}{p} - \dfrac{\left(\sum_{i=1}^{n}\sum_{j=1}^{p}\sum_{k=1}^{q} Y_{ijk}\right)^2}{npq} - SS_{被试间} - SS_B$
AB 的平方和	$SS_{AB} = \sum_{j=1}^{p}\sum_{k=1}^{q} \dfrac{\left(\sum_{i=1}^{n} Y_{ijk}\right)^2}{n} - \dfrac{\left(\sum_{i=1}^{n}\sum_{j=1}^{p}\sum_{k=1}^{q} Y_{ijk}\right)^2}{npq} - SS_A - SS_B$
$A\times B\times$ 被试的平方和	$SS_{A\times B\times 被试} = SS_{被试内} - SS_A - SS_{A\times 被试} - SS_B - SS_{B\times 被试} - SS_{AB}$
A 自由度	$df_A = p-1$
B 自由度	$df_B = q-1$
AB 自由度	$df_{AB} = (p-1)(q-1)$
$A\times$ 被试的自由度	$df_{A\times 被试} = (p-1)(n-1)$
$B\times$ 被试的自由度	$df_{B\times 被试} = (q-1)(n-1)$
$A\times B\times$ 被试的自由度	$df_{A\times B\times 被试} = (p-1)(q-1)(n-1)$
总自由度	$df_t = npq-1$

3. F 检验的统计推断

(1) A 变量的主效应检验

根据变量 A 与 $A\times$ 被试的自由度,查 F 值表,得 $F(1,3)_{0.05} = 10.1$,$F(1,3)_{0.01} = 34.1$。因为本例实际计算出的 $F = 37.02 > F(1,3)_{0.01}$,则 $P < 0.01$,表明:A 的主效应极其显著,即说明标记类型之间存在极其显著性差异。

（2）B 变量的主效应检验

根据变量 B 与 B×被试的自由度，查 F 值表，得 $F(2,6)_{0.05}=5.4$，$F(2,6)_{0.01}=10.9$。因为本例实际计算出的 $F=264.69>F(2,6)_{0.01}$，则 $P<0.01$，表明：B 的主效应极其显著，说明不同句子类型文章的阅读理解成绩存在极显著性差异。

（3）A、B 变量交互效应检验

根据 A×B 与 A×B×被试的自由度，查 F 值表，得 $F(2,6)_{0.05}=5.4$，$F(2,6)_{0.01}=10.9$。因为实际计算出的 $F=34.52>F(2,6)_{0.01}$，$P<0.01$，表明 A、B 之间的交互作用极显著。

三、用 SPSS 统计软件对两因素重复测量实验进行数据处理

下面利用上例数据，说明如何利用 SPSS 统计软件对两因素重复测量实验进行数据处理。

（一）案例分析

上例中，A 与 B 均是被试内变量。因此，是一个两因素重复测量实验设计，对其进行方差分析的思路为：

（1）分别检验 A 因素（标记类型）、B 因素（句子类型）的主效应。如 B 因素（句子类型）的主效应显著，则应进行多重比较。

（2）检验 A 与 B 的交互效应。如交互效应显著，需进一步做简单效应的检验。

（二）SPSS 数据处理操作步骤

1. 基本步骤

第一步，定义变量，输入数据。本例 a 表示标记类型，分为两个水平：a_1（无标记）、a_2（有标记）。B 表示句子类型，分为三个水平：b_1（长句子）、b_2（中句子）、b_3（短句子），这样，就有 2×3 六种实验处理水平的结合，分别定义六个变量名，即：a_1b_1、a_1b_2、a_1b_3、a_2b_1、a_2b_2、a_2b_3。然后录入数据，如表 2-6-7 所示。

表 2-6-7　两因素重复测量实验数据结构表

	a_1b_1	a_1b_2	a_1b_3	a_2b_1	a_2b_2	a_2b_3
1	3.00	4.00	5.00	4.00	8.00	12.00
2	6.00	6.00	7.00	5.00	9.00	13.00
3	4.00	4.00	5.00	3.00	8.00	12.00
4	3.00	2.00	2.00	3.00	7.00	14.00

第二步，选用重复测量的方差分析模块 Analyze\General Linear Model\Repeated Measures，如图 2-6-1 所示。

第三步，在定义被试内变量（Within-Subject Factor Name）的方框中，设置被试内变量 a，在定义其水平数（Number of Level）的框中，输入 2，表示有两个水平，然后按添加（Add）钮。用同样的方法，设置被试内变量 b，在定义其水平数（Number of Level）的框中，输入 3，表示有三个水平，最后按添加（Add）钮，如图 2-6-2 所示。

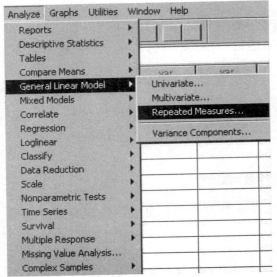

图 2-6-1　重复测量实验方差分析菜单图

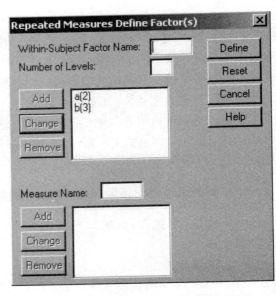

图 2-6-2　重复测量实验变量定义对话框

第四步，按定义键(Define)，进入主对话框，将 a_1b_1，a_1b_2，a_1b_3，a_2b_1，a_2b_2 和 a_2b_3 分别键入被试内变量(Winthin-Subjects Variables)方框中，如图 2-6-3 所示。

第五步，点击选项(Options)按钮，进行如下操作：① 将被试内变量 b(三个水平)键入到右边的方框中，采用[LSD(none)]法进行多重比较，由于被试内变量 a 只有两个水平，因此不需要进行多重比较。② 选择 Descriptive statistics，对数据进行描述性统计。

说明：对一元方差分析的方差齐性检验(球形检验)是系统默认的，不需再另行设置。因没有被试间变量，故不用 Homogeneity tests 命令，如图 2-6-4 所示。

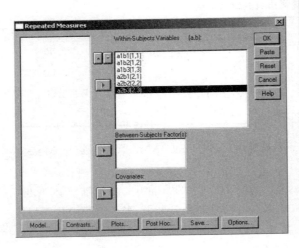

图 2-6-3　重复测量实验方差分析主对话框

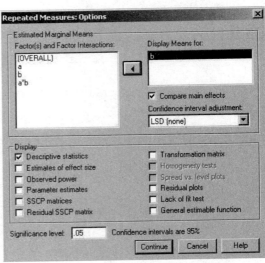

图 2-6-4　重复测量实验选项对话框

第六步,绘图。在主对话框中,点击 Plots 按钮打开对话框,选定 a 为横坐标(Horizontal Axis),选定 b 为独立拆线(Sperate Lines),单击 Add 按钮完成定义过程(同前两因素完全随机实验设计)。

第七步,点击 OK,执行程序。

2. 输出结果

(1) 描述统计量

表 2-6-8　描述统计结果表

	Mean	Std. Deviation	N
a_1b_1	4.0000	1.41421	4
a_1b_2	4.0000	1.63299	4
a_1b_3	4.7500	2.06155	4
a_2b_1	3.7500	.95743	4
a_2b_2	8.0000	.81650	4
a_2b_3	12.7500	.5743	4

表 2-6-8 给出了六种实验处理水平结合条件下的平均成绩、标准差及被试数。

(2) 多元方差分析结果

表 2-6-9　多元方差分析结果表(Multivariate Tests[b])

Effect		Value	F	Hypothesis df	Error df	Sig.
a	Pollai's Trace	.925	37.022[a]	1.000	3.000	.009
	Wilks' Lambda	.075	37.022[a]	1.000	3.000	.009
	Hotelling's Trace	12.341	37.022[a]	1.000	3.000	.009
	Poy's Largest Root	12.341	37.022[a]	1.000	3.000	.009
b	Pollai's Trace	.998	508.500[a]	2.000	2.000	.002
	Wilks' Lambda	.002	508.500[a]	2.000	2.000	.002
	Hotelling's Trace	508.500	508.500[a]	2.000	2.000	.002
	Poy's Largest Root	508.500	508.500[a]	2.000	2.000	.002
a*b	Pollai's Trace	.964	26.458[a]	2.000	2.000	.036
	Wilks' Lambda	.036	26.458[a]	2.000	2.000	.036
	Hotelling's Trace	26.458	26.458[a]	2.000	2.000	.036
	Poy's Largest Root	26.458	26.458[a]	2.000	2.000	.036

a. Exact statistic

b. Design: Intercept
　　Within Subjects Design: $a+b+a*b$

多元方差分析结果表明:a 变量的主效应极其显著($P=.009$);b 变量的主效应极其显著($P=.002$);a 与 b 的交互作用显著($P=.036$)。

(3) 球形假设检验结果

表 2-6-10 球形假设检验结果表（Mauchly's Test of Sphericity[b]）

Measure：MEASURE 1

Within Subjects Effect	Mauchly's W	Approx. Chi-Square	df	Sig.	Epsilon[a] Greenhouse-Geisser	Huynh-Feldt	Lower-bound
a	1.000	.000	0	.	1.000	1.000	1.000
b	.568	1.131	2	.568	.698	1.000	.500
a*b	.229	2.952	2	.229	.565	.672	.500

Tests the null hypothesis that the error covariance matrix of the orthonormalized transformed dependent variables is proportional to an identity matrix.

a. may be used to adjust the degrees of freedom for the averaged tests of significance. Corrected tests are displayed in the Tests of Within-Subjects Effects table.

b. Desing：Intercept
   within Subjects Design：$a+b+a*b$

说明：
① 变量 a 只有 2 个水平，其自由度为 0，不能进行球形假设检验。
② 变量 b 有三个水平，球形假设检验结果：$P=.568$，满足球形假设。
③ $a*b$ 交互效应球形假设检验结果：$P=.229$，满足球形假设。

（4）一元方差分析结果

表 2-6-11 被试内变量主效应及交互效应检验结果表（Test of Within-Subject Effects）

Tests of Within-Subjects Effects

Measure：MEASURE_1

Source		Type III Sum of Squares	df	Mean Square	F	Sig.
a	Sphericity Assumed	92.042	1	92.042	37.022	.009
	Greenhouse-Geisser	92.042	1.000	92.042	37.022	.009
	Huynh-Feldt	92.042	1.000	92.042	37.022	.009
	Lower-bound	92.042	1.000	92.042	37.022	.009
Error(a)	Sphericity Assumed	7.458	3	2.486		
	Greenhouse-Geisser	7.458	3.000	2.486		
	Huynh-Feldt	7.458	3.000	2.486		
	Lower-bound	7.458	3.000	2.486		
b	Sphericity Assumed	95.583	2	47.792	264.692	.000
	Greenhouse-Geisser	95.583	1.397	68.435	264.692	.000
	Huynh-Feldt	95.583	2.000	47.792	264.692	.000
	Lower-bound	95.583	1.000	95.583	264.692	.001
Error(b)	Sphericity Assumed	1.083	6	.181		
	Greenhouse-Geisser	1.083	4.190	.259		
	Huynh-Feldt	1.083	6.000	.181		

续表

Source		Type III Sum of Squares	df	Mean Square	F	Sig.
a*b	Lower-bound	1.083	3.000	.361		
	Sphericity Assumed	68.083	2	34.042	34.521	.001
	Greenhouse-Geisser	68.083	1.129	60.304	34.521	.007
	Huynh-Feldt	68.083	1.345	50.629	34.521	.003
	Lower-bound	68.083	1.000	68.083	34.521	.010
Error(a*b)	Sphericity Assumed	5.917	6	.986		
	Greenhouse-Geisser	5.917	3.387	1.747		
	Huynh-Feldt	5.917	4.034	1.467		
	Lower-bound	5.917	3.000	1.972		

一元方差分析结果表明：

① a 变量主效应检验。分析结果为：$F=37.022, P=.009$，故 a 变量主效应极其显著。

② b 变量主效应检验。因其满足球形假设，故参见每项检验的第一行（Sphericity Assumed）标准一元方差分析的结果，即，$F=264.692, P=.000$，表明 b 变量主效应极其显著。

③ a 与 b 的交互效应检验。因其满足球形假设，故参见标准一元方差分析的结果，即，$F=34.521, P=.001$，表明：a 与 b 的交互效应极显著。

（5）因素 b 各水平间的多重比较

表 2-6-12 多重比较结果表（Pairwise Comparisons）

Measure：MEASURE 1

(I)b	(J)b	Mean Difference(I-J)	Std. Error	Sig.ª	95% Confidence Interval for Differenceª	
					Lower Bound	Upper Bound
1	2	−2.125*	.239	.003	−2.887	−1.363
	3	−4.875*	.125	.000	−5.273	−4.477
2	1	2.125*	.239	.003	1.363	2.887
	3	−2.750*	.250	.002	−3.546	−1.954
3	1	4.875*	.125	.000	4.477	5.273
	2	2.750*	.250	.002	1.954	3.546

Based on estimated marginal means

* The mean difference is significant at the .05 level.

a. Adjustment for multiple comparisons：Least Significant Difference (equivalent to no adjustments).

表 2-6-12 中，(I)列与(J)列的 1,2,3 分别表示长句子、中句子和短句子。多重比较结果表明：长句子与中句子之间差异极其显著（$P=.003$）；长句子与短句子之间差异极其显著（$P=.000$）；中句子与短句子之间差异也极其显著（$P=.002$）。

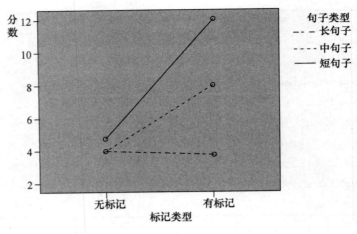

图 2-6-5 两变量均值图

(6) 变量均值图(Plots)

从图 2-6-5 可见,三条直线都不平行,有交叉的趋势。因此,大致可以判断两个因素之间存在交互效应。

3. 简单效应检验及简单效应检验之后的多重比较

交互作用显著时,需要进行简单效应(Simple effect)的检验,如果简单效应显著,还需进行多重比较。

(1) 选用统计语句

SPSS 没有提供用简单效应检验的菜单,所以必须通过编写语句来实现。

① 编写语句

打开重复测量(Repeated measure)主对话框,前面进行方差分析时的一切设置不变,单击 Paste 按钮,SPSS 会把全部操作转换成语句并粘贴到程序语句窗口中,如图 2-6-6 所示。

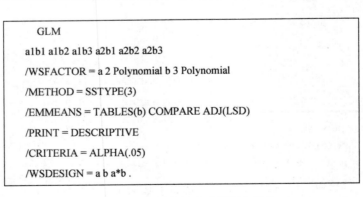

图 2-6-6 SPSS 自动生成的程序语句

② 指定分析要求

改写 EMMEANS 引导的语句,如图 2-6-7 所示。

```
   GLM
a1b1 a1b2 a1b3 a2b1 a2b2 a2b3
/WSFACTOR = a 2 Polynomial b 3 Polynomial
/METHOD = SSTYPE(3)
/EMMEANS = TABLES(a*b) COMPARE(b) ADJ(SIDAK)
/EMMEANS = TABLES(b*a) COMPARE(a) ADJ(SIDAK)
/PRINT = DESCRIPTIVE
/CRITERIA = ALPHA(.05)
/WSDESIGN = a b a*b .
```

图 2-6-7　修改过的 SPSS 程序语句

说明：

① /EMMEANS＝TABLES($a*b$) COMPARE (b) ADJ(SIDAK)

该语句的功能是：判断在 a 的各水平上，b 变量不同水平的差异。如，在 a_1 上看 b_1、b_2、b_3 之间的差异。

② /EMMEANS＝TABLES($b*a$) COMPARE (a) ADJ(SIDAK)

该语句的功能是：判断在 b 的各水平上，a 变量不同水平的差异。如，在 b_1 上看 a_1 与 a_2 的差异。

③ 在实际应用中，可根据具体情况，选择其中的一个语句。

③ 运行

单击菜单 Run-All 运行程序，如图 2-6-8 所示。

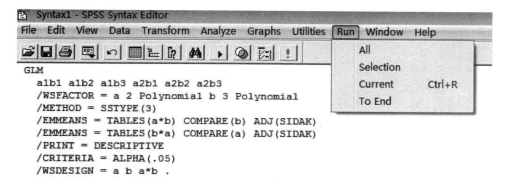

图 2-6-8　SPSS 程序语句修改对话框

（2）输出结果

① 简单效应检验

表 2-6-13　句子类型变量简单效应检验结果表（Multivariate Tests）

a		Value	F	Hypothesis df	Error df	Sig.
1	Pollai's trace	.900	9.000ª	2.000	2.000	.100
	Wilks' lambda	.100	9.000ª	2.000	2.000	.100
	Hotelling's trace	9.000	9.000ª	2.000	2.000	.100
	Poy's largest root	9.000	9.000ª	2.000	2.000	.100
2	Pollai's trace	.993	150.333ª	2.000	2.000	.007
	Wilks' lambda	.007	150.333ª	2.000	2.000	.007
	Hotelling's trace	150.333	150.332ª	2.000	2.000	.007
	Poy's largest root	150.333	150.333ª	2.000	2.000	.007

Each F tests the multivariate simple effects of b within each level combination of the other effects shown. These tests are based on the linearly independent pairwise comparisons among the estimated marginal means.

a. Exact statistic

这是多元方差分析的检验结果，从表 2-6-13 可知：四种检验方法的结果完全一样。在无标记的情况下，各句子类型之间不存在显著性差异 $F=9.000, P=.100$。在有标记的情况下，各句子类型之间存在极显著性差异 $F=150.333, P=.007$。

② 简单效应检验之后的多重比较

表 2-6-14　简单效应检验的多重比较结果表（Pairwise Comparisons）

Measure：MEASURE 1

a	(I) b	(J) b	Mean Difference (I-J)	Std. Error	Sig.ª	95% Confidence Interval for Differenceª	
						Lower Bound	Upper Bound
1	1	2	.000	.408	1.000	−1.299	1.299
		3	.750	.629	.319	−2.752	1.252
	2	1	−.000	.408	1.000	−1.299	1.299
		3	−.750	.250	.058	−1.546	.046
	3	1	.750	.629	.319	−1.252	2.752
		2	.750	.250	.058	−.046	1.546
2	1	2	−4.250*	.250	.000	−5.046	−3.454
		3	−9.000*	.707	.001	−11.250	−6.750
	2	1	4.250*	.250	.000	3.454	5.046
		3	−4.750*	.750	.008	−7.137	−2.363
	3	1	9.000*	.707	.001	6.750	11.250
		2	4.750*	.750	.008	2.363	7.137

Based on estimated marginal means

* The mean difference is significant at the .05 level.

a. Adjustment for multiple comparisons：Least Significant Difference (equivalent to no adjustments).

多重比较结果表明：在无标记的情况下，长句子与中句子之间差异不显著（$P=1.000$）；长句子与短句子之间差异也不显著（$P=.319$）；中句子与短句子之间差异也不显著（$P=0.058$）。在有标记的情况下，长句子与中句子之间差异极显著（$P=.000$）；长句子与短句子之间的差异极显著($P=.001$);中句子与短句子之间差异也极显著($P=0.008$)。

（三）两因素重复测量实验设计方差分析流程图

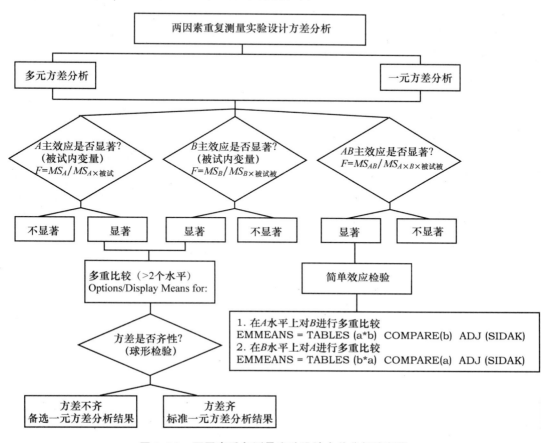

图 2-6-9 两因素重复测量实验设计方差分析流程图

第 7 节 两因素混合实验设计及数据处理

混合实验设计是教育与心理学研究中最常用的多因素实验设计类型。它既不像完全随机实验设计需要太多的被试,又不像重复测量实验设计那样,由于对每个变量都进行重复的测量而带来过多的累积效应。当实验中有些变量适合作被试内变量（如句子长短、标记类型等）,有些变量适合作被试间变量（如性别、年级等）时,那么,使用混合实验设计就比较方便。

本节将对两因素混合实验设计的特点与模式、两因素混合实验方差分析的原理与步骤,以及如何利用 SPSS 统计软件对两因素混合实验结果进行数据处理等问题进行探讨。

一、两因素混合实验设计的特点与模式

仍以"文章类型与标记方式对阅读理解影响"的实验研究为例。其中,阅读理解是因变量 A;文章类型 B 与标记方式 C 是两个自变量。B 有两个水平,即 b_1 为叙述文;b_2 为说明

文;C 有两个水平,即 c_1 为无标记;c_2 为有标记。将文章类型 B 作为被试间变量;标记方式 C 作为被试内变量。随机选取 8 名被试。因为被试间变量有两个水平,故随机选取 N 个被试,并随机将其分为两组。第一组中的每一被试要阅读两篇文章,即:无标记的叙述文、有标记的叙述文;第二组中的每一被试也要阅读两篇文章,即:无标记的说明文、有标记的说明文。这就是一个两因素混合实验设计。其主要特点有:

(1) 实验中有两个自变量,每个自变量有两个或多个水平。

(2) 在两个自变量中,一个是被试内变量,另一个是被试间变量。

(3) 相对于被试间处理的效应,实验者更关注被试内因素的处理效应以及其与被试间因素之间的交互作用。

(4) 被试的确定与分配:首先确定被试内与被试间因素,确定被试间因素的水平数以及每一水平的被试数,将总被试数随机分配给被试间因素的各个水平。

如有一个 2×3 的两因素混合实验设计,A 是被试间变量;B 是被试内变量。随机选取 8 名被试。其实验设计模式为:

表 2-7-1　两因素混合实验模式表

	b_1	b_2	b_3
a_1	S_1 S_2 S_3 S_4	S_1 S_2 S_3 S_4	S_1 S_2 S_3 S_4
a_2	S_5 S_6 S_7 S_8	S_5 S_6 S_7 S_8	S_5 S_6 S_7 S_8

两因素混合实验设计的方差分析可执行三种检验:标准一元方差分析、备选的一元方差分析和多元方差分析。

一元方差分析的假设前提:

(1) 正态性。因变量在各个实验单元内呈正态分布。若每个单元的样本量达到 15 或以上则可不受正态分布的条件限制。

(2) 方差齐性。因变量在因素任意两个水平间的差值变异(方差)相等。备选方差分析和多元方差分析不受方差齐性条件的限制。

(3) 独立性与随机性。样本必须是从总体中随机抽取获得,被试间相互独立。

多元方差分析的假设前提:

(1) 多元正态性。每个差值变量都呈正态分布,大样本不受限制。

(2) 随机性与独立性。样本从总体中随机抽取获得,各差值之间相互独立。

二、两因素混合实验方差分析的原理与步骤

(一) 两因素混合实验方差分析的基本原理

在两因素混合实验方差分析中,将总差异分解为被试间变异和被试内变异,即:总变异

＝被试间变异＋被试内变异。被试间变异包括被试间因素引起的变异和与被试间因素有关的误差变异，该误差变异的均方用做被试间因素(A)的F检验的误差项。被试内变异包括被试内因素(B)的处理效应、被试内与被试间因素的交互作用，以及与被试内因素有关的误差变异，该误差变异的均方用做B因素及AB交互效应的F检验的误差项。

这里，我们从误差项数量的角度，对三类两因素方差分析的精度作一比较：在两因素完全随机实验的方差分析中，对三个F检验，只用一个误差项，即被试的误差变异，也就是单元内误差。在两因素混合实验的方差分析中，对三个F检验，用两个误差项，即与被试间因素有关的误差变异和与被试内因素有关的误差变异。在两因素重复测量的方差分析中，对三个F检验，用三个误差项，即A因素处理效应的误差变异、B因素处理效应的误差变异、A与B因素交互效应的误差变异。在方差分析中，误差项数目越多，其数值相对越小，与其相对应的F检验就越敏感，亦即F检验的精度也就越高。据此，两因素完全随机实验设计的精度最低，两因素混合实验设计的精度次之，两因素重复测量实验设计的精度最高。

（二）两因素混合实验的计算步骤

同样以本章第 5 节中"文章标记类型与句子长度对聋生句子理解实验研究"为例，来说明两因素混合实验的计算步骤。

案例 2-7-1

为了更好地控制被试变量，将实验中句子长度这个变量作为被试内变量，它有短句子(b_1)、中句子(b_2)和长句子(b_3)三个水平。把标记类型作为被试间变量，它分无标记(a_1)和有标记(a_2)两个水平。选择 8 名被试参加实验，其中，有 4 名被试只接受有标记的实验处理，另外 4 名被试只接受无标记的实验处理。8 名被试都要接受被试内变量（句子长度）3 个水平的实验处理。

实验结果如表 2-7-2 所示。

表 2-7-2　标记类型与句子长度对句子阅读理解影响实验结果表

$N=8$		b_1	b_2	b_3	总和
	S_1	6	5	3	14
a_1	S_2	7	6	4	17
	S_3	6	7	5	18
	S_4	6	6	4	16
a_1 总和		25	24	16	65
	S_5	5	8	7	20
a_2	S_6	8	8	8	24
	S_7	6	8	6	20
	S_8	7	9	7	23
a_2 总和		26	33	28	87

对案例数据进行计算,需要以下三步:

1. 提出假设

由于涉及两个变量的主效应及其交互效应。因此,定性地提出以下三个零假设:

① 标记类型对阅读成绩没有影响。
② 句子长度对阅读成绩没有影响。
③ 标记类型与句子长度对阅读成绩没有交互影响。

2. 计算 F 统计量

F 统计量的计算公式为:

$$F_A = \frac{MS_A}{MS_{被试(A)}} = \frac{SS_A/df_A}{SS_{被试(A)}/df_{A\times 被试}},$$

$$F_B = \frac{MS_B}{MS_{B\times 被试(A)}} = \frac{SS_B/df_B}{SS_{B\times 被试(A)}/df_{B\times 被试(A)}},$$

$$F_{AB} = \frac{MS_{AB}}{MS_{B\times 被试(A)}} = \frac{SS_{AB}/df_{AB}}{SS_{B\times 被试(A)}/df_{B\times 被试(A)}}。$$

表 2-7-3 两因素混合实验方差分析计算公式表

项目名称	计算公式
总平方和分解	$SS_t = SS_{被试间} + SS_{被试内}$ $= (SS_A + SS_{被试(A)}) + (SS_B + SS_{AB} + SS_{B\times 被试(A)})$
总平方和计算	$SS_t = \sum\limits_{i=1}^{n}\sum\limits_{j=1}^{p}\sum\limits_{k=1}^{q} Y_{ijk}^2 - \dfrac{\left(\sum\limits_{i=1}^{n}\sum\limits_{j=1}^{p}\sum\limits_{k=1}^{q} Y_{ijk}\right)^2}{npq}$
被试间平方和	$SS_{被试间} = \sum\limits_{i=1}^{n}\sum\limits_{j=1}^{p} \dfrac{\left(\sum\limits_{k=1}^{q} Y_{ijk}\right)^2}{q} - \dfrac{\left(\sum\limits_{i=1}^{n}\sum\limits_{j=1}^{p}\sum\limits_{k=1}^{q} Y_{ijk}\right)^2}{npq}$
A 的平方和	$SS_A = \sum\limits_{j=1}^{p} \dfrac{\left(\sum\limits_{i=1}^{n}\sum\limits_{k=1}^{q} Y_{ijk}\right)^2}{nq} - \dfrac{\left(\sum\limits_{i=1}^{n}\sum\limits_{j=1}^{p}\sum\limits_{k=1}^{q} Y_{ijk}\right)^2}{npq}$
被试(A)平方和	$SS_{被试(A)} = SS_{被试间} - SS_A$
被试内平方和	$SS_{被试内} = SS_t - SS_{被试间}$
B 的平方和	$SS_B = \sum\limits_{k=1}^{q} \dfrac{\left(\sum\limits_{i=1}^{n}\sum\limits_{j=1}^{p} Y_{ijk}\right)^2}{np} - \dfrac{\left(\sum\limits_{i=1}^{n}\sum\limits_{j=1}^{p}\sum\limits_{k=1}^{q} Y_{ijk}\right)^2}{npq}$
AB 的平方和	$SS_{AB} = \sum\limits_{j=1}^{p}\sum\limits_{k=1}^{q} \dfrac{\left(\sum\limits_{i=1}^{n} Y_{ijk}\right)^2}{n} - \dfrac{\left(\sum\limits_{i=1}^{n}\sum\limits_{j=1}^{p}\sum\limits_{k=1}^{q} Y_{ijk}\right)^2}{npq} - SS_A - SS_B$
$B\times$ 被试(A)平方和	$SS_{B\times 被试(A)} = SS_{被试内} - SS_B - SS_{AB}$
被试间自由度	$df_{被试间} = np - 1$
被试内自由度	$df_{被试内} = np(q-1)$

续表

项目名称	计算公式
A 自由度	$df_A = p - 1$
被试(A)自由度	$df_{被试(A)} = p(n-1)$
B 自由度	$df_B = q - 1$
AB 自由度	$df_{AB} = (p-1)(q-1)$
$B\times$被试(A)自由度	$df_{B\times被试(A)} = p(n-1)(q-1)$
总自由度	$df_t = npq - 1$

3. F 检验的统计推断

（1）A 变量的主效应检验

根据变量 A 和被试(A)的自由度，查 F 值表，得 $F(1,6)_{0.05}=5.99$，$F(1,6)_{0.01}=13.7$。因为本案例实际计算出的 $F=16.9>F(1,6)_{0.01}$，则 $P<0.01$，表明 A 的主效应极显著，即说明：有标记和无标记之间存在极显著性差异。

（2）B 变量的主效应检验

根据变量 B 和 $B\times$被试(A)的自由度，查 F 值表，得 $F(2,12)_{0.05}=3.89$，$F(2,12)_{0.01}=6.93$。因为本案例实际计算出的 $F=11.9>F(2,12)_{0.01}$，则 $P<0.01$，表明 B 的主效应极显著，即说明：不同长度句子的阅读分数存在极显著性差异。由于 B 变量有三个水平，需进行多重比较。

（3）A、B 变量交互效应检验

根据 $A\times B$ 和 $B\times$被试(A)的自由度，查 F 值表，得 $F(2,12)_{0.05}=3.89$，$F(2,12)_{0.01}=6.93$。因为本案例实际计算出的 $F=9.1>F(2,12)_{0.01}=6.93$，则 $P<0.01$，表明 A、B 的交互作用极显著，需要做简单效应的检验。

三、用 SPSS 统计软件对两因素混合实验进行数据处理

下面利用上述案例数据，说明如何利用 SPSS 统计软件对两因素混合实验数据进行数据处理。

（一）案例分析

这是一个两因素混合实验设计。首先，分析两个变量的主效应，即标记类型、句子长度的主效应。如句子长度的主效应显著，因为其有 3 个水平，则应进行多重比较。其次，应该分析标记类型与句子长度的交互作用。如果交互作用显著，则应继续进行简单效应分析。

（二）SPSS 数据处理操作步骤

1. 基本步骤

第一步，定义变量，输入数据。定义四个变量名，即：a、b_1、b_2、b_3。其中，a 表示标记类型，b_1 表示短句子，b_2 表示中句子，b_3 表示长句子。对 a 赋值时，分别设定：1="无标记"。2="有标记"。输入数据如图 2-7-1 和表 2-7-4 所示。

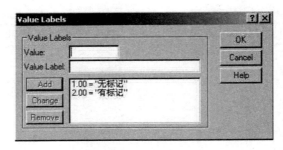

图 2-7-1　变量赋值对话窗口

表 2-7-4　两因素混合实验数据结构表

a	b1	b2	b3
1.00	6.00	5.00	3.00
1.00	7.00	6.00	4.00
1.00	6.00	7.00	5.00
1.00	6.00	6.00	4.00
2.00	5.00	8.00	7.00
2.00	8.00	8.00	8.00
2.00	6.00	8.00	6.00
2.00	7.00	9.00	7.00

第二步,选用重复测量的方差分析模块 Analyze\General Linear Model\Repeated Measures,如图 2-7-2 所示。

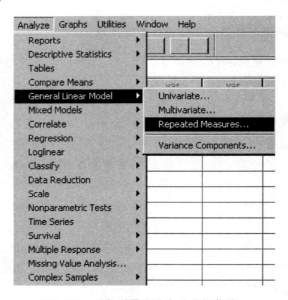

图 2-7-2　重复测量实验方差分析菜单图

第三步,在定义被试内变量(Within-Subject Factor Name)的方框中,设置被试内变量 b,在定义水平数(Number of Level)的对话框中,输入3,并按添加(Add)钮,如图2-7-3所示。

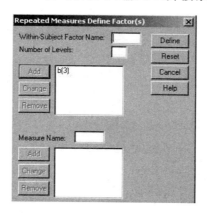

图 2-7-3 重复测量实验变量定义对话框

第四步,按定义键(Define),进入重复测量的方差分析主对话框,将定义的 b_1、b_2、b_3 都键入被试内变量(Within-Subjects Variables)的方框中,将 a 键入被试间因素(Between-Subjects Factors)的方框中,如图 2-7-4 所示。

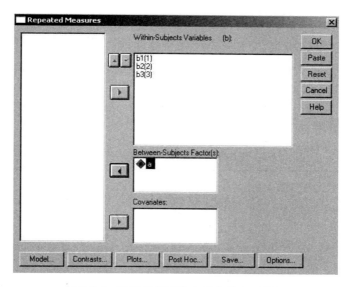

图 2-7-4 重复测量实验方差分析主对话框

第五步,点击选项(Options)按钮。

将被试内变量 b 键入右边的 Display Means for 方框中,采用 LSD(none)或 Bonferroni 法对 b 的三个水平进行多重比较。对于超过两个水平的被试间变量,用 Post Hoc 进行多重比较,由于本案例中的被试间变量 a 只有两个水平,故不需要比较。选择 Display 命令中的 Descriptive statistics,对各组数据进行描述统计。选择 Homogeneity tests,对被试间变量进行方差齐性检验,球形检验是系统默认的,故不用设置,如图2-7-5所示。

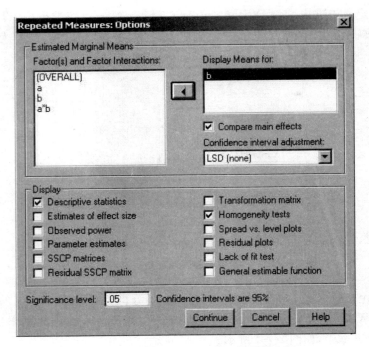

图 2-7-5 两因素混合实验选项对话框

第六步,在主对话框中点击 Plots 按钮打开对话框,定义绘图坐标:选定 a 为横坐标(Horizontal Axis),选定 b 为独立拆线(Separate Lines),单击 Add 按钮完成定义过程。

第七步,点击 OK,执行程序。

2. 输出结果

(1) 描述统计结果

表 2-7-5 描述统计结果表(Descriptive Statistics)

b	a	Mean	S.D	N
1	1	6.2500	.5000	4
	2	6.5000	1.2910	4
	Total	6.3750	.9161	8
2	1	6.0000	.8165	4
	2	8.2500	.5000	4
	Total	7.1250	1.3562	8
3	1	4.0000	.8165	4
	2	7.0000	.8165	4
	Total	5.5000	1.7728	8

表 2-7-5 列出了处理单元内的均值、标准差及被试数。

(2) 多元方差分析结果

表 2-7-6　多元方差分析结果表(Multivariate Tests)

Effect		Value	F	Hypothesis df	Error df	Sig.
b	Pillai's Trace	.891	20.392[a]	2.000	5.000	.004
	Wilks' Lambda	.109	20.392[a]	2.000	5.000	.004
	Hotelling's Trace	8.157	20.392[a]	2.000	5.000	.004
	Roy's Largest Root	8.157	20.392[a]	2.000	5.000	.004
$b*a$	Pillai's Trace	.738	7.058[a]	2.000	5.000	.035
	Wilks' Lambda	.262	7.058[a]	2.000	5.000	.035
	Hotelling's Trace	2.823	7.058[a]	2.000	5.000	.035
	Roy's Largest Root	2.823	7.058[a]	2.000	5.000	.035

表 2-7-6 中多元方差分析的结果表明，b 变量的主效应极显著($P=.004<.01$)，b 与 a 的交互效应显著($P=.035<.05$)。

(3) 球形检验结果

表 2-7-7　球形检验结果表(Mauchly's Test of Sphericity)

Within Subjects Effect	Mauchly's W	Approx. Chi-Square	df	Sig.
b	.729	1.577	2	.455

说明：

一元方差分析时的方差齐性检验用球形假设检验。只有当被试内变量的水平数超过两个时，球形假设检验才有效。当球形假设满足时，可用标准一元方差分析结果；当球形假设不满足时，可用备选方差分析或多元方差分析的结果。本案例 b 变量球形检验结果表明：$P=.455>0.05$，说明变量 b 满足球形假设，可看标准一元方差分析的结果。

(4) 一元方差分析结果

① 被试内变量效应检验

表 2-7-8　被试内变量效应检验结果表(Tests of Within-Subjects Effects)

Source		Type III Sum of Squares	df	Mean Square	F	Sig
b	Sphericity Assumed	10.583	2	5.292	11.906	.001
	Greenhouse-Geisser	10.583	1.574	6.723	11.906	.004
	Huynh-Feldt	10.583	2.000	5.292	11.906	.001
	Lower-bound	10.583	1.000	10.583	11.906	.014
$b*a$	Sphericity Assumed	8.083	2	4.042	9.094	.004
	Greenhouse-Geisser	8.083	1.574	5.135	9.094	.008
	Huynh-Feldt	8.083	2.000	4.042	9.094	.004

续表

Source		Type III Sum of Squares	df	Mean Square	F	Sig
	Lower-bound	8.083	1.000	8.083	9.094	.024
Error(b)	Sphericity Assumed	5.333	12	.444		
	Greenhouse-Geisser	5.333	9.445	.565		
	Huynh-Feldt	5.333	12.000	.444		
	Lower-bound	5.333	6.000	.889		

b 满足球形假设，应该看标准一元方差分析(Sphericity Assumed)的结果。如表 2-7-8 所示，b 的主效应检验结果：$F=11.906$, $P=.001<.01$，说明变量 b 的主效应极显著。a 与 b 交互效应检验结果：$F=9.094$, $P=.004<.01$，说明 a 与 b 两变量的交互作用极显著。

② 被试间变量主效应

表 2-7-9　被试间变量的主效应检验结果表(Tests of Between-Subjects Effects)

Source	Type III Sum of Squares	df	Mean Square	F	Sig.
Intercept	962.667	1	962.667	805.953	.000
a	20.167	1	20.167	16.884	.006
Error	7.167	6	1.194		

表 2-7-9 的结果表明：被试间变量 a 的主效应极显著（$F=16.884$, $P=0.006<.01$）。

（5）多重比较结果

表 2-7-10　多重比较结果表(Pairwise Comparisons)

(I) b	(J) b	Mean Difference (I-J)	Std. Error	Sig.	95% Confidence Interval for Difference Lower Bound	Upper Bound
1	2	−.750	.395	.107	−1.717	.217
	3	.875	.346	.045	.0281	1.722
2	1	.750	.395	.107	−.217	1.717
	3	1.625	.239	.000	1.039	2.211
3	1	−.875	.346	.045	−1.722	−.0281
	2	−1.625	.239	.000	−2.211	−1.039

表 2-7-10 中，(I)列与(J)列的 1,2,3 分别表示短句子、中句子和长句子。多重比较结果显示：短句子与中句子之间差异不显著（$P=.107$）；短句子与长句子之间差异显著（$P=.045$）；中句子与长句子之间差异极显著（$P=.000$）。

（6）变量均值图

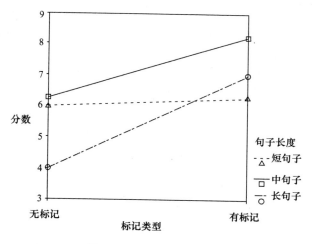

图 2-7-6　两变量的均值图

从图 2-7-6 可见,代表中句和长句的两条直线大体平行,而代表短句的直线与上述的两直线交叉。因此,大致可以判断各因素之间存在交互效应。

3. 简单效应检验及其之后的多重比较

交互作用显著时,需要进行简单效应(Simple effect)检验,如检验结果显著,还需要对超过 2 个水平的变量进行多重比较。简单效应的检验步骤如下。

（1）选用统计语句

SPSS 没有提供简单效应检验的菜单,所以必须通过编写语句来实现。

① 编写语句

进入重复测量(Repeated measure)主对话框,前面所做的一切设置不变,单击 Paste 按钮,SPSS 会把全部操作转换为语句并粘贴到新打开的程序语句窗口中,如图 2-7-7 所示。

```
GLM
b1 b2 b3 BY a
/WSFACTOR = b 3 Polynomial
/METHOD = SSTYPE(3)
/PLOT=PROFILE(a*b)
/EMMEANS = TABLES(b) COMPARE ADJ(LSD)
/PRINT=DESCRIPTIVE HOMOGENEITY
/CRITERIA = ALPHA(.05)
/WSDESIGN = b
/DESIGN = a .
```

图 2-7-7　SPSS 自动生成的程序语句

② 指定分析要求

改写 EMMEANS 引导的语句。改过的语句如图 2-7-8 所示。

```
GLM
 b1 b2 b3 BY a
 /WSFACTOR = b 3 Polynomial
 /METHOD = SSTYPE(3)
 /EMMEANS = TABLES(a*b) COMPARE(b) ADJ(SIDAK)
 /EMMEANS = TABLES(b*a) COMPARE(a) ADJ(SIDAK)
 /CRITERIA = ALPHA(.05)
 /WSDESIGN = b
 /DESIGN = a .
```

图 2-7-8　修改过的 SPSS 程序语句

说明：

① /EMMEANS＝TABLES($a * b$) COMPARE(b) ADJ(SIDAK)

该语句的功能是：判断在 a 的各水平上，b 变量不同水平的差异。如，在 a_1 上看 b_1、b_2 与 b_3 的差异。

② /EMMEANS＝TABLES($b * a$) COMPARE(a) ADJ(SIDAK)

该语句的功能是：判断在 b 的各水平上，a 变量不同水平的差异。如，在 b_1 上看 a_1 与 a_2 的差异。

③ 在实际应用中，可根据具体情况，选择其中的一个语句。

③ 运行

单击菜单 Run-All 运行程序，如图 2-7-9 所示。

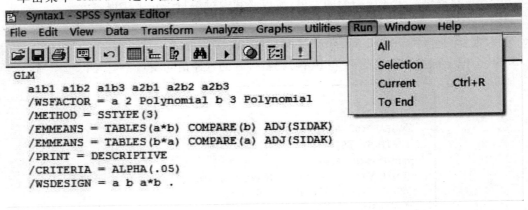

图 2-7-9　SPSS 程序语句编辑窗口

（2）输出结果

① 句子长度变量简单效应检验结果

表 2-7-11　句子类型变量简单效应检验结果表(Multivariate Tests)

a		Value	F	Hypothesis df	Error df	Sig.
1	Pillai's trace	.893	20.833	2.000	5.000	.004
	Wilks' lambda	.107	20.833	2.000	5.000	.004
	Hotelling's trace	8.333	20.833	2.000	5.000	.004
	Roy's largest root	8.333	20.833	2.000	5.000	.004
2	Pillai's trace	.726	6.616	2.000	5.000	.039
	Wilks' lambda	.274	6.616	2.000	5.000	.039
	Hotelling's trace	2.647	6.616	2.000	5.000	.039
	Roy's largest root	2.647	6.616	2.000	5.000	.039

这是多元方差分析检验结果。从表 2-7-11 可知：多元方差分析的四种检验方法结果完全一致。在无标记的情况下，短句子、中句子和长句子存在极显著性差异（$F=20.833$，$P=.004<.01$）。在有标记的情况下，短句子、中句子和长句子存在显著性差异（$F=6.616$，$P=.039$）。

② 标记类型变量简单效应检验结果

表 2-7-12　标记类型变量简单效应检验结果表(Univariate Tests)

b		Sum of Squares	df	Mean Square	F	Sig.
1	Contrast	.125	1	.125	.130	.730
	Error	5.750	6	.958		
2	Contrast	10.125	1	10.125	22.091	.003
	Error	2.750	6	.458		
3	Contrast	18.000	1	18.000	27.000	.002
	Error	4.000	6	.667		

对句子长度影响下的标记效应进行简单效应分析，结果如表 2-7-12：在短句的情况下，有标记和无标记之间不存在显著性差异，$F(1,6)=.13$，$P=.730$；在中句的情况下，有标记和无标记之间存在极显著性差异，$F(1,6)=22.091$，$P=.003<.01$；在长句的情况下，有标记和无标记之间存在极显著性差异，$F(1,6)=27.000$，$P=.002<.01$。

③ 简单效应检验之后的多重比较

表 2-7-13　简单效应检验多重比较结果表(Pairwise Comparisons)

a	(I) b	(J) b	Mean Difference (I-J)	Std. Error	Sig.	95% Confidence Interval for Difference	
						Lower Bound	Upper Bound
1	1	2	.250	.559	.670	−1.118	1.618
		3	2.250	.489	.004	1.052	3.448
	2	1	−.250	.559	.670	−1.618	1.118
		3	2.000	.339	.001	1.172	2.828
	3	1	−2.250	.489	.004	−3.448	−1.052
		2	−2.000	.339	.001	−2.828	−1.172

续表

a	(I) b	(J) b	Mean Difference (I-J)	Std. Error	Sig.	95% Confidence Interval for Difference	
						Lower Bound	Upper Bound
2	1	2	−1.750	.559	.020	−3.118	−.382
		3	−.500	.489	.346	−1.698	.698
	2	1	1.750	.559	.020	.382	3.118
		3	1.250	.339	.010	.422	2.078
	3	1	.500	.489	.346	−.698	1.698
		2	−1.250	.339	.010	−2.078	−.422

从表 2-7-13 可知，在无标记的情况下，短句子与中句子之间差异不显著（$P=.670>.05$），短句子与长句子之间差异极显著性（$P=.004<.01$），中句子与长句子之间差异极显著（$P=.001<.01$）。在有标记的情况下，短句子与中句子之间差异显著（$P=.020<.05$），短句子与长句子之间差异不显著（$P=.346>.05$），中句子与长句子之间差异极显著（$P=.010$）。

（三）两因素混合实验设计方差分析流程图

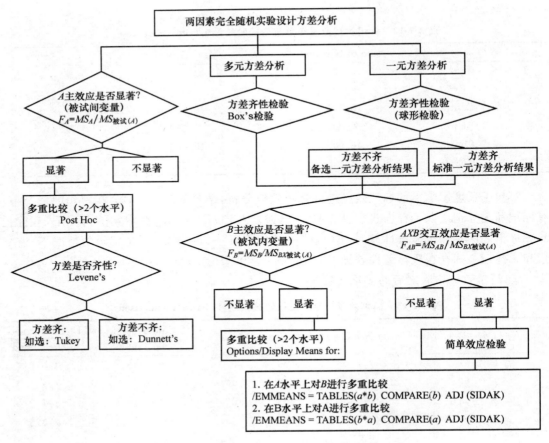

图 2-7-10　两因素混合实验设计方差分析流程图

第8节 实验研究的应用举例

一、聋校高年级语文阅读教学中组织策略训练的实验研究

(一)研究背景

文章是记录信息的载体,读懂文章就是要能够读懂文章中的信息。从文章信息内容的指向性来看,我们可将信息分为两类:一类是指向于文章细节的信息,即微观信息;另一类是指向于文章整体的信息,即宏观信息。研究表明:在文章阅读的过程中,读者是通过掌握文章的宏观信息而对文章的结构进行正确表征的。

就聋校语文阅读教学而言,引导聋学生掌握文章的整体信息,进而概括文章的主旨,形成文章的整体结构是聋校阅读教学的重要任务。在笔者调查中发现,聋校中、高年级学生把握文章宏观信息的能力较差,在阅读时,学生往往将大量的认知资源分配于文章微观信息,从而忽视了对文章整体结构的把握,这在一定程度上阻碍了聋学生阅读能力的提高。

针对聋学生阅读中的问题,我们将教育心理学的学习策略与聋校语文课堂教学紧密结合,采取组织策略训练的方法对聋学生的阅读进行训练。组织策略是学习策略的一种,它指向于文章的结构,其主要功能是促进学习者对材料整体性的把握。如在一篇完整的文字材料中,包含一些主要观点和具体内容,它们之间按一定的关系联系起来。组织就是首先将这些观点和内容以关键词或词组形式概括为一些项目;再对项目加以分析,比较及归类;确定每类下面所包含的项目数,以及各类之间的关系;然后将各类与所属项目按已确定的关系联系起来,形成一个有序的结构。组织的具体方法就是组织策略。相关研究表明:组织过的材料比没有组织过的材料更能够促进聋学生对材料的理解与记忆。

阅读是一个认知过程,其中既包括具体认知策略(如归纳、概括等),也包括元认知策略(如自我计划、自我调节,自我评价)。为了验证组织策略对提高聋学生阅读理解能力和监控能力的有效性,本研究选择聋校高年级(8年级)的聋学生为研究对象,开展了聋校语文阅读教学中组织策略训练的课题研究,以期能够为改进聋校语文阅读教学的方法,提升聋学生的阅读能力提供借鉴和启迪。

(二)研究方法

1. 研究对象

选择聋校8年级的聋学生为实验对象。将实验对象分为实验组和对照组,实验组的人数为27人,年龄为16.9 ± 1.4岁,对照组为31人,年龄为17.5 ± 1.7岁。

2. 实验材料

实验材料为10篇短文,每篇约550字,每篇短文后均附有6道选择题,所有题目均以检测被试对短文的整体理解能力为主要目的。在上海第一聋校进行预测后,调整了部分项目,最终形成了A、B两份平行测验材料。两份测验材料难度相同,每份材料各包括5篇短文。随机选择A卷用于前测,B卷用于后测。所有实验材料均通过了聋校语文教学

专家的审核。

3. 实验步骤

(1) 前测

2006年11月的第一个星期,各实验组、对照组同时用A卷开始进行前测,并且保证测试在一个星期内完成。前测的目的在于:① 检验两组在阅读理解、阅读监控能力方面有无统计意义上的显著性差异。② 收集数据,为与后测数据进行比较、分析做准备。

(2) 训练

实验班阅读课上进行组织策略的训练。训练的内容包括提取关键项目能力的训练和组织关键项目能力的训练。其中,提取关键项目的训练内容包括:去掉枝节、删除重复、代以上位、提取要义和自述要义等;组织关键项目能力的训练包括线性结构、坐标式结构、网状结构的训练。如,在进行删除枝节的能力训练时,我们采用下面的题目:

野菊花有许多功能。小时候,我到外婆家里玩。有一天,我爬上山坡摘野菊花时,不小心滑了一跤,脚上擦破皮,出血了,我直叫疼。这时,外婆马上摘下几朵盛开的野菊花,挤出汁后敷在我的伤口上。我觉得清凉清凉的。没几天,伤口就好了。外婆说,野菊花有消毒止血的功能。新中国成立前穷人治伤买不起药,就用干的野菊花熬水洗伤口,还真管用。外婆又说,野菊花还能消毒败火治感冒。

问题:这段话中最能表达段落意思的三个词是_____、_____、_____。

如在进行代以上位训练时,我们可以采用下面的题目:茄子和青菜的上位概念是_____。生梨和苹果的上位概念是_____。

在进行线性结构训练时可采用下面的题目:起床、刷牙、上学、放学四个事件按时间顺序排列为:_____。

另外,我们还编写了21篇组织策略的训练材料。这些材料主要是一些适合聋学生阅读的课外短文,由实验组的教师进行安排,定期让实验组的学生进行阅读并回答问题。材料中的问题分为三类:① 填写文章的组织结构图;② 词句理解练习;③ 整体理解练习。对照组按常规教学计划上课不变。

(3) 后测

2007年11月的最后一个星期,实验组与对照组同时用B卷进行后测,并且保证测试在一个星期内完成。后测程序与前测相同。

(4) 评分

本实验的评判指标为阅读理解能力和阅读监控能力。

阅读理解能力反映了被试对材料的概括、归纳及推理能力。阅读理解能力评估以被试答对题数为标准。测试材料共有5篇短文,每篇后附6道题,共30题,答对记1分,答错记0分,满分30分。

阅读监控能力反映了被试对自我阅读过程及结果的意识与评价能力。阅读监控能力评估是在被试每作答一题后,要求其对自己的作答情况进行评价,以信心分为评价标准,分为三档:很有把握记1分(即自己的回答一定是正确的)、有点把握记0.5分(不能保证完全正确)、没有把握记0分(自己的回答完全是猜测的结果)。这样,将被试对每道题的得分记为 $X(x_1, x_2, \cdots x_{30})$,对回答每道题的把握程度得分记为 $Y(y_1, y_2, \cdots, y_{30})$。将被试实际阅读理解能力得分与相应的信心分利用空间距离公式 $D=\sqrt{(x_1-y_1)^2+(x_2-y_2)^2+\cdots+(x_{30}-y_{30})^2}$ 进行计算,求得一个 D 值。由公式可知,阅读理解分数与信心分数越一致,D 值就越小,而学生的阅读监控能力就越高。为了使 D 值与监控能力的变化一致,最后算得的监控分数是用常数 30 减去 D 值后得到的差,这样 D 值与监控能力就呈正相关了。

(三) 实验结果与统计

表 2-8-1　阅读理解前后测分数一览表(M+SD)

前后测	实验组(M+SD)	对照组(M+SD)
前测	14.4±4.9	12.2±4.4
后测	18.6±6.1	10.5±4.3

表 2-8-2　阅读理解前后测分数显著性检验结果表

前后测	方差齐性检验(F)	P	均值显著性检验(t)	Df	P
前测	0.98	0.33	1.78	56	0.08
后测	5.62*	0.02	5.46	56	0.00**

对实验组与对照组阅读理解前测数据的方差用 Levene 进行检验结果如表 2-8-2 所示,两组数据的方差是齐的($F=0.98,P=0.33$)。对两组前测数据的均值进行统计,结果表明:两组数据没有显著性差异($t(56)=1.78,p=0.08$)。对实验组与对照组阅读理解后测数据的方差用 Levene 进行检验,两组数据的方差是不齐的($F=5.62,P=0.02$)。采用校正公式对阅读理解后测数据进行统计,结果表明:两组数据的数据有极显著性差异($t(56)=5.46,p=0.00<0.01$)。

表 2-8-3　阅读监控前后测分数一览表(M+SD)

前后测	实验组(M+SD)	对照组(M+SD)
前测	15.9±0.2	15.0±0.3
后测	16.7±0.5	14.3±0.2

表 2-8-4　阅读监控前后测分数显著性检验结果表

前后测	方差齐性检验(F)	P	均值显著性检验(t)	Df	P
前测	0.48	0.49	1.21	56	0.23
后测	6.24	0.02*	2.29	56	0.03*

对实验组与对照组阅读监控前测数据的方差用 Levene 进行检验结果如表 2-8-4 所示,两组数据的方差是齐的($F=0.48,P=0.49$)。对两组前测数据的均值进行统计,结果表明:两组数据没有显著性差异($t(56)=1.21,p=0.23$)。对实验组与对照组阅读监控后测数据的方差用 Levene 进行检验,结果如表 2-8-4 所示,两组数据的方差是不齐的($F=6.24,P=0.02$)。采用校正公式对阅读监控后测分数进行统计,结果表明:两组数据的分数有显著性差异($t(56)=2.29,p=0.03$)。

（四）分析与讨论

1. 实验组与对照组阅读理解能力前后测结果分析

表 2-8-2 显示：实验组与对照组阅读理解能力前测数据无显著差异，而后测差异显著。对照组在实验期间，保持原有的教学进度和安排，没有进行额外的任何干预，而实验组在实验期间进行了为期一年的组织策略训练。因此，笔者认为，实验组与对照组阅读理解能力的差异主要是由于组织策略训练的实验处理造成的。

对此可做如下解释：实验组的被试经过了组织策略训练，所以他们可运用组织策略将文章的信息联结成网，并存储于长时记忆中，一旦认知目标与存储信息相匹配，便能有效地激活该存储系统，提取有关信息，完成认知任务。而对照组的被试由于未经过训练，所以对知识缺少有意识的组织，各知识点的联结较松散，从而造成提取困难，很难准确地达到阅读的目标。

2. 实验组与对照组阅读监控能力前后测结果分析

表 2-8-4 表明：实验组与对照组阅读监控能力前测无显著性差异，后测存在显著性差异。也就是说，组织策略训练对提高高年级（8年级）聋学生的阅读监控能力是有效的。

（五）结论与建议

通过研究，笔者得出了以下结论：组织策略训练能够提高聋学生的阅读理解能力；随着学生年级的增长，组织策略训练对阅读监控能力的作用逐渐凸显。针对以上研究结论，笔者认为在聋校语文阅读教学的过程中要强化组织策略训练，具体应采取以下措施：

（1）强化对提取文章关键项目能力的训练。具体可以采取去掉枝节、删除重复、代以上位、提取要义和自述要义等方法。

（2）加强组织文章关键项目，形成组织结构图能力的训练。重点是训练聋学生运用组织策略，将文章的宏观信息组织成线性结构、坐标式结构和网状结构的能力。

（3）利用组织监控流程图，来强化学生阅读中的自我提问意识。教师要经常性地要求学生对自己阅读过程中的组织结果进行反思，加强学生各个阅读环节的自我提问，如：我能初步理解文章的内容吗？我对文章的组织合理吗？我能掌握及复述课文的主要内容吗？这些问题经常出现，就变成了学生阅读中的自觉提问，久而久之，学生便形成了良好的阅读监控策略。（作者：宋永宁等）

二、标记对聋生句子意义整体理解水平影响的实验研究

（一）前言

"聋校新概念语文教学法"研究是教育部2004年哲学社会科学研究重大课题攻关项目"人工耳蜗术后汉语言康复教育机理和方法研究"中的一项重要内容。在聋校中高年级语文教学中，我们发现：许多聋生往往将其认知资源分配到文章的细节信息上，而对文章的整体框架及主要内容把握不清。究其原因，这与教师将文章过分肢解，未按"总体、局部、再总体"的阅读程序进行教学有关。因此，为了提高聋生对文本信息的整体理解与记忆能力，我们开展了阅读中组织策略训练教学的研究与实践。在探索中，近年来国内外有关文本标记效应（the effects of text signals）的研究成果给了我们一些有益

的启示。

文章的标记是指可以在文章不同位置出现的、本身不给文章带来任何新内容但能强调结构或具体内容的词、短语、句子或特殊符号。国内对此领域的研究主要集中在两个方面：一是对影响文章标记效应的因素进行研究，如探究文章的主题论述长度、主题组织方式、标记的数量对文章标记效应的影响；二是对文章标记与读者信息保持类型关系的研究。如，具体探究文本标记影响的究竟是读者对文章哪类信息的保持。一些研究结果表明：对文章主题的标记，有利于学习者对文本中关键信息的提取与保持。

从相关报告可见，现有研究大多以整个文本为实验材料。我们认为：句子是组成文本的基本单位，对文本信息的整体理解应该首先落实到对句子的整体理解与把握上。既然全文本主题标记能提高一般学习者对文章关键信息的提取与保持水平，那么，如果对句子的关键信息，即主语、谓语、宾语进行标记，同样也应该能提高聋生对句子意义整体理解与记忆的水平。

鉴于上述，本研究的目的为：① 探讨句子关键信息的标记与否对聋生句子意义整体把握能力的影响；② 探讨句子关键信息的标记与否以及句子长度对聋生句子意义整体把握能力的交互影响。如果实验结果能够证明：对句子关键信息的标记能提高聋生对句子意义整体把握的能力；同时又能证明对哪类句子（短句、中句、长句）的关键信息进行标记更有利于提高聋生对其整体把握能力，那么，我们就能对目前聋校中高年级语文阅读理解教学提出一些有意义的建议。

（二）实验方法

1. 被试

从西安、株洲、宁波、杭州、长春、北京和上海七所聋校抽取被试 77 名，其中男生 45 名，女生 32 名，平均年龄 15.2 岁。进行标记测试前，我们先对被试的文章整体阅读理解能力进行了前测，根据测试结果，将被试分为 A、B 两组，统计结果表明：两组被试成绩无显著性差异（$t=-0.28, P=0.778$）。随机选择 A 组（41 人）接受有标记实验，B 组（36 人）接受无标记实验。

2. 实验设计

本实验为 2×3 的两因素混合实验设计。句子的标记情况为被试间变量，分为有标记和无标记两个水平；句子的长短为被试内变量，分为短、中、长三个水平。

3. 实验材料

实验材料由阅读材料与相应的测试题组成。阅读材料有三种类型：即短句（20±5 个字）、中句（40±5 个字）或长句（80±5 个字）。每份材料由 10 个简单句组成。相应的测试题有 10 道，采用单选题的形式，题目的设计均以考察被试对句子意义的整体理解水平为目的，测试材料中题目的先后顺序与其对应的句子在材料中的先后顺序无关。每类句子材料又分为有无标记两种情况，标记是指对句中的主语、谓语与宾语用三号华文加粗的楷体字进行标识，其他的字用四号宋体字呈现。所有实验材料均经过了聋校专家的审核。

4. 实验步骤

(1) 施测

被试阅读短、中、长三种句子的时间分别是 8 分钟、10 分钟和 15 分钟。测试的指导语如下：请回忆前面读过的 10 个句子，并根据句子内容，回答问题。下面共有 10 道题目，每道题目有 4 个选项，请选择一个最能概括前面相应句子内容的选项。

(2) 记录

每道题答对记 1 分，不答或答错记 0 分，每份材料满分均为 10 分。最后，用 SPSS6.0 统计软件对结果进行了统计分析。

(三) 实验结果

表 2-8-5　各项目得分的平均数与标准差（M＋SD）

$N=77$	短句	中句	长句	总分
无标记	5.7±2.03	5.7±2.21	3.8±1.84	5.1±1.56
有标记	6.9±1.79	8.2±2.53	6.6±2.35	7.2±1.89
总分	6.2±1.96	7.0±2.68	5.3±2.54	

对测试数据的统计结果表明：标记处理效应有极显著性差异，$F(1,75)=27.31$，$P<.000$；句长效应有极显著性差异（$F(2,150)=23.70$，$P<.000$）；标记处理与句子长度之间的交互作用极其显著（$F(2,150)=7.38$，$P<.01$）。对句子长度的简单效应进行了检验，结果表明：在有标记的情况下，不同句子长度之间存着在极显著性差异（$F(2,152)=10.98$，$P<.00$）。在无标记的情况下，不同句子长度之间也存着在极显著性差异（$F(2,152)=15.01$，$P<.000$）。基于简单的检验结果，笔者进一步对在某一标记情况下，不同句子类型的差异进行了多重比较，结果表明：在无标记的情况下，短句子（$M=5.7$）与长句子（$M=3.8$）、中句子（$M=5.7$）与长句子都有极显著性差异（$P<0.01$），短句子与中句子无显著性差异（$P=1$）；在有标记的情况下，短句子（$M=6.9$）与中句子（$M=8.2$），中句子与长句子（$M=6.6$）都有极显著性差异（$P<0.01$），短句子与长句子无显著差异（$P=0.841$）。对标记类型的简单效应进行的显著检验结果表明：对于短句来说，有无标记存在显著性差异（$F(1,75)=5.15$，$P<.05$）；对于中句和长句来说，有无标记存在着极显著性差异（$F(1,75)=20.62$，$P<.000$、$F=32.52(1,75)$，$P<.000$）。

(四) 分析与讨论

1. 标记效应及其原因

从上述统计结果可知：标记处理效应有极显著性差异，即在有标记的情况下，被试句子意义整体理解的平均成绩为 7.2 分；而在无标记的情况下，其平均成绩为 5.1 分。这表明：对句子关键词进行标记，能显著提高聋生对句子意义的整体理解水平。这一结果证实了我们的假设：即对句子关键词的标记与对文章主题信息的标记应具有相同的效应。罗蒙（Loman）和梅耶（Mayer）于 1983 年发现文章的标记可使读者获得更多的概括性信息和对文章主题更好地回忆，以及对问题的更好解决。梅耶（Meryer，1989 年）与罗契（Lorch，1996）等人也发现文章标记可使读者对阅读文章的主题回忆得更好。同样，我们对句子关键信息的标记可能加深了聋生对句子主干信息的印象，进而提高了他们对句子意义的整体理解水平。

2. 句子长度效应及其原因

从上述统计结果可知：句子长度影响聋生对句子意义的整体理解效果。聋生对短、中、长三种句子意义的整体理解成绩均值分别为6.2分、7.0分和5.3分。对中句的理解水平最高，短句次之，长句最差。这里，中句的整体理解水平高于短句的原因是：在无标记的情况下，中句与短句的理解成绩几乎相等；而在有标记的情况下，中句的理解成绩远高于短句。这样，中句在有无标记两种情况下的平均值就高于短句了。

3. 标记与句子长度之间的关系

由表2-8-5可见，在无标记的情况下，聋生对短、中、长三种句子意义的整体理解成绩均值分别为5.7分、5.7分和3.8分。即，在无标记的情况下，聋生对短句和中句的理解水平相当，对长句意义的整体理解水平最差。从常规经验而言，短句的附加信息较少，关键信息较突出，便于整体理解；句子越长，附加信息就较多，干扰也越大，对其整体理解的难度也相应增加。而在本实验中，出现短句与中句的整体理解水平相当的情况，可能是由于中句中附加信息干扰程度略低所致。在有标记的情况下，聋生对中句的整体理解水平（平均8.2分）最高，对短句（平均6.9分）次之，对长句（平均6.6分）最低。无标记与有标记相比，聋生对长句意义整体理解水平的提升幅度（2.8分）最大，中句（2.5分）次之，短句（1.2分）最低。我们对此结果的解释是：① 短句中附加信息的干扰较小，被试的思维负荷相对较低，加上标记后，虽然有利于其整体理解水平的提高，但提高幅度不会太大。② 长句中关键信息的空间距离相隔较远，关键信息与附加信息之间的干扰加大，被试的思维负荷也增加。而对长句中的关键信息标记后，就便于被试搜索与连接关键信息，排除附加信息的干扰。由此，对聋生对长句意义整体理解水平提升幅度最大的结果也就不难理解了。

（五）结论与建议

本研究的主要结论如下：

（1）无论对于短句、中句，还是长句子来说，对句中关键词进行标记均能有效提高聋生对句子意义的整体理解水平。

（2）在有标记时，聋生对长句整体理解水平的提高幅度最大；对中句子的整体理解水平最高。

（3）标记与句子长度之间存在着交互作用。在无标记的情况下，聋生对短句和中句的整体理解水平最高；在有标记的情况下，聋生对中句的整体理解水平最高。

（4）无论是有标记还是无标记，聋生对长句意义整体理解水平都是最低的。

鉴于上述结论，我们认为：在对聋校中高年级学生进行阅读组织策略训练教学时，可从聋生对句子意义的整体理解入手，逐步过渡到对文本信息的整体理解。要提高聋生对句子意义的整体理解，可采取如下措施：① 对课文或阅读材料中有关句子的关键成分进行标记。② 教师对有关句子的关键成分要重点说明。③ 如能指导聋生自己对句子关键信息进行正确标记，则将更加有利于提高其对句子意义的整体理解水平，从而为进一步开展组织策略训练教学奠定基础。（作者：杜晓新等）

本章小结

1. 实验法是在人为的严密控制条件下,有计划地逐步操纵实验变量,观测与这些实验变量相伴随的现象,探究实验因子与反应现象之间关系的一种方法。

2. 自变量是可以被实验者操作、改变以影响被试行为的因素。因变量是指随自变量的变化而改变的量,是实验者要观察与测量的变量。无关变量是指在实验中,不是实验者所欲研究的变量,但会对因变量产生影响的变量。在实验中,要操纵自变量、测量因变量、控制无关变量。

3. 实验研究的程序包括提出实验假设、选择被试、控制实验变量、搜集与分析实验资料和撰写实验报告等。

4. 实验设计中的误差包括本质误差与抽样误差。本质误差是由不同的实验处理造成的,而抽样误差是由被试间个体差异及实验误差造成的。误差=本质误差+抽样误差。因为我们可以把误差看做是一个常量,所以当抽样误差大时,本质误差就小;反之,抽样误差小时,本质误差就大。P 值就是用来判定在总差异中主要由抽样误差造成差异的可能性大小的指标。

5. 被试间实验设计的基本特征是:在实验中每一个被试只接受一个水平的实验处理,或几个处理水平的结合。单因素及多因素完全随机实验设计就是被试间设计。被试间实验设计又称为非重复测量的实验设计,其中的自变量称为被试间变量。

6. 被试内实验设计的基本特征是:在实验中每一个被试接受所有处理水平或处理水平的结合,被试内实验设计又称为重复测量的实验设计,其中的自变量为被试内变量。单因素、两因素或多因素重复测量实验设计都是被试内设计。

7. 单因素完全随机的实验设计有以下特点:实验中只有一个自变量,自变量有多个水平(一般≥3)、随机抽取被试,并随机分配被试接受自变量不同水平的实验处理、每个被试只接受一个水平的处理。

8. 单因素重复测量实验设计的特点是:实验中只有一个自变量。被试接受这个自变量所有水平(一般≥3)的实验处理。

9. 两因素完全随机实验设计是多因素实验设计的一种最基本的形式,它具有以下特点:① 实验中有两个自变量,每个自变量有两个或多个水平。② 如果一个自变量有 P 个水平,另一个自变量有 q 个水平。那么,该实验就有 $p×q$ 个实验处理的结合。③ 实验有 $p×q$ 组,将被试随机分配到每个组中,每个被试只接受一种实验处理的结合。

10. 两因素重复测量实验设计的主要特点是实验中的两个自变量都是被试内变量,每个被试都要接受 A 与 B 所有结合水平的实验处理。

11. 两因素混合实验设计具有以下特点:① 实验中有两个自变量,一个是被试内变量,另一个是被试间变量。② 相对于被试间处理的效应,实验者更关注被试内因素的处理效应以及其与被试间因素之间的交互作用。③ 被试的确定与分配:被试间因素有几个水平就有几组被试,将被试数随机分配给被试间因素的各个水平。

12. 实验数据统计方法一览表

设计类型	步骤	SPSS统计模块	SPSS数据结构				备注
两独立样本	1. 需进行方差齐性检验。 2. 方差齐或不齐时,需选择不同的统计比较方法。	Analyze\ Compare Means \ Independent-Sample t test	A 1 1 2 2	B × × × ×			A是分类变量,B是因变量
两相关样本	一般将相关样本视为同质样本,故不需进行方差齐性检验。	Analyze\ Compare Means \ Paired-Samples T test	A_1 × × ×	A_2 × × ×			1. 两组人数必需相等。 2. A_1是第1组,A_2是第2组
单因素完全随机实验设计	1. 先进行几组数据整体均值差异的显著性检验。 2. 如差异显著,则需进行各组间的多重比较。	Analyze\ Compare means\One-Way ANOVA	A 1 1 2 2 3 3	B × × × × × ×			A是分类变量,B是因变量
单因素重复测量实验设计	1. 先进行三组数据整体均值差异的显著检验。 2. 如显著,再进行多重比较。	Analyze \ General Linear Model\ Repeated Measures	A_1 × × ×	A_2 × × ×	A_3 × × ×		1. A是被试内变量。 2. A_1、A_2、A_3是A的三个水平
两因素完全随机实验设计	1. 检验A与B的主效应。 2. 检验A与B的交互效应。 3. 需要时,进行多重比较与简单效应检验。	Analyze \ General Linear Model\ Univariate	A 1 1 2 2	B 1 2 1 2	C × × × ×		以$2×2$实验设计为例。A、B均是被试间变量,C是因变量
两因素重复测量实验设计	1. 检验A与B的主效应。 2. 检验A与B的交互效应。 3. 需要时,进行多重比较与简单效应检验。	Analyze \ General Linear Model\ Repeated Measures	a_1b_1 ×	a_1b_2 ×	a_2b_1 ×	a_2b_2 ×	以$2×2$实验设计为例。A、B均是被试内变量。a_1b_1、a_1b_2、a_2b_1、a_2b_2是两因素各水平的结合
两因素混合实验设计	1. 检验A与B的主效应。 2. 检验A与B的交互效应。 3. 需要时,进行多重比较与简单效应检验。	Analyze \ General Linear Model\ Repeated Measures	A 1 1 2 2	b_1 × × × ×	b_2 × × × ×		以$2×2$实验设计为例。A是被试间变量,B是被试内变量

思考与练习

1. 请从误差的角度来说明P值的含义。
2. 单组实验设计与双组实验设计各有什么优缺点?
3. 两组实验设计:

$$G_1: O_1—X_1—O_2—O_3$$
$$G_2: O_4—X_2—O_5—O_6$$

(1) 当 $O_1=O_4$,O_2 不等于 O_5,$O_3=O_6$ 时,说明了什么问题?;

(2) 当 $O_1=O_4$,$O_2=O_5$,O_3 不等于 O_6 时,说明了什么问题?(请举例说明)

4. 为了研究培智学校某年级两种识字教学法是否有显著性差异,根据学生的智力水平、努力程度、识字量多少等条件基本相同的原则,将学生配成 10 对,然后把每对学生随机地分入实验组和对照组。实验组以分散识字教学为主,对照组以集中识字教学为主,后期统一测验结果如下表,请用 SPSS 检验两种识字教学方法的效果有无显著性差异。

组别	1	2	3	4	5	6	7	8	9	10
实验组	93	72	91	65	81	77	89	84	73	70
对照组	76	74	80	52	63	62	82	85	64	72

5. 对两样本均值进行比较,SPSS 统计结果如下,请对下表进行解释:

表 1

性别		N	Mean	S.D
	男	7	77.7143	2.3604
	女	8	82.5000	3.7417

表 2

	Levene's Test for Equality of Variances		t-test for Equality of Means		
	F	Sig.	t	df	Sig
Equal variances assumed	1.986	.012	−2.908	13	.012
Equal variances not assumed			−2.999	11.935	.06

6. 单因素完全随机实验设计与重复测量的实验设计各有什么优缺点?

7. 请写出两因素完全随机实验设计、两因素重复测量实验设计、两因素混合实验设计的实验设计模式。

8. 三个班级进行数学测试,某教师为了比较不同班级数学成绩的差异,分别对 1 班和 2 班、1 班和 3 班、2 班和 3 班进行了三次 t 检验,得到了三个班级之间成绩存在差异的结论。这种分析方法是否正确?为什么?如不正确,应如何分析?

9. 以聋学生为被试,研究聋学生对文章的组织能力的高低对其文章阅读理解成绩的影响,通过文章组织能力测试将聋学生分为组织能力低(A)、组织能力中(B)和组织能力高(C)三组。分别对三组进行阅读能力的测验,三组聋学生的阅读成绩如下,问:三组学生的阅读理解能力是否有显著差异?如果有差异,是在哪几组之间有差异?

A	B	C
2	3	2.67
2	2.33	3
2	1.67	3.33
1.67	3.67	3.33
2.33	3.67	3.33
	3.67	3.67
	2.33	4

10. 一项探索生字密度对儿童阅读理解能力影响的研究选取了 32 名被试。实验将生字密度定为自变量 A，A 分四个水平，即：a_1 为 5∶1(5 个字中有一个是生字)，a_2 为 10∶1，a_3 为 15∶1，a_4 为 20∶1。因变量是学生的阅读理解能力。原始数据如下表。问：不同的生字密度是否会对学生的阅读理解能力造成显著性差异？如果有差异，又是哪几组之间有差异？

a_1	a_2	a_3	a_4
3	4	8	9
6	6	9	8
4	4	8	8
3	2	7	7
5	4	5	12
7	5	6	13
5	3	7	12
2	3	6	11

11. 某人进行了"听觉障碍中学生汉语阅读辅助策略研究"，在研究设计部分他是这样叙述的："本研究有两个自变量，分别是难度适宜的阅读材料和较难的阅读材料。每个自变量有四个水平，即四种阅读辅助策略(提问辅助阅读、图示辅助阅读、标记辅助阅读、提纲辅助阅读)，以研究文章难度不同，在四种阅读辅助策略下对听觉障碍中学生阅读效果的影响。这是一个 2×4 的实验设计。"试分析该段叙述中存在的问题，并给出正确的表述。

12. 某人就"学习困难学生理解监控的特点"开展了一项实验研究，在实验设计部分，他是这样论述的："实验采用 2×3 混合实验设计。一个变量为学生类型，分为学习优秀学生和学习困难学生。另一个变量为材料类型，分为高难度材料、中高难度材料和低难度材料。研究采用即刻理解判断分数作为学生理解监控的指标。"问，实验中的自变量是什么？哪个自变量是被试内变量？哪个自变量是被试间变量？每个自变量各有几个水平？共有几种实验处理？因变量是什么？

13. 阅读困难是一种特殊的障碍。汉语阅读困难的主要特征是汉字识别困难，汉字的难教难学，一直困扰着教学工作者和部分学龄儿童。运用所学知识，设计一项针对学龄儿童识字教学的实验研究(包括研究假设、被试的选取、实验设计图示、自变量、因变量、无关变量的控制、实验材料、实验过程、数据处理方法和预期的结果等)。

14. 有一位社会心理学家，想了解个人责任与施舍行为之间的关系，决定做一项实验研究。实验是这样进行的：他到饭店去吃饭(买了 15 元/份的饭菜)，饭店有两种台子，大台子和小台子，他与一名被试同台吃饭，但吃到一半时，他离开饭桌 10 分钟，在此之前，他对同桌被试有两种做法，一是不打招呼，二是向被试说："请帮我照顾一下饭菜，我一会就回来。"在主试离去后，一位服务员(也是实验者)走到饭桌前，立即将饭菜倒掉。当他回来时，向同桌被试说，因自己没带钱，是否可以借些钱给他，让他重新买一份饭菜(当天饭菜的价格有：5 元/份、10 元/份、15 元/份、20 元/份、25 元/份)。请思考：① 这是一项什么类型的实验设计？② 因变量是什么，有几个自变量(因素)，每个自变量各有几个水平？要做几次实验？③ 请预测实验结果，并以简图表示。

第3章 单一被试实验法在特殊教育研究中的应用

 学习目标

1. 了解单一被试实验法的内涵与基本特征,及其与传统的个案研究的区别。
2. 掌握不同类型单一被试实验设计及数据处理的步骤与方法。
3. 能根据特殊教育研究需要,设计单一被试实验方案。

在特殊教育研究过程中,采用一般的实验与统计方法,往往会遇到两个问题:一是样本同质性问题。样本均数差异性检验要求方差齐性,方差齐性表明被试同质,而在特殊教育研究中,很难做到被试同质。例如,即使以9名弱智儿童(小样本)为研究对象,其个体差异(智力差异)也十分明显。二是样本容量的问题。统计检验是以一定的样本容量为前提条件的,而在特殊教育研究中,往往难以满足对被试的数量要求。

单一被试实验法与一般的实验研究相比,它特别适用于相互之间有较大差异的个体。与传统的个案研究相比,单一被试实验法可以对单一或少数被试进行定量的评估,有利于实现定性研究与定量研究的统一。目前,许多学者认为:单一被试实验法符合特殊教育研究的实际,是可以广泛应用于特殊教育研究中的一种有效方法。本章将对单一被试实验的类型、数据处理的过程与方法、信度与效度以及伦理等问题进行探讨。

第1节 单一被试实验简介

单一被试(Single subject)或小样本实验法是社会科学研究的一个重要方法,单一被试实验法的出现,弥补了传统研究方法在特殊教育研究中的局限性,具有很高的应用价值。本节就单一被试实验的界定、类型,单一被试实验的组成要素等问题进行探讨。

一、单一被试实验的界定与类型

(一)单一被试实验的界定

单一被试实验是以一个或几个被试为研究对象,通过相关的实验设计来研究干预是否有效的一种方法。以具有代表性的A—B实验设计来看,从操作层面上,它将实验分为基线期和处理期,并对被试的目标行为进行跟踪测量。从数据分析看,它通过对被试基线期与处理期的指标数据进行统计分析,进而推断实验处理是否有效。从适应范围上看,它特别适用于异质性高的群体中的个体。

(二)单一被试实验的类型

单一被试实验从类型上可以分为单基线实验设计、多基线实验设计以及U实验设计。

其中,单基线实验设计又可以分为两期实验设计及多期实验设计。两期实验设计包括:A—B 设计及其变式($B-A$、B_1-B_2 设计等)。多期实验设计包括:A—B—A 设计及其变式($B-A-B$、$A-B-A-B$ 设计等)。多基线实验设计主要包括:跨情境、跨行为、跨被试实验设计。U 实验设计可用于比较两种实验处理对改善某被试心理或行为哪一种处理更有效。

二、单一被试实验的组成要素

(一)被试

单一被试实验法中的"单一",是指只要一名被试即可以满足研究的基本要求。然而,在实际研究中,有时也需要几名被试同时参与实验,如在跨被试多基线实验研究中。另外,也可以对几名被试同时进行单基线实验研究。几名被试的实验结果可以相互印证,从而提高实验的外部效度。

在特殊教育研究中,单一被试实验的被试可以是各类障碍儿童,如智障、听障、视障、言语语言障碍、运动障碍以及精神障碍,这些儿童群体内异质性较大,很难进行团体实验,因而适合采用单一被试实验进行研究。

(二)目标行为

目标行为是指实验者欲干预与测量被试的某种行为。例如:要对某儿童的攻击进行实验干预,那么其攻击性行为就是目标行为;要通过干预改善某儿童的尿床行为,那么其尿床行为就是目标行为。如果,将实验干预看成是实验中的自变量,那么目标行为就是实验中的因变量,它是单一被试实验中判断实验干预有效性的主要指标,需要进行反复测量。在选择目标行为时,应该注意以下几点。

1. 目标行为是明确的、可量化的行为

目标行为要明确、清楚,可以量化。目标行为是实验干预与测量的对象,实验干预是否有效,是通过测量目标行为的变化来验证的。因此,选择目标行为,要考虑两点:一是根据有关理论与他人的经验,大致判断所确定的目标行为与实验干预的方法是否有关联。二是对于目标行为,是否有相应的工具和方法来进行测量?也就是说,要找到能反映目标行为改变程度的量化指标。如:有一项关于自闭症儿童交往行为训练的个案研究,其中,"交往行为"是目标行为。首先,研究者考虑:采用何种方式来干预该自闭症儿童的"交往行为",他在考虑该儿童实际情况与衡量各种方法的特点后,决定采用正强化的方法对该儿童进行实验干预。其次,他给出了衡量该儿童交往行为的数量化指标,即:主试与该儿童交谈 10 分钟,可问事先拟订的 10 个问题,如:"你是小×吗?""看这个好不好玩呀?""这是你的小狗吗?"被试顺利回答一个问题,记一分。被试累积得分数,就是评定其"交往行为"的指标。

2. 对目标行为要进行反复测量

单一被试实验需要对数据进行统计处理,而数据的采集是在一定的时间内,通过对被试进行多次测量而获得的。为了尽可能排除外界因素对被试目标行为的干扰,应尽量保持实验环境的相对稳定。如规定:观察的时间点,是上午还是下午?观察的持续时间,是 10 分钟还是 15 分钟?观察的地点,是教室还是个训室?一旦作出规定,就不能随意变动。

(三) 实验处理

实验处理也称实验介入或干预，主要是指在实验中，实验者对被试所实施的各种训练方法。实验处理必须是保证对被试不会产生任何身心伤害的方法。另外，还应考虑以下问题。

1. 实验场所

不同的研究目的与内容，会有不同的实验处理。各种实验处理对实验场所有不同的要求。如：要对某特殊儿童不良的课堂行为进行干预，就必须在自然的课堂情境下进行；对听障儿童进行听力训练，就要在专用的听力训练室中进行；要对自闭症儿童实施可视音乐干预，就需要在音乐治疗室中进行；要对脑瘫儿童进行感官功能综合训练，就需要在感觉统合训练室中进行。总之，在制订实验处理方案时，必须考虑选择适当的实验场所。

2. 指导语与实验工具

在大多数情况下，实验会涉及必要的素材。例如，指导语、测试材料与工具，甚至实验仪器与设备等。因此，实验处理实施前，必须准备好所有的实验素材。

3. 人员分工

研究人员在制订实验方案时，必须考虑有多少人员参与实验，每个人的主要任务是什么，各人之间如何合作等。例如：对一名自闭症儿童进行可视音乐干预，在制订干预方案时，确定有三人参加：一人负责讲述指导语及操纵仪器；另一人负责观察记录被试的有关表现；还有一人负责拍摄录像。每次实验处理实施后，三人必须共同审核资料，确保数据的完整与准确。

第2节 单一被试实验的方法论基础

任何一种实验研究方法都是建立在某种或某些方法论基础之上的。简单共存类比、合情推理与证伪法可视为单一被试实验法的方法论基础。本节将对以上三种方法论进行概述。

一、简单共存类比法

类比是一种应用极为广泛的科学发现方法。它既不同于从特殊到一般的归纳法，也不同于从一般到特殊的演绎法。它遵循从特殊到特殊的逻辑过程，即在个别特殊事物之间进行比较分析，以发现它们之间的联系与规律。显然，没有观察分析大量的特殊事物，就无法归纳。没有从大量特殊事物中抽象出来的普遍法则就无从演绎。因此，在研究个例较少，又缺乏足够的前期资料的情况下，类比法就能发挥其独特的作用。如简单共存类比，它是根据对象的属性之间具有简单的共存关系而进行的推理。即：对象 A 有属性 $P_1, P_2, \cdots, P_n$，它们与 P_{n+1} 属性有共存关系，对象 B 也有 $P'_1, P'_2, \cdots, P'_n$，如果 $P_1 = P'_1, P_2 = P'_2, \cdots, P_n = P'_n$，则：对象 B 也可能有与对象 A 相同的 P_{n+1} 属性。例如，艾宾浩斯(Ebbinghaus)著名的记忆实验是一个典型的单一被试实验，被试就是其本人。但毫无疑问，其实验结果反映了人类记忆遗忘的普遍规律。由此可以认为：在一定条件下，单一被试实验的结果可以类推到与实验被试情况相仿的大多数人群中去。简单共存类比的关系如图 3-2-1 所示。

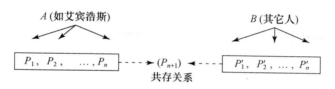

图 3-2-1　简单共存类比关系图

假设：$P_1 = P_1'$ 是人对从视觉通道输入信息的加工方式。$P_2 = P_2'$ 是人对从听觉通道输入信息的加工方式，$P_n = P_n'$ 是人的记忆生理机制，则：(P_{n+1}) 可能就是 A 与 B 共同的属性，即人的记忆遗忘规律。

二、合情推理法

合情推理也是科学研究中的一种基本推理模式。有人把科学推理分为论证推理与合情推理。论证推理是必然推理，有必须执行的严格的逻辑规则，如 $A>B,B>C$，则 $A>C$。合情推理是一种或然推理，没有固定的标准和程式，实际上是由一些猜想构成的。合情推理的模式为：假设 A 蕴涵 B，有两种可能：① A 蕴涵 B，若 B 假，则 A 不可靠。② A 蕴涵 B，若 B 真，则 A 更可靠。上述内容可用图 3-2-2 表示。

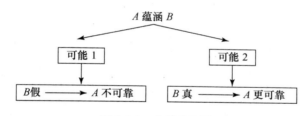

图 3-2-2　合情推理图

例如，在对一个具有自闭倾向儿童的教育过程中，教师偶然的亲近行为引起该儿童意欲交往的行为反应。由此，产生了一个单一被试实验研究课题，该研究的假设 A 为：教师蹲下拥抱的亲近行为能增加所有自闭倾向儿童的交往行为。假设 A 蕴涵 B，即：对每一个有自闭倾向的儿童来说，教师蹲下拥抱的亲近行为都能增加其交往行为。为证实这一假设，可采用一系列的单一被试实验进行验证，从检验一系列 B 的真假来推理 A 是否不断接近真实。如在一次实验中，教师的亲近行为提高了儿童的交往水平，则原假设的可靠性就增加一分；反之，原假设的可靠性就降低一分。因此，单一被试实验法可看成是体现合情推理思想的一个具体的操作程序。

三、证伪法

证伪法是以否定归纳法为前提而提出的一种科学观。波普尔（Popper）是证伪主义的代表人物，根据他的观点：所谓"研究"就是通过一系列细致、严谨的手段和方法对不尽精确的对象进行"证伪"，从而逐步接近客观真实。基本的证伪形式为：基本假设 H（H 蕴涵 E）、一组辅助性假设 I、假设性检验条件 C。如果证据表明 E 假，则：H、I、C 中至少有一个为假。仍以上述单一被试实验为例。如：基本假设 H 为：教师的亲近的行为可改善有自闭倾向儿童的交往能力;E 为所有有自闭倾向的儿童;辅助性假设 I 可以是自闭症及有自闭倾向儿童的概念的界定等;假设性检验条件 C(实验的初始条件)可包括：教师的年龄、性别、态度、当时的实验环境等。如果在若干实验过程中,某儿童的自闭行为在一定允许概率范围内没有因为教师的亲近行为而有所改变,则可进一步检验实验的辅助性假设与初始条件,并由此不断地修改原假设。如：有可能最终被验证的假设是：和蔼可亲的青年女教师的亲近行为能改变有相似自闭性倾向儿童的交往能力。可见,单一被试实验法体现了证伪的思维逻辑,通过实验,既可不断改进完善原假设,也可完全推翻原假设。

第 3 节　单一被试实验的信度与效度

单一被试实验研究同其他研究方法一样,也涉及实验的信度与效度问题。本节将对有关问题进行探讨。

一、单一被试实验的信度

实验的信度主要涉及数据资料的可靠性或一致性,资料的一致性程度越高,量化的结果越稳定,其所代表的意义也就越可靠。在单一被试实验中,信度主要表现为评分者一致性信度。有时候,目标行为指标是生理指标,如臂力、心率、脉搏、最长声时、舌距等,对这些指标的测试主要是通过仪器来完成的。一般认为,生理指标比较稳定,不存在信度的问题。但是,在单一被试实验中,经常是通过不同的观察者对同一被试的某一目标行为进行评估。在这种情况下,由于不同的评分者对评估标准的掌握有差异,常常会产生评估结果不一致的问题。为了提高信度,研究者在实验之前,应对评分者进行培训,让其了解所评定目标行为的类型及特征,并熟悉观察活动的程序及记录方法。一般要求评分者信度在 80% 以上,才能开始进入正式的研究。

在单一被试实验中,计算评分者评分一致性信度主要有两种方法：一是计算一次评估的信度,二是计算多次评估的信度。两种方法均属粗算法,粗算法是对评分一致性的粗略判断。

(一) 计算一次评估的信度

先看一个例子：有甲和乙两位观察者记录某儿童在 10 分钟之内课堂无关行为的发生次数。甲记录为 10 次,乙记录为 5 次。那么,信度系数是多少呢?

信度系数的计算是以较小的次数为分子,较大的次数为分母,将相除得到的值乘以 100% 即为信度系数,其值越接近 1,信度就越高;反之,则越小。上例应以 5 为分子,10 为分母,相除后换算成百分比,则信度系数为 50%。

(二) 计算各次评估的信度

在两位观察者所记录的结果中,以一致的次数为分子,以记录总次数(一致的次数和不一致的次数和)为分母,相除得到的分数即为信度系数。若要改为信度百分比,只要再乘以 100% 即可(许天威,2003)。同样,数值越大,信度就越高,反之,则越小。其计算公式如下：

$$信度系数 = \frac{一致的次数}{一致的次数 + 不一致的次数} \times 100\%。$$

例如,在一项对智障儿童词汇回忆能力的评估中,采用自由回忆量作为被试回忆能力的评估指标。由于自由回忆的答案是文字叙述,评分结果易受评分者主观因素的影响,所以需对评估分数的一致性进行信度检验。有两位教师担任评分员,各随机抽取一份答卷进行评分。假设在 10 次评分中,甲、乙两人一致的评分有 5 次,不一致的评分也有 5 次,那么,则以一致的评分 5 作为分子,以一致的和不一致的评分总和作为分母,相除得 5/10,换算成百分比,则信度系数为 50%。

二、单一被试实验的效度

(一) 内部效度与外部效度

任何一种实验设计都要接受效度的检验。教育实验的效度可分为内部效度与外部效度,内部效度是说明实验中因变量的变化在多大的可靠性程度上是由自变量的变化而引起的一个指标;外部效度是指实验结果可推广的范围。从内部效度来说,单一被试实验与团体实验设计的区别在于:团体实验是通过对各样本统计量差异的显著性检验来证明实验处理的有效性,而单一被试实验主要是通过对个体实验处理前后有关数据差异的显著性检验来证明实验处理是否有效。两者的共同之处在于:影响实验内部效度的因素几乎是相同的,例如:被试因素、测验情境、测验工具和偶发事件等。因此,保证单一被试实验的内部效度与团体实验一样在于有效地控制上述各种因素,即控制实验中的无关变量。从外部效度来说,由于单一被试实验的被试数量少,所以其主要受到实验外部效度的质疑,即研究者需要回答:"如果重复这项研究,会得到同样的结果吗?"、"如果用不同的被试,也会得到这样的结果吗?"其核心问题是:单一被试实验的类化作用有多大?下面就提高单一被试实验外部效度的问题进行探讨。

(二) 提高单一被试实验外部效度的方法

1. **实验复制**

实验复制(Experimental replication)是提高单一被试实验外部效度的主要方法,一般分为两种类型——直接复制与系统复制。直接复制是指保持原实验设计不变而进行重复实验;系统复制是指在原实验设计的基础上,改变部分实验变量(如被试或情境)来重复进行实验,如某单一被试实验结果表明实验处理在语文教学情境下有效,那么可在数学教学情境下重复进行实验,以验证该处理在改变情境的情况下是否也有效。实验复制的主要形式有三种:一是按原实验程序进行直接复制或系统复制,但复制的次数有限。二是研究者对其他研究者已报告处理有效的实验进行复制,这就可以通过比较与综合这些结果来进一步验证实验处理的有效性,如证明有效,即可以提高该实验的外部效度。三是单一被试实验设计中的多基线设计也可看做是一种实验复制,如多基线跨被试实验设计就是将一种实验处理依次实施于多个被试,以验证该处理是否对多个被试都有效。

2. **元分析技术**

简单地说,元分析(Meta analysis)就是对数据的再分析。元分析技术的特点是:其分析的原始数据来源于一定数量的相关研究的数据;其分析手段是对这些数据进行再分析;其分析目的是确定各研究的平均效应值以及研究特征与结果之间的关系等。例如,在某一研究领域,已有一定数量的通过单一被试实验研究获得的数据,那么就可以利用元分析技术对这些数据进行再分析,从而获得更具普遍意义的结果。因此,从这个意义上说,运用元分析技术能提高单一被试实验的外部效度。

第4节 单一被试实验的数据收集

在单一被试实验过程中,需要不断地收集数据,这就涉及数据指标与收集数据的方法。本节将对此予以简单介绍。

一、单一被试实验的数据指标

一般来讲,在单一被试实验设计中,被试目标行为的数据指标大致有以下几种。

1. 次数

指目标行为发生的数量,常用单位是次数。如采用拍球训练的方法训练脑瘫儿童前臂的力量,可以以 5 分钟内被试成功拍球的次数作为训练的指标。对多动症儿童进行注意力训练,可以记录被试在完成学习任务特定时段内的无意义行为的发生次数为指标。

2. 百分比

指在特定范围内,行为或事件发生的次数,常用百分比表示。例如,在评估某学习困难儿童长时记忆能力时,要求其识记包含 100 个无意义单词的词表,一周后让其自由回忆,如正确回忆出 80 个单词,则反映其长时记忆能力的指标就是 80%。

3. 时间

时间是单一被试实验研究中常用的数据指标,一般包括持续时间和延迟时间。持续时间是指被试目标行为持续发生的时间。在有些研究中,如仅以被试目标行为发生的次数为指标,可能不能反映真实状况,因而以其行为发生的持续时间为指标。如以某学习困难儿童为对象,观察其课堂行为表现。其中一个指标是该儿童在课堂学习中所浪费的时间。这时,记录他在课堂中无关行为发生的次数以及每次无关行为持续的时间,就可得知其无关行为持续的总时间。延迟时间指个人在做出某种反应前所需的时间。例如,有人在学习困难儿童研究中使用"学习情境敏感性"这一指标,并将学习情境敏感性界定为走进教室到进入学习状态所需的时间。

4. 其他指标

如用仪器设备测量而得来的指标。如对脑瘫儿童进行训练时,可以采用肌张力、举起物体的重量、能跳的高度或距离作为指标。如对聋儿的呼吸功能进行评估时,可以选用最长声时(MPT)、S/Z 比、平均气流率、最大数数能力(MC)等指标。

二、单一被试实验的数据收集方法

对目标行为进行测量,数据的收集主要有两种方法:一是直接观察记录法,二是间接观察记录法。直接观察记录是指在被试所处的情境中,直接观察并记录其相关的行为指标。直接观察记录法除可以对行为进行量化记录之外,还可以对相关的因素(特别是情境因素)做详细的文字描述,以期能够为研究结果提供额外的补充说明。间接观察记录法,又称影像记录法,即由于人员数量以及任务分配的限制,不能够对现场的情况进行直接观察记录,这时将现场的情境摄录下来,以备日后进行编码和分析。这种方法的优点是,可有充裕的时间对结果进行分析,并可针对一些特定的片段进行重复观察。

第5节 单基线实验设计及数据处理

一、A—B 设计及数据处理

单一被试实验设计可分为单基线实验设计、多基线实验设计、U 实验设计等。A—B 设计是单基线实验设计中最基本的形式。本节对 A—B 设计的模式以及数据处理的方法进行介绍。

（一）A—B 设计概述

先看一个例子:有一名多动症儿童,上课时经常做小动作,某教师先对其进行为期 7 天的观察,观察时间定为每天上午的第 1 节课,并记录其做小动作的次数。在第 7 天观察记录结束后,该教师找该儿童谈话,并告诉他,如果做小动作的次数不超过 4 次,将得到一面小红旗,如累计得到 6 面小红旗,可换得一张足球票。这以后的 7 天,该儿童每天做小动作的次数明显减少,大致 2 至 3 次,学习成绩也有所提高。现将实验数据用图 3-5-1 表示如下。

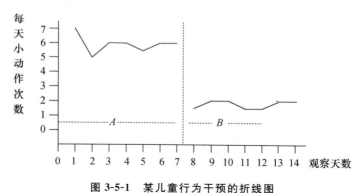

图 3-5-1 某儿童行为干预的折线图

图 3-5-1 中横坐标为总的观察天数,共 14 天。纵坐标为该儿童每天上午第 1 节课内做小动作的次数。

这是一个典型的 A—B 实验设计。其设计模式如图 3-5-2 所示。

A 阶段 (基线期)							(引入实验处理) B 阶段 (处理期)				
O_1	O_2	O_3	O_4	O_5	O_6	O_7	XO_8	XO_9	XO_{10}	XO_{11},…,	XO_n

图 3-5-2 A—B 设计模式图

其中,A 指基线期,也称观察期,是指研究者对被试的目标行为进行观察记录(O_1, O_2, O_3, O_4, O_5, O_6, O_7),但不施加任何实验处理的时期。B 指处理期,也称干预期,是指实施实验处理,对被试的目标行为进行干预与观察记录($XO_8, XO_9, XO_{10}, XO_{11}, \cdots, XO_n$)的时期。

A—B 设计的基本假设是:如果没有实施实验处理,基线条件下的观察结果不会发生变化。换句话说,如果被试目标行为发生变化,那就是实验处理导致的结果。在考虑这一假设的合理性时,还涉及两个问题:一是 A—B 设计是否会与单组实验设计一样,受到被试自然成熟的影响? 一般来说,单一被试实验周期较短,自然成熟对被试行为改变的影响不大。二是除实验处理之外,是否有其他因素(如被试自身或环境等)影响被试行为? 如果有,会有多大的影响程度呢? 对此,A—B 设计很难做出明确的回答。

在实施 A—B 设计时要注意:① 当基线期内的数据趋于稳定时,再开始实施实验处理。② 一般而言,基线期与处理期的长短大致相等,处理期可略长于基线期。③ 在整个实验期间,研究人员、记录人员、观察记录时间与方法等应保持不变。

(二) A—B 设计的数据处理

1. A—B 设计的数据处理方法

A—B 设计的数据处理分为四步:① 收集数据,画出两维坐标图。② 进行系列数据的自我相关(autocorrelation)检验。③ 进行两期数据的显著性检验。④ 画回归线。以下举一个例子来说明 A—B 设计的数据处理过程。

对某位行为问题儿童进行行为矫正。采用 A—B 设计,该儿童在基线期和处理期不良行为发生次数如表 3-5-1 所示,如何对数据进行处理与分析?

表 3-5-1 某问题行为儿童的不良行为数据表

阶段	不良行为发生次数
基线期	11 8 8 7 8 9 11 10 9 10 10 7
处理期	7 5 6 1 2 5 6 3 3 2

(1) 收集数据,画出两维坐标图

将两期数据逐步绘于坐标图上。通过图可以直观地看到被试行为的变化,如图 3-5-3 所示。

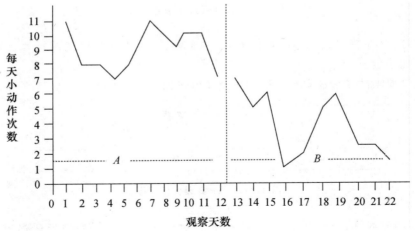

图 3-5-3 某儿童行为干预的 A—B 图

(2) 进行系列数据的自我相关检验

系列数据的自我相关即数据之间彼此关联,相互影响。通俗地说,就是数据是非随机的,呈一定的变化趋势。系列数据的非自我相关就是数据之间彼此独立,随机分布,没有一定的变化趋势。对于自我相关的数据,不再适合采用如 t 检验、F 检验等方法,因为这些统计方法是以数据的随机分布为统计基础的。系列数据的自我相关检验,是根据 Bartlett 比值(B_r)的大小来决定的,当 Bartlett 比值的绝对值<1 时,可以认为系列数据是非自我相关的,当其≥1 时,就是自我相关的。一般来说,进行自我相关检验的数据应在 7 个以上。Bartlett 比值的计算公式为

$$B_r = \frac{r_k}{2/\sqrt{n}}, \quad r_k = \frac{\sum (x_i - \overline{x})(x_{i+1} - \overline{x})}{\sum (x_i - \overline{x})^2},$$

式中,B_r 称为 Bartlett 比值,r_k 称为 Bartlett 检验值,$n=$ 系列数据的总量。

要保证随后 t 检验的合理性,必须对基线期与处理期的数据分别进行自我相关检验。以下对上例基线期和处理期数据分别进行自我相关检验。结果如表 3-5-2 和表 3-5-3 所示。

表 3-5-2 基线期 Bartlett 检验值 r_k 计算表

原始数据 (x_i)	离均差 ($x_i - \overline{x}$)	离均差的平方 ($x_i - \overline{x})^2$	前后离均差之积 $(x_i - \overline{x})(x_{i+1} - \overline{x})$
11	2	4	(2)(−1)=−2
8	−1	1	(−1)(−1)=1
8	−1	1	(−1)(−2)=2
7	−2	4	(−2)(−1)=2
8	−1	1	(−1)(0)=0
9	0	0	(0)(2)=0
11	2	4	(2)(1)=2
10	1	1	(1)(0)=0
9	0	0	(0)(1)=0
10	1	1	(1)(1)=1
10	1	1	(1)(−2)=−2
7	−2	4	
平均值=9 $\overline{x}$		离均差的平方和=22 $\sum (x_i - \overline{x})^2$	前后离均差之积和=4 $\sum (x_i - \overline{x})(x_{i+1} - \overline{x})$

本例数据计算:

$$r_k = \frac{\sum (x_i - \overline{x})(x_{i+1} - \overline{x})}{\sum (x_i - \overline{x})^2} = 4/22 = 0.18, n = 12;$$

代入下式得:$B_r = \dfrac{r_k}{2/\sqrt{n}} = \dfrac{0.18}{2/\sqrt{12}} = \dfrac{0.18}{0.58} = 0.31$。

因为本例 B_r 等于 0.31,小于 1,所以基线期数据是非自我相关的。

表 3-5-3　处理期 Bartlett 检验值 r_k 计算表

原始数据 (x_i)	离均差 ($x_i-\bar{x}$)	离均差的平方 ($x_i-\bar{x})^2$	前后离均差之积 $(x_i-\bar{x})(x_{i+1}-\bar{x})$
7	3	9	(3)(1)=3
5	1	1	(1)(2)=2
6	2	4	(2)(−3)=−6
1	−3	9	(−3)(−2)=6
2	−2	4	(−2)(1)=−2
5	1	1	(1)(2)=2
6	2	4	(2)(−1)=−2
3	−1	1	(−1)(−1)=1
3	−1	1	(−1)(−2)=2
2	−2	4	
平均值=4 $\bar{x}$		离均差的平方和=38 $\sum(x_i-\bar{x})^2$	前后离均差之积和=6 $\sum(x_i-\bar{x})(x_{i+1}-\bar{x})$

本例数据计算：

$r_k=6/38=0.16, n=10;$

代入下式得：$B_r=\dfrac{r_k}{2/\sqrt{n}}=\dfrac{0.16}{2/\sqrt{10}}=\dfrac{0.16}{0.63}=0.25。$

因为本例 B_r 等于 0.25，小于 1，所以处理期数据是非自我相关的。

经计算，上例基线期和处理期的数据均是非自我相关的，现在可以对基线期与处理期的数据进行 t 检验了。

(3) 进行两期数据的显著性检验

进行两期数据的显著性检验时，需要进行以下三步：

第一步，提出假设

H_0：两期数据无显著性差异。

H_1：两期数据有显著性差异。

第二步，计算相关统计量

将上例基线期及处理期数据及有关数据录入表 3-5-4。

表 3-5-4　基线期及处理期数据及有关数据表

序号	基线期数据(x)	处理期数据(y)	基线期数据平方(x^2)	处理期数据平方(y^2)
1	11	7	121	49
2	8	5	64	25
3	8	6	64	36
4	7	1	49	1
5	8	2	64	4
6	9	5	81	25

续表

序号	基线期数据(x)	处理期数据(y)	基线期数据平方(x^2)	处理期数据平方(y^2)
7	11	6	121	36
8	10	3	100	9
9	9	3	81	9
10	10	2	100	4
11	10		100	
12	7		49	
	基线期数据和 $\sum x = 108$	处理期数据和 $\sum y = 40$	基线期数据平方和 $\sum x^2 = 994$	处理期数据平方和 $\sum y^2 = 198$

将上述数据代入下式得：

$$t = \frac{\overline{x} - \overline{y}}{\sqrt{s_c^2 \left(\frac{1}{n_x} + \frac{1}{n_y}\right)}}$$

$$= \frac{\overline{x} - \overline{y}}{\sqrt{\frac{(SS_x + SS_y)}{df_x + df_y}\left(\frac{1}{n_x} + \frac{1}{n_y}\right)}}$$

$$= \frac{\overline{x} - \overline{y}}{\sqrt{\frac{\left(\sum x^2 - \left(\sum x\right)^2/n_x + \sum y^2 - \left(\sum y\right)^2/n_y\right)}{df_x + df_y}\left(\frac{1}{n_x} + \frac{1}{n_y}\right)}}.$$

式中，$\overline{x}$ 为基线期数据的平均值，$\overline{y}$ 为处理期数据的平均值；n_x 为基线期样本大小，n_y 为处理期样本大小；s_c^2 为两组数据共同方差，$s_c^2 = \frac{SS_x + SS_y}{df_x + df_y}$；$SS_x$ 为基线期数据的离差平方和，SS_y 为处理期数据的离差平方和；基线期数据自由度 $df_x = n_x - 1$；处理期数据自由度 $df_y = n_y - 1$。经计算：$t = 6.74$。

第三步，统计决断

对结果的统计决断参考表 2-2-4 中的 t 检验统计决断规则。

本例自由度 $df = n_1 + n_2 - 2 = 12 + 10 - 2 = 20$，查 t 值表：$t_{(20)0.05} = 2.086$，$t_{(20)0.01} = 2.845$，由于实际计算出的 $t = 6.74 > t_{(20)0.01} = 2.845$，则 $P < 0.01$。结论为：在 0.01 显著性水平上基线期与处理期均数呈极显著差异。

另外，在两期数据非自我相关的情况下，也可以用 SPSS 进行 t 检验，选用的模块是：Analyze\Compare means\Independent-samples t-test。

(4) 画回归线

① 回归线的作用

回归线可以反映数据的变化趋势，因而可为实验提供更多的信息。现以 A—B 两期实验设计为例，具体见图 3-5-4。

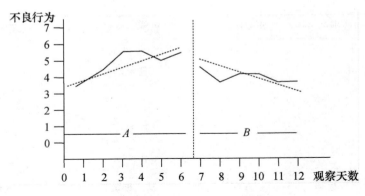

图 3-5-4　某儿童行为干预的回归线

统计结果显示：A 期均数高于 B 期均数，但两期数据在统计学意义上无显著差异。而从两期数据的回归线可以看出：A 期回归线斜率为正，而 B 期回归线斜率为负。这表明：实验处理在一定程度上改变了被试行为的变化趋势，即由基线期的逐渐向上改变为处理期的逐步向下。另外，还提示：如果适当延长处理期，两期数据很可能在统计上显示出显著差异。

② 画回归线

画回归线可分三步：一是建立回归方程；二是根据回归方程求出两点；三是连接两点，画出回归线。下面根据上例基线期的数据，说明回归线的画法。

基线期数据以及相关计算结果如表 3-5-5 所示。

表 3-5-5　描述性统计表

x	y	$x-\bar{x}$	$y-\bar{y}$	$(x-\bar{x})(y-\bar{y})$	$(x-\bar{x})^2$
1	11	−5	2	−10	25
2	8	−4	−1	4	16
3	8	−3	−1	3	9
4	7	−2	−2	4	4
5	8	−1	−1	1	1
6	9	0	0	0	0
7	11	1	2	2	1
8	10	2	1	2	4
9	9	3	0	0	9
10	10	4	1	4	16
11	10	5	1	5	25
12	7	6	−2	−12	36
总和				3	146

表3-5-5中，x是时间变量，y是行为指标变量。

第一步，建立回归方程

一元线性回归方程的通式为

$$\hat{y}=a+bx,$$

式中，a是回归线在y轴上的截距；b是回归线的斜率，称为回归系数。

建立回归线方程，就是要求出上式中的a（截距）与b（回归系数）。

在由x估计y时，b与a的计算公式为

$$b_{yx}=\frac{\sum(x-\bar{x})(y-\bar{y})}{\sum(x-\bar{x})^2},$$

$$a_{yx}=\bar{y}-b_{yx}\bar{x}。$$

将表中数据代入下式得：

$$b_{yx}=\frac{\sum(x-\bar{x})(y-\bar{y})}{\sum(x-\bar{x})^2}=\frac{3}{146}=0.02,$$

$$a_{yx}=\bar{y}-b_{yx}\bar{x}=9-0.02\times6.5=8.88。$$

因此，回归方程为

$$\hat{y}=a_{yx}+b_{yx}x=8.88+0.02x。$$

第二步，根据回归方程求出两点

设：$x_1=2$，代入回归方程，得：$\hat{y}_1=8.92$；设：$x_2=7$，代入回归方程，得：$\hat{y}_2=9.02$。

第三步，连接(2, 8.92)与(7, 9.02)两点，即得到回归线，如图3-5-5所示。

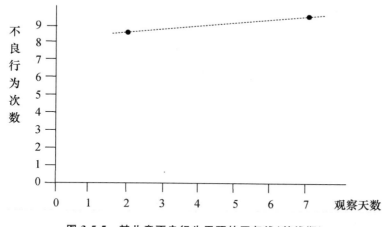

图3-5-5 某儿童不良行为干预的回归线（基线期）

按同样的方法，可求出处理期数据的回归方程（$\hat{y}=5.87-0.34x$），根据回归方程可画出回归线。两期数据的回归线如图3-5-6所示。

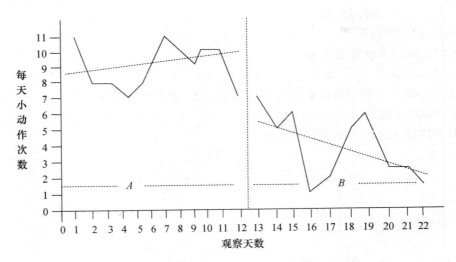

图 3-5-6　某儿童不良行为干预的回归线图（两期）

2. 利用专门软件对数据进行处理

"单一被试实验数据分析软件"是由华东师范大学言语听觉康复科学系杜晓新教授与上海泰忆格电子有限公司联合开发的专门用于单一被试实验数据处理的统计软件。下面利用上例数据，说明该软件的操作过程。

第一步：打开单一被试数据分析软件的主界面，点击"新建"按钮，输入被试姓名、年龄、性别等信息。然后，在基本信息框内，将 A 期的 12 个数据输入数据表的 A 行，将 B 期的数据输入数据表的 B 行。输完之后，点击保存，如表 3-5-7 所示。

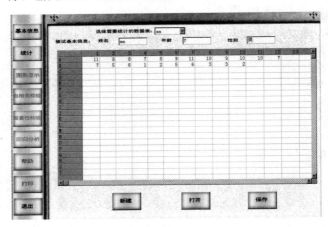

图 3-5-7　"单一被试数据分析软件"主界面

第二步：点击统计按钮。在基线期中选择 A，在处理期中选择 B。实验设计类型选择 A—B。接着分别点击图形显示、自相关检验、显著性检验和回归分析等按钮，执行后出现如图 3-5-8 所示的界面。

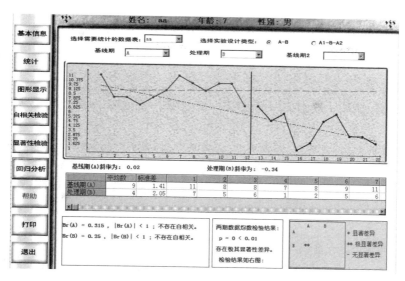

图 3-5-8 "单一被试数据分析软件"数据分析结果

从上可知,基线期 $B_r=0.315$,绝对值小于1,不存在自我相关;处理期 $B_r=0.25$,绝对值小于1,不存在自我相关。两期数据均数检验结果表明:$P<0.01$,存在极显著性差异,说明:训练对减少该儿童的问题行为是极有效的。

第三步:点击打印,打印结果如图 3-5-9 所示。

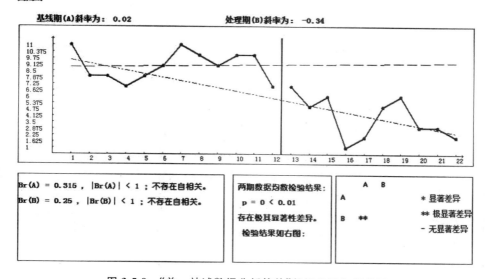

图 3-5-9 "单一被试数据分析软件"数据分析打印结果

（三）A—B 设计中的常见问题及处理

A—B 设计是特殊教育研究中常用的方法。然而，许多研究人员或一线教师在实际应用中，常常会遇到一些问题。现就这些问题以及处理办法讨论如下。

1. 处理期在前，基线期在后

对于 A—B 实验设计来说，基线期在前，处理期在后。也就是说，对被试先观察，后干预。然而，在特殊教育研究中，我们经常面对的是需要立即实施实验干预的特殊儿童。例如：一名存在严重言语障碍的儿童需要进行言语矫治。如果采用 A—B 设计，那就意味着需要用一定的时间对其言语状况进行观察，而时间对该儿童言语矫治来说又是十分宝贵的。这时，就应该采用先处理，后观察的 B—A 实验设计。B—A 实验设计的数据处理方法与 A—B 实验设计一样，但其结果是在于说明：被试的目标行为在实验处理期与撤销实验处理后有无显著性差异。

2. 只有处理期，没有基线期

只有处理期，没有基线期的实验设计称为 B_1-B_2 实验设计。B_1 表示实验处理前期，B_2 表示实验处理后期。一般而言，在被试目标行为急需干预，而且干预时间又较长时，可采用 B_1-B_2 实验设计。

例如，某儿童有较严重的攻击行为，出于伦理方面考虑，采用 B_1-B_2 实验设计对其进行及时处理。如果整个处理期为 12 天，则可根据数据情况，将实验处理前 6 天定为 B_1，实验处理后 6 天定为 B_2。那么，实验结束后，应该如何进行数据处理呢？实验结果有两种可能及相应的处理方式：

（1）如果统计结果表明：两期数据均非自我相关，且 t 检验显著。这时，如能排除个人因素（被试攻击行为自然消退）的影响，则有理由相信：实验处理有效；从 B_2 期均数显著低于 B_1 期的结果可推断，该实验处理可能具有累积效应，见图 3-5-10。

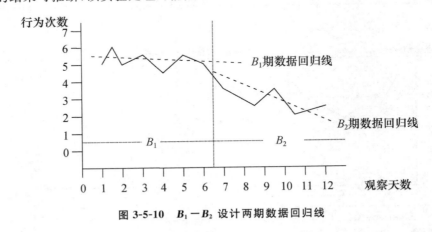

图 3-5-10　B_1-B_2 设计两期数据回归线

（2）如果两期数据始终存在自相关，则画出所有数据的回归线。如果回归线趋势明显向下，则可定性地说明实验处理有效，见图 3-5-11。

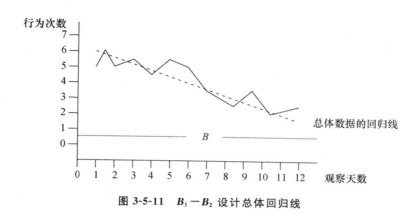

图 3-5-11　B_1—B_2 设计总体回归线

3. 基线期与处理期数据采集时间间隔不等的情况

在 A—B 实验设计中,当评估时间间隔较长(如以周为单位)时,那么整个实验周期就会很长。为了节约人力与物力,并将重点放在实验处理上,在某些特定的情况下,可缩短基线期,如:基线期的间隔以天为单位,处理期的间隔以周为单位。

例如,我们曾开展"故事教学对提高听障儿童听理解能力的实验研究",实验设计如下:先准备 18 篇长度与难度相仿的小故事,每篇故事附 15 个问题。随机选 6 篇作为基线期的测试材料,每天测 1 篇,分 6 天完成;其余 12 篇作为处理期测试材料,每周末测 1 篇故事,分 12 周完成。实验干预为故事教学,被试回答 15 个问题的成绩即为听理解能力的指标。本实验将基线期缩短为一周,我们的假设是:听障儿童在没有干预的情况下,一周内的听理解能力与后 12 周没有显著性差异。实验结果如图 3-5-12 所示。

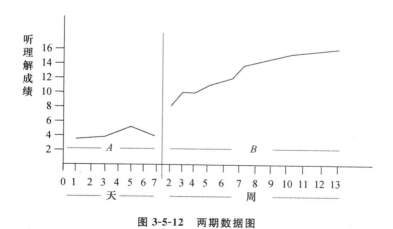

图 3-5-12　两期数据图

二、A—B—A 设计及数据处理

A—B—A 设计是 A—B 设计的扩展,即在处理期 B 后又加上一段基线期。由于 A—B—A 设计有两个基线期,后一个基线期与前一个基线期的实验条件相同,所以这种实验设计又称为倒返设计或撤回设计。本节将对 A—B—A 设计的模式以及数据处理方法进行介绍。

(一) A—B—A 设计概述

A—B—A 设计的实验过程分三个部分:先在不加任何干预的条件下,观察记录被试的行为变化,这是第一个基线期。当行为变化趋于稳定时,对被试施加实验处理,同时观察记录其行为变化,有几次处理,就有几次观察和记录,这一阶段称为处理期。接着,撤销实验处理,恢复到与处理期前相同的实验条件下,再对被试行为进行观察与记录一段时间,这一阶段称为第二基线期。其设计模式如图 3-5-13 所示。

(引入实验处理)	(撤销实验处理)	
A_1 阶段 (基线期1)	B 阶段 (处理期)	A_2 阶段 (基线期2)
$O_1\ O_2\ O_3\ O_4\ O_5\ O_6\ O_7$	$XO_8\ XO_9\ XO_{10}\ XO_{11}\ XO_{12}$	$O_{13}\ O_{14}\ O_{15}\ldots O_n$

图 3-5-13 A—B—A 设计模式图

下面看一个 A—B—A 实验设计的例子:对某特殊儿童的不良行为进行干预。整个实验周期为 18 天,第 1 至第 6 天为第一观察期,第 7 至第 12 天为处理期,第 13 至第 18 天为第二观察期。结果如图 3-5-14 所示。

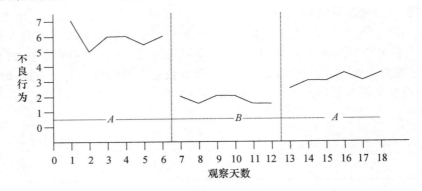

图 3-5-14 三期数据的折线图

与 A—B 设计相比较,A—B—A 设计是在处理期结束后,又增加了一段观察期。其主要作用在于:判断实验处理是否具有延时作用。

以上述研究为例,对可能的实验结果分三种情况讨论。

(1) 处理期数据比第一基线期低,第二基线期数据低于处理期。即在撤销实验处理后,被试行为仍然保持或低于处理期水平。结论为:实验处理有效,并有延时效应。

(2) 处理期数据比第一基线期低,第二基线期数据在第一基线期与处理期之间。即在撤销实验处理后,被试行为有所恢复,但未达到处理前水平(如图 3-5-14)。结论为:实验处理有效,但只有一定的延时效应。

(3) 处理期数据比第一基线期低,第二基线期数据高于处理期。即在撤销实验处理后,被试行为又恢复或高于实验处理前水平。结论为:实验处理有效,但只有即时效应,没有延时效应。

（二）A—B—A 设计的数据处理

1. A—B—A 设计数据处理方法

对 A—B—A 设计进行数据处理，大致可分以下四步：绘制各期数据的多边图，对各期数据进行自相关检验，进行三期数据的 F 检验和绘制三期数据的回归线。下面以一个例子对 A—B—A 设计数据处理的步骤进行说明。

案例 3-5-1

一名有自闭倾向的儿童（小 D），缺乏主动与人交流的行为。实验者采用音乐治疗的方法对她进行治疗。实验采用 A—B—A 设计，以小 D 主动发起的交流行为为观察指标（单位时间内与人交流的次数），三期数据结果如表 3-5-6，问干预是否促进了该儿童的主动交流行为？

表 3-5-6　三期数据统计结果表

	1	2	3	4	5	6	7	M±SD
A	0	2	1	3	2	1	1	1.43±0.98
B	4	3	2	6	8	5	5	4.71±1.98
A	4	3	5	5	4	4		4.17±0.75

（1）绘制各期数据的多边图

将各期数据以测试时间为横轴，以分数（交流次数）为纵轴，描成两维的多边图。

（2）对各期数据进行自相关检验

对三期数据进行自相关检验，方法与两期数据自相关检验相同。

自相关检验结果显示：$B_r = -0.208$，$B_r = 0.431$，$B_r = -0.084$，即 B_r 绝对值均小于 1，各组数据非自我相关，数据有效。

（3）进行三期数据的显著性检验

单一被试三期数据处理的方法与单因素完全随机实验设计的方法完全相同。首先，进行三组数据的 F 检验，如差异显著，则进行三组数据的两两比较，以确定哪两组之间存在显著性差异。对本例中三期数据进行单因素方差分析（ONE-WAY ANOVA），结果表明：三期数据差异极显著（$F(2,17) = 11.38, P = 0.001$）。多重比较（POST-HOCK）结果表明：基线期 1 与处理期有极显著性差异（$P < 0.01$）；基线期 1 与基线期 2 有极显著差异（$P < 0.01$）；处理期与基线期 2 没有显著性差异（$P = 0.48$）。这说明，实施音乐治疗后，该儿童的主动交流行为明显增加，撤除干预后，主动交流行为虽有所下降，但也明显高于干预之前的水平，且与处理期没有显著性差异。因此，从总体上讲，干预是有效的，并有一定的延时效应。

（4）绘制三期数据的回归线

同两期数据回归线的绘制方法一样，对三期数据绘制回归线，如图 3-5-15 所示。

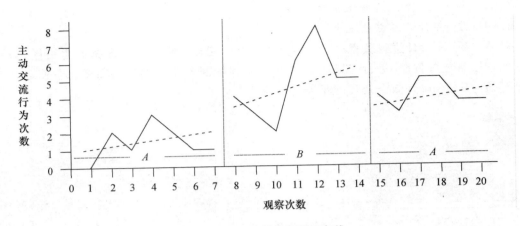

图 3-5-15　三期数据的回归线

2. 用"单一被试数据处理软件"对数据进行处理

根据上例数据：

第一步：进入软件主界面，输入被试基本信息。在表格区域最左端第1列下的 A、B、C 中输入 A 期、B 期、C 期三期数据，并保存数据，如图 3-5-16 所示。

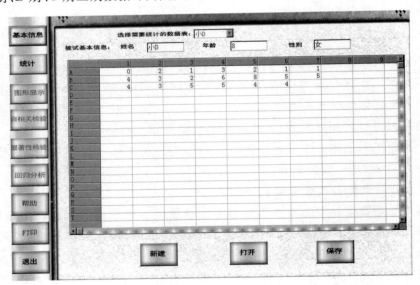

图 3-5-16　"单一被试数据分析软件"数据输入主界面

第二步：点击统计按钮，选择实验设计类型 A_1—B—A_2，在基线期中选择 A，在处理期中选择 B，在基线期2中选择 C。接着分别点击图形显示、自相关检验、显著性检验和回归分析按钮，显示界面如图 3-5-17 所示。

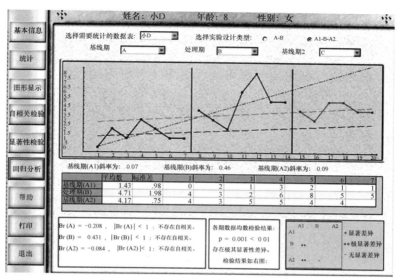

图 3-5-17 "单一被试数据分析软件"数据分析输出结果

从图 3-5-17 可知：第一基线期 $B_r=-0.208$，处理期 $B_r=0.431$，第二基线期 $B_r=-0.084$，其绝对值均小于 1，不存在自相关。三期数据均属于有效数据，F 检验（$P<0.01$）表明三期数据均数存在极显著性差异；多重比较结果表明基线期 1 与处理期有极显著性差异，基线期 1 与基线期 2 也有极显著性差异，处理期与基线期 2 没有显著性差异。

第三步：点击打印，输出统计结果，如图 3-5-18 所示。

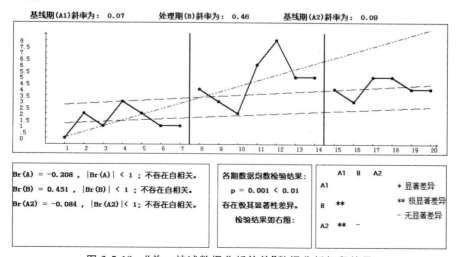

图 3-5-18 "单一被试数据分析软件"数据分析打印结果

（三）A—B—A 设计的变式

1. A—B—A—B

如果在 A—B—A 设计之后再加一段实验处理 B，那就成为 A—B—A—B 设计了。如以干预某儿童每天课堂做小动作的行为为例，结果如图 3-5-19 所示。

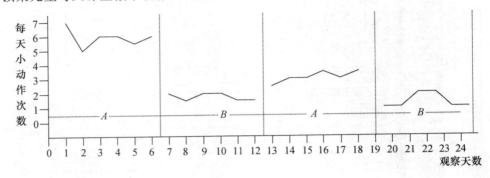

图 3-5-19　A—B—A—B 设计模式图

从图 3-5-19 可见，当在第一个处理期时，被试做小动作的次数明显减少，在处理撤销后，作小动作的次数有所增加，但未达到第一基线期水平。再实施同样的实验处理，被试做小动作的次数又明显减少，即与第一处理期相仿。由于两次实验处理都得到了相同的效果，基本排除无关变量的影响，可以认为：实验处理的效果更加肯定。由此，可以看出：与 A—B 设计和 A—B—A 设计相比，A—B—A—B 设计的内部效度更高。

2. B—A—B 设计

如将 A—B—A 设计改为 B—A—B 设计，即：处理、观察、再处理。假设结果如图 3-5-20 所示。

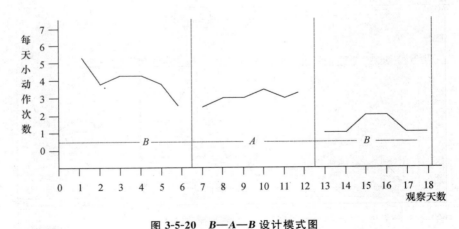

图 3-5-20　B—A—B 设计模式图

从图 3-5-20 可见：撤销实验处理后，被试目标行为基本维持在处理期水平，但当其再次接受同样处理时，目标行为明显降低。说明：实验处理有效，而且可能具有一定的延时效应。

第6节 多基线实验设计及数据处理

在特殊教育研究中,为了提高实验的外部效度,也经常采用多基线实验设计。下面就多基线实验设计的分类、特点与实施注意事项以及数据处理等问题进行叙述。

一、多基线实验设计

多基线实验设计可分为跨情境多基线设计、跨行为多基线设计与跨被试多基线设计。

（一）多基线实验设计的分类

1. 跨情境多基线实验设计

案例3-6-1

某教师对一名学习困难儿童实施课堂行为干预,以期提高其学习成绩。他以英语、数学及语文学科作为课堂情境,并依次开始实验干预。整个实验周期为四周,每周观察记录4次。具体数据如图3-6-1所示。

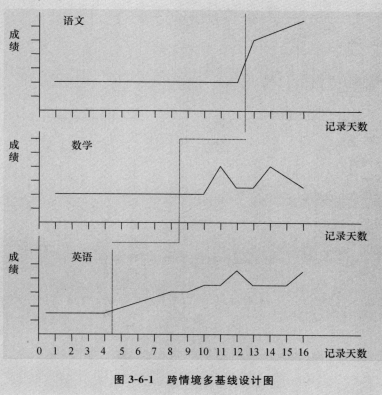

图3-6-1 跨情境多基线设计图

从图 3-6-1 可见:三种课堂情境的基线期与处理期均不同,英语课堂情境的基线期最短(1周),处理期最长(3周);数学课堂情境的基线期与处理相同(均为2周);语文课堂情境的基线期最长(3周),处理期最短(1周)。图中直观地显示:在英语课堂情境实施实验干预后,被试的英文成绩有明显提高;在数学课堂情境实施实验干预后,成绩波动,提高不明显;在语文课堂情境实施实验干预后,成绩有显著提高。

2. 跨行为多基线实验设计

 案例 3-6-2

被试是一名多动症儿童,用行为矫正法来减少其多动行为。选择其3种行为作为观察指标,即:摆弄文具、东张西望、离开座位。研究者同时记录这3种行为,每天2次,每次30分钟,10天共20次。实验数据如图3-6-2所示。

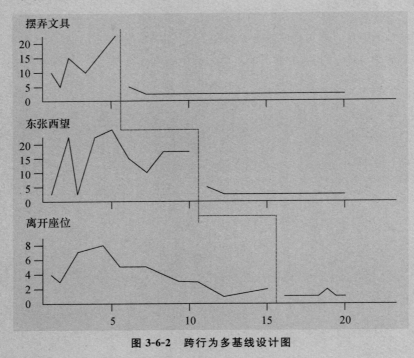

图 3-6-2 跨行为多基线设计图

如图 3-6-2 显示:实验处理介入后,该儿童三种多动行为明显改善。

3. 跨被试多基线实验设计

案例 3-6-3

　　被试是三名在同一班级的学习困难学生。观察记录三名学生上课时注意力分散的时间（分钟）。实验处理为：每次课后，任课教师分别向三人反馈实验结果。如注意力分散行为有改善，则予以口头表扬。整个实验28天。结果如图3-6-3所示。

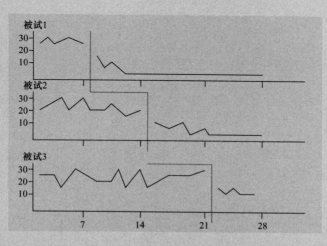

图 3-6-3　跨被试多基线设计图

　　如图 3-6-3 显示：实验处理介入后，前两位学生注意力分散的现象明显改善；后一位学生有一定程度的改善。

（二）多基线实验设计的特点及实施注意事项

1. 在多基线实验设计中，可有多个情境、行为和被试。在跨情境与跨行为的多基线设计中只有一个被试，而跨被试多基线设计可有多个被试。

2. 选择情境、行为与被试的基本原则是：彼此之间既要有一定的关联，但又不能过于密切。因为，在多基线实验设计中，所采用的是一种干预方法。期望一种干预方法在毫无共同之处的情境、行为与被试的实验条件下都有效显然是不可能的。反之，如果关联过于紧密，实验干预就会产生联动效应，那么就没有必要做多基线实验设计了。

3. 在多基线实验设计中，要注意实验实施的顺序。以跨行为多基线设计为例，如果选择了三种行为，那么对哪一种行为先实施实验处理呢？一般来说，应该选择相对轻微，估计容易干预的行为先实施实验处理，而对相对严重的行为后实施实验处理。

4. 实验中可能产生共变现象，分过渡性共变与完全性共变两种。过渡性共变就是，先实施的实验处理引起尚未实施处理的行为的部分波动和改变；完全性共变就是，先实施的实验处理引起尚未实施处理的行为的完全改变。共变现象，可分两种情况予以讨论：① 跨情境与跨行为多基线设计的共变现象，可能是多情境之间或多行为之间的关联过于密切所致。② 跨被试多基线设计的共变现象，则很有可能是对某被试的实验处理影响到尚未接受处理的其他被试所致。解决的办法是,在实验过程中尽量地分离被试,避免相互干扰和影响。

二、多基线实验设计的数据处理

在对多基线实验设计进行数据处理时,可以把它分解为几个单基线实验设计,从而按照单基线实验设计数据处理的办法来处理。最后,综合几个 t 检验结果,对干预的效果进行分析,并得出结论。下面以一个例子来说明如何对多基线实验设计的数据进行处理。

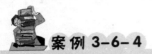

案例 3-6-4

鼻流量是指发音时鼻腔气流量占口腔与鼻腔气流量总和的百分比。说不同词语或句子时,其鼻流量的参考值不同,但都有一定的范围。鼻流量过大,则表现为鼻腔共鸣过强或鼻音亢进。相反,鼻流量过小,则表现为鼻腔共鸣不足或无鼻音。对三名鼻音功能亢进的儿童进行言语训练。采用跨被试多基线实验设计,被试 A 的基线为一周,被试 B 为期两周,被试 C 为期三周,1 次/天。被试 A 的处理期从就诊第二周开始,隔日收集一次数据,3 次/周,为期八周;被试 B 的处理期从就诊第三周开始,隔日收集一次,3 次/周,为期七周;被试 C 的处理期从就诊第四周开始,隔日收集一次,3 次/周,为期六周。观察指标是被试发/a/音时的鼻流量,它能反映患者的鼻腔共鸣情况。有关数据用"单一被试数据处理软件"进行处理,结果如图 3-6-4、3-6-5、3-6-6 所示。

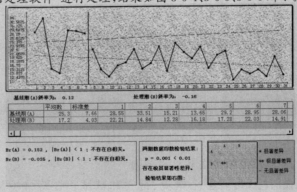

图 3-6-4 被试 A 发/a/时的鼻流量 A—B 比较

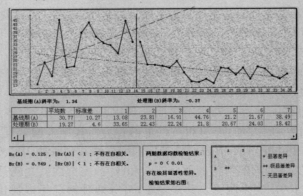

图 3-6-5 被试 B 发/a/时的鼻流量 A—B 比较

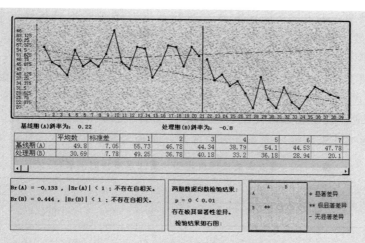

图 3-6-6　被试 C 发 /a/ 时的鼻流量 A—B 比较

如图所示：三名被试基线期和处理期数据的 Bartlett 比值的绝对值均小于 1，说明各组数据是非自我相关的，属有效数据。另外，t 检验表明：治疗前后，三名被试 /a/ 的鼻流量值均有极显著差异（$p<0.01$），治疗对降低 /a/ 的鼻流量是有效的。而且从图中还可以看到：三名被试基线期的 /a/ 的鼻流量波动较大，尤其是被试 C 在较高水平波动。随着治疗的进行，被试 A 的 /a/ 的鼻流量值在处理期的第一周开始下降，然后出现持续的波动，但整体上还是呈现下降趋势，被试 B 和被试 C 均在处理期的第二周左右开始出现较明显的下降，随着时间的推移，/a/ 的鼻流量值也出现波动，但幅度不大，而且整体上还是呈下降趋势。从回归线上可以看出，三名被试在干预前，其 /a/ 的鼻流量值都是呈现上升趋势，而干预后，/a/ 的鼻流量值都呈现出下降趋势。

第 7 节　U 实验设计及其数据处理

一、U 实验设计概述

在特殊教育实践与研究中，经常会遇到这样的问题，即：有两种干预方法可对某特殊儿童的不良行为进行干预，但是哪一种更为有效呢？U 实验设计为解决这个问题提供了简便而有效的方法。对于 U 设计的实验数据要采用 U 统计来分析。U 统计最早是由曼-惠特尼（Mann-Whitney）提出来的，与前面所述的 t 检验与 F 检验不同的是，前者属于参数检验，而 U 统计则属于非参数检验。参数检验要求被处理的数据呈正态分布或接近正态分布，而非参数检验无此要求，因此 U 统计的数据是"自由分布"的。下面以一个例子来说明 U 实验设计在特殊教育研究中的应用。

二、U 实验设计的数据处理

有一名 6 岁自闭症儿童。通过对其交往、情绪和行为的观察和评估，诊断结果为：该儿童有内敛自闭倾向。拟采用正性音乐 A 和负性音乐 B 两类音乐对其进行干预。正性音乐是指节奏感强、速度较快的曲目，如《锤打天地》、《套娃一家》和《贝多芬第五交响曲》等。负性音乐是指节奏不太明显、速度较缓慢的曲目，如《小调安灵弥撒泪经》、《天鹅》和《圣母颂》等。为了检验两类音乐的治疗效果，实验采用 U 设计。在实施过程中，两类音乐按照 AB-BA 交替的顺序进行，每类音乐各实施 5 次，每首曲子听两遍，约 16 分钟，每天治疗一次，所有治疗 10 天完成。该实验以该儿童听音乐时注意力维持时间(分)为指标。实验结果如表 3-7-1 所示，问两类音乐对维持该儿童的注意力方面有无差异？

表 3-7-1　每次实验处理自闭症儿童注意维持时间表(分钟)

A	B	B	A	A	B	B	A	A	B
7.5	3.1	3.1	8.3	9.4	4.2	5	9.8	12.1	8.3

（一）数据的初步整理

将表 3-7-1 中的数据按 A 与 B 两种处理分列如表 3-7-2 所示。

表 3-7-2　两种实验处理自闭症儿童注意维持时间表(分钟)

	A	B
	7.5	3.1
	8.3	3.1
	9.4	4.2
	9.8	5
	12.1	8.3
平均值	9.42	4.74

通过对数据的初步整理，发现：在 A 处理条件下，该儿童注意维持时间要比 B 处理条件下要长。但这种差异是否具有统计学意义，还需进一步检验。

（二）求平均等第值

将被试 10 次处理后所得的数据按序排列。数据按序排列的原则是：要将优良数据排在前面，何为优良数据要按情况来定。如以不良行为次数为指标，则其发生次数越少，数据越优良；如以儿童注意维持时间为指标(如本例)，则其时间越长，数据越优良。在对原始数据排序后，要赋予每一原始数据绝对等第值与对应的平均等第值，如表 3-7-3 所示。

表 3-7-3　自闭症儿童注意维持时间等第值表

原始数据	12.1	9.8	9.4	8.3	8.3	7.5	5	4.2	3.1	3.1
绝对等第	1	2	3	4	5	6	7	8	9	10
平均等第	1	2	3	4.5	4.5	6	7	8	9.5	9.5

平均等第值的算法分两种情况：一是原始数据没有重复，这时其平均等第值就是其绝对等第值，如表 3-7-3 中最初三个原始数据由大到小，没有重复，其绝对等第值与平均等第值

均为1,2,3。二是原始数据有重复,如表3-7-3中第4和第5个原始数据均为8.3,对应的绝对等第值为4和5,将绝对等第值4和5相加后除以2,就是它们的平均等第值4.5。同样,最后的两个相同的原始数据的平均等第值均为9.5。将原始数据与对应的平均等第值列入表3-7-4。

表3-7-4　两种处理方法的原始数据与对应的平均等第值表

A处理后注意维持时间		B处理后的注意维持时间	
原始分数	平均等第值	原始分数	平均等第值
7.5	6	3.1	9.5
8.3	4.5	3.1	9.5
9.4	3	4.2	8
9.8	2	5	7
12.1	1	8.3	4.5
平均等第值的和 $R_1=16.5$		平均等第值的和 $R_2=38.5$	
A处理的次数 $n_1=5$		B处理的次数 $n_2=5$	

(三) U实验设计的显著性检验

1. 提出假设

H_0:两种处理无显著性差异。

H_1:两种处理有显著性差异。

2. 计算统计量

计算统计量 U: $U=n_1 n_2+[n_1(n_2+1)]/2-R$。

n_1:实验中第一种处理方法的实施次数。

n_2:实验中第二种处理方法的实施次数。

R:为较大的平均等第值的和。

如上例:$n_1=5, n_2=5$;

因为:$R_1=16.5, R_2=38.5, R_1<R_2$,故 $R=R_2$。

将三个参数代入 U 统计量公式,则:

$$U=5\times5+[5(5+1)]/2-38.5=1.5$$

3. 统计决断

查双侧 U 检验的临界值表(显著性水平为0.05),表的最上一行为某一处理的实施次数,用 nS 表示。表的最左列为另一处理的实施次数,用 nL 表示。nS 与 nL 交叉之处的值就是临界值。如果两种实验处理的次数不相等,实验次数较小的为 nS,较大的为 nL。U 检验规定:当计算出的 U 等于或小于 U 临界值时,拒绝 H_0,应该接受 H_1。

该实验的 U 统计量为1.5,U 临界值 $U(0.05)=2$,即 $1.5<2$。故接受 H_1,拒绝 H_0,即两类音乐在促进自闭倾向儿童注意稳定性上存在显著性差异。正性音乐要优于负性音乐。

(四) 用SPSS软件进行 U 统计

对于 U 实验设计也可以直接用SPSS软件进行数据处理。以下简要介绍操作步骤及对结果进行说明。

1. SPSS 操作步骤

(1)定义组别与注意时间两个变量,标记组别 1 为 A 处理;组别 2 为 B 处理,录入表 3-7-2 中的数据,如图 3-7-1 所示。

图 3-7-1　U 实验设计数据

(2)选择菜单:Analyze/ Nonparametric Test/ 2 Independent Samples。如图 3-7-2 所示。

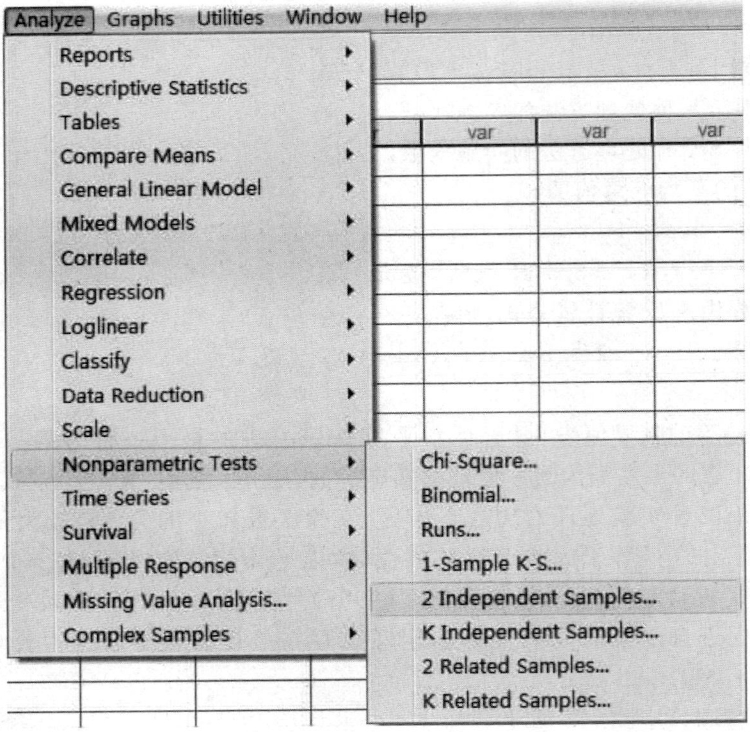

图 3-7-2　菜单选项

(3)在打开的对话框中,把"注意时间"选入 Test Variable List 框中,把"组别"选入 Grouping Variable 框中。单击 Define Groups:按钮打开子对话框,在 Group1 中输入 1,在 Group2 中输入 2。在 Test Type 框下有四个选项,选用 Mann-Whitney U 法。如图 3-7-3 所示。

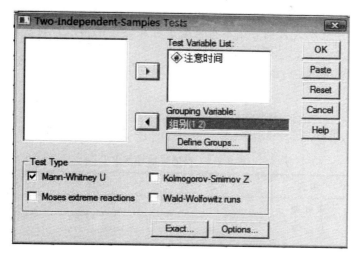

图 3-7-3 变量定义及选用检验方法

说明:Mann-Whitney U(曼-惠特尼)检验、Kolmogorov-Smimov Z 双样本检验、Moses extreme reaction 极端反应检验与 Wald-Wolfowitz runs 游程检验,均属于两个独立样本的非参数检验。其中,最常用的是 Mann-Whitney U(曼-惠特尼)检验方法(系统默认)。

(4)选择计算显著性水平的方法:单击图 3-7-3 中的 Exact 按钮,有三种可选的方法。由于本例中的样本量小,所以选择第三种 Exact 方法。如图 3-7-4 所示。

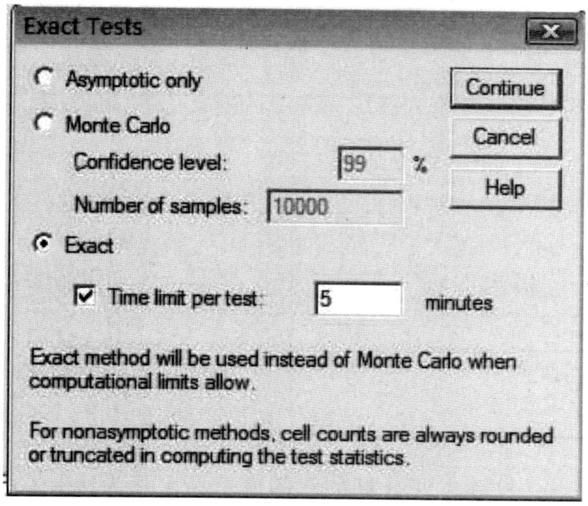

图 3-7-4 选择计算显著性水平的方法

三种计算显著性水平方法的说明：

Asymptotic only 是一种基于渐进分布（asymptotic distribution）的显著性水平检验，一般小于 0.05 即被认为显著。其样本必须足够大，若样本过小或非渐进分布，则该指标可信度不高。Monte Carlo 方法是基于大样本的显著性水平的近似估计值，要求指定置信度（Confidence level：）与样本量（Number of samples：），样本量越大，估计值越精确。Exact 方法适用于小样本或数据分布不符合渐进分布假设的情况。每次检验的限定时间为 5 分钟（系统默认）。

（5）单击 Continue 返回，单击 OK 运行程序。

2. 结果说明

（1）描述性统计

描述性统计结果如表 3-7-5 所示。

表 3-7-5 描述性统计结果

	组别	N	Mean Rank	Sum of Ranks
注意时间	A 处理	5	7.70	38.50
	B 处理	5	3.30	16.50
	Total	10		

表中输出两组样本容量、等第均值与平均等第值的和。结果显示：A 处理组的等第均值（Mean Rank）为 7.70；平均等第值的和（Sum of Ranks）为 38.5；B 处理组的等第均值为 3.30；平均等第值的和为 16.50。

（2）统计检验结果

统计检验结果如表 3-7-6 所示。

表 3-7-6 统计检验结果
Test Statistics b

	注意时间
Mann-Whitney U	1.500
Wilcoxon W	16.500
Z	−2.312
Asymp. Sig. (2-tailed)	.021
Exact Sig.［2*（1-tailed Sig.）］	.016[a]
Exact Sig.［2-tailed］	.024
Exact Sig.［1-tailed］	.012
Point Probability	.008

结果显示：使用 Exact 检验方法计算的双侧显著性水平为 $p=0.24<0.05$，表明 A 组与 B 组的处理效应有显著差异，即正性音乐的干预效果优于负性音乐。

第8节 单一被试实验的应用举例

一、注意缺陷多动倾向伴学习困难儿童训练的个案研究

注意缺陷多动倾向伴学习困难儿童是近年来备受关注的研究对象之一。教育研究与实践表明:注意缺陷多动倾向的儿童往往伴有学习困难。目前,一方面对这类儿童尚缺乏有效的教育干预手段;另一方面这类儿童在有特殊教育需要的儿童中所占比率较高,且有明显上升的趋势。因此,加强这方面的相关研究,特别是应用研究十分必要。

本研究采用单一被试实验设计,以元认知理论为指导,训练一名注意缺陷多动倾向伴学习困难儿童的自我监控能力,以期改善其学习不良的状况。并想通过研究,探讨对类似儿童进行个别训练与教育的有效方法。

(一)研究对象及方法

1. 对象

史××,男,1992年10月出生,1998年9月入普通学校接受义务教育。该生学习懒散,做事不能有始有终,常常半途而废;易受外界变化影响,注意力很不集中。具体表现:多动、好动。该生无论在课堂学习上还是在家庭作业上,无论是文化课学习还是文娱活动,手脚总是不停,躯体像装了一部"发动机",并且多动不分场合,角色管理失控,缺乏自制力;经多次交谈,发现有时他的多余动作自己也不知道,如他所言"我也不知是怎么回事"。学习成绩很不理想,从进小学至今,语文和英语成绩总是全班倒数,数学常常徘徊在及格边缘,三门学科平均成绩经常在全年级平均成绩两个标准差以下。

2. 方法

(1)评估

智商测试(瑞文测验),IQ是92,排除智力落后;参照美国精神疾病协会(APA)DSM-IV标准,由专业人员、班主任、语数外3位任课教师结合该生几年的学业成绩和学习行为,评估该生为注意缺陷多动倾向伴学习困难的学生。训练前最近一次3科考试成绩见表3-8-1。

表3-8-1 史××及其所在四年级第一学期末三科成绩

	语文	数学	英语	合计
史××	57	68	47	57.33
全年级($N=183$)	83.47±10.17	80.38±13.80	77.45±9.27	80.43±11.05
Z分数	−2.60	−0.89	−3.28	−2.09

(2)研究设计

本研究采取3个单基线 $A-B$ 实验设计,各基线期(A)和处理期(B)测试指标是:① 学习情境敏感性(sensitivity of learning environment),指进入学习状态所需的时间(ST,秒)。② 无关行为发生频率(frequency of no-sociality behaviors),指规定学习时段中无意义行为发生次数(F)。③ 浪费的时间(WT),指规定学习时段中浪费的时间。3个指标的观察记录

均在 30 分钟作业课上进行,学习任务是做数学或语文练习,作业量足,教师在此期间无任何干预。

(3) 数据收集和处理

本研究采用单一被试实验研究方法。研究人员对教师(班主任)进行培训与指导,掌握训练方法与数据收集方法。实验从四年级第二学期开学后一个月开始。

① 基线期(A):利用每日作业课(30 分钟)时间,在自然状态下收集该生各行为基线期信息($ST\text{-}A$、$F\text{-}A$、$WT\text{-}A$),共 8 次;根据数据绘制基线期多边图。

② 处理期(B):即训练期。由班主任老师对该生实施个别化自我监控训练,共 10 次。收集各处理期相关数据($ST\text{-}B$、$F\text{-}B$ 和 $WT\text{-}B$),并及时按数据绘制多边图。

③ 分别计算三对数据的 Bartlett 比值,确定各组数据的自我相关程度,决定是否延长基线期或处理期。通过 t 检验,推断处理期与基线期的差异程度。

(4) 训练内容和方式

监控训练由班主任实施。首先,向被试说明实验对培养其良好学习行为以及提高学业成绩的意义。将制作好的 $ST\text{-}A$、$F\text{-}A$、$WT\text{-}A$ 多边图出示给被试,并说明 ST、F、WT 的含义。其次,在训练过程中,师生及时研究和分析多边图,让被试及时了解自己的发展状况,强化训练效果。

训练方式是师生交谈,采取自评—核对—反馈形式进行。交谈的问题涉及三个方面:学习的计划性、课堂学习无关行为的发生情况和课堂练习完成情况。下面以学习的计划性为例,说明训练过程。

① 引导被试"自评":

教师:在上一节课预备铃声响后,你觉得自己做好上课的充分准备了吗?

史××:什么准备?

教师:比如说课本、练习本和其他学习用具准备好了吗?还有心理上的准备,如想一想教师昨天布置的预习任务自己完成得怎样?是否有疑问?并期待着教师的解答,注意力是否已完全集中在即将开始的课堂学习上呢?

史××:蛮好!

教师:如果充分做好了上课的各项准备可以评 10 分,你该给自己打多少分呢?

史××:8~9 分。

② 对被试自评进行"核对":

教师:我站在讲台上时,听到你在问前面那位同学什么问题,好像是关于分组的事情。

史××:分组?哦,春游我想和她换组,就说了这一句话,上课铃还没有打。

教师:马上要上课了,你还在想下一周春游的事,你说你做好上课的心理准备了吗?

史××:(不做声)。

教师:现在你给自己的上课准备打几分?

史××:嗯,大概 3~4 分吧。

……

③ 对被试自评进行"反馈":

教师:我觉得该打 6~7 分,因为上课开始后你还是能够比较快地进入状态,说明你分心没有持续多长时间,而且课堂学习用具都准备好了,扭来扭去的动作也比以前少了。你想想看,是这样的吗?

史××:课本、练习本我早就准备好了。

……

上述"自评-核对-反馈"的交谈方式体现了元认知的思想。元认知的核心是自我监控,而自我监控能力与学习成绩呈正比关系。上述自评、核对、反馈三个环节,环环相扣,步步深入,逐步引导被试全面客观地认识与评价自己。另外,在交谈过程中,教师的提问要有针对性,说理要实事求是,这样,才能使谈话起到预期的效果。

(二)结果

表 3-8-2　史××3 种行为的基线期(A)和处理期(B)统计处理结果

ST(秒)		F(次)		WT(秒)	
ST-A	ST-B	F-A	F-B	(WT-A)	(WT-B)
320	75	6	4	84	69
256	13	7	4	74	78
300	73	7	0	67	0
274	12	8	3	93	80
112	48	4	5	75	42
184	57	6	3	103	28
401	26	9	3	99	66
330	68	10	1	81	18
	47		4		40
	82		3		33
M 272.13	50.10	6.63	3.00	84.50	45.40
SD 90.00	25.72	1.51	1.50	12.78	26.98
B_r 0.095	0.89	0.40	0.31	0.01	0.74
$t(8)=6.76, p=0.00$		$t(16)=5.10, p=0.00$		$t(13)=4.05, p=0.00$	

注:M—平均值,SD—标准差,B_r—Bartlett 比值;

结果表明:3 种行为基线期和处理期数据的 B_r 均小于 1,各组数据是非自我相关的,数据有效。经训练,3 种行为都有明显改善(见图 3-8-1、图 3-8-2、图 3-8-3),三个指标经过 t 检验,均达到极显著性差异。

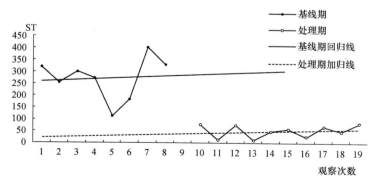

图 3-8-1　史××学习情境敏感性 A—B 比较

由图 3-8-1 可知,处理期的水平明显低于基线期。表明:通过训练明显提高了该生对学习情境的敏感性。

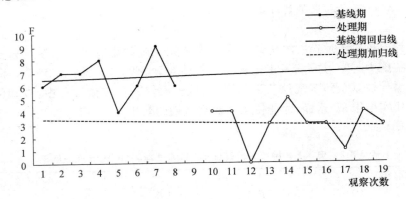

图 3-8-2 史××无关行为发生率 A—B 比较

由图 3-8-2 可知,处理期的水平明显低于基线期,表明:该生在学习活动中的无关行为的发生次数明显减少。

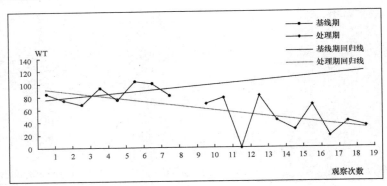

图 3-8-3 史××学习浪费时间 A—B 比较

由图 3-8-3 可见,处理期的水平低于基线期,表明被试学习时间的利用率有所提高。从回归线的变化趋势来看,被试的学习时效还可能进一步提高。

将被试四年级第二学期末的三科成绩与同年级学生做比较,结果见表 3-8-3 所示。

表 3-8-3:被试及其所在四年级第二学期末三科成绩

	语文	数学	英语	合计
史××	71	67	57	65.00
全年级($n=181$)	81.13±12.44	85.32±11.53	75.61±10.79	80.69±11.36
Z 分数	−0.81	−1.59	−1.72	−1.38

比较被试四年级第一与第二学期末三科成绩,发现他在学业成绩上均有不同程度的进步,但仍未达到平均水平,表明本研究的训练方式能在一定程度上提高被试的学习成绩,但若想达到学习成绩的明显改善,还要涉及其他多种因素。

（三）讨论

目前，有关学习困难成因的解释有多种理论，如成熟滞后理论、行为缺陷理论、认知缺陷理论和元认知能力低下理论等，与此相对应，就有不同的训练方法。但是，国外已有大量相关研究证明，学习困难儿童的"自我监控能力"较正常儿童明显低下可能是导致其学习困难的一个重要原因。以元认知理论为基础的训练方式可能是提高其自我监控能力的重要途径。本研究就是以元认知理论为基础，制定相应的训练模式与方法，训练结果表明：该儿童的自我监控能力与学习成绩较以前有所提高。本研究值得继续思考与研究的问题是：

（1）这种训练的强度应该多大，需要持续多长时间才能保持稳定的状态。

（2）元认知策略的训练成效如何能尽快地在学生学业成绩上体现出来，是学生有效的学习行为能否得到有效强化，并坚持训练的一个关键。

（3）研究已表明：将基础知识的学习与学习策略训练的内容有机整合在自我监控训练过程中是十分必要的，但如何整合尚需进一步深入探讨。（作者：王和平、杜晓新）

二、唇腭裂术后功能性VPI患儿言语共鸣障碍矫治的个案研究

先天性唇腭裂(cleft lip and palate)，俗称兔唇、狼咽，是口腔颌面部最常见的先天性畸形，是因胚胎有关部位的组织和骨骼未能正常长合引起的。据国外报道，发病率为1‰左右，男孩发病率高于女孩，东方人发病率最高。我国为唇腭裂高发的国家，发病率约为1.82‰，并占出生缺陷儿童的14.01%，仅次于神经管畸形的发生率。全国现有患儿超过400万，属于多因素遗传性疾病。

2008年，卫生部开展了"微笑列车唇腭裂修复慈善项目"，与美国微笑列车基金会、中华慈善总会、中华口腔医学会和中国宋庆龄基金会合作，计划在3年内为全国唇腭裂患儿免费提供修复手术，并为项目合作医院的医护人员提供专业培训。然而，手术主要解决的是生理结构上的问题，这并不意味着这些结构的功能，尤其是言语语言功能就得到了恢复，而导致唇腭裂术后患儿言语功能障碍的主要原因就是腭咽闭合功能不全 VPI (velopharyngeal incompetency)。临床上，唇腭裂术后功能性腭咽闭合不全 VPI 患儿在共鸣方面多表现为鼻音功能亢进。因此，本研究将对这类儿童进行鼻音功能的训练，以观察训练的效果。

（一）研究对象及方法

1. 对象

本实验选定3名情况类似的唇腭裂术后功能性腭咽闭合不全患儿。这3名患儿腭裂术后半年至8个月，年龄介于3～4岁之间，临床以鼻音功能亢进、鼻漏气等表现为主。

被试A，男，4岁1个月，左侧完全性唇腭裂，唇裂修补术后3年，腭裂修补术后8个月。被试B，女，3岁4个月，左侧完全性唇腭裂，唇裂修补术后2年半，腭裂修补术后6个月。被试C，男，3岁8个月，左侧完全性唇腭裂，唇裂修补术后3年，腭裂修补术后6个月。三名被试智力正常，无瘘孔和舌系带过短，无腺样体增殖、扁桃体炎和鼻炎等上呼吸道疾病，没有中耳疾病，无听力障碍等其他疾病。经鼻内窥镜检查和客观声学测量发现其无软腭短小、咽腔

深大等问题。鼻流量测试提示三名被试均存在鼻音功能亢进的问题,共振峰测试提示其均存在后位聚焦的问题。

2. 方法

(1) 评估

表 3-8-4　鼻流量首次评估结果(单位为:%)

被试	/a/	我和爸爸吃西瓜	妈妈你忙吗
被试 A	28.55	31.22	37.13
被试 B	13.08	24.32	33.71
被试 C	55.73	33.71*	34.23

注:"*"代表为异常值,其中/a/和/i/无参考标准,在此仅作为监控被试鼻流量变化的一个指标。

表 3-8-5　/i/的共振峰首次评估结果(单位为:Hz)

被试	/i/的第二共振峰	/i/的第三共振峰
被试 A	2695*	3458
被试 B	2179*	3068
被试 C	1409*	2723

注:"*"代表为异常值。

(2) 研究设计

本研究采用跨被试多基线实验设计。被试 A 的基线期为 1 周,被试 B 为期 2 周,被试 C 为期 3 周,在三名被试的基线期内,每天测一次数据。被试 A 的处理期从就诊第 2 周开始,为期八周,被试 B 的处理期从就诊第 3 周开始,为期七周,被试 C 的处理期从就诊第 4 周开始,为期六周。在三名被试的处理期内,均隔日测一次,3 次/周。

(3) 数据收集和处理

基线期和处理期测试指标是:① 鼻流量,测试该患儿的鼻腔共鸣情况。② /i/的第二共振峰,监控患儿的后位聚焦和语音清晰度的变化。③ /i/的第三共振峰,监控患儿腭咽闭合程度。

基线期时,言语矫治师利用患儿每天的空闲时间,测试其鼻流量并记录上述测试指标的结果。处理期时,言语矫治师在治疗结束后,测试各测试语句的鼻流量、/i/的第二共振峰和/i/的第三共振峰,并记录上述测试指标的结果。

(4) 仪器设备

实验所采用的评估和矫治设备为美国泰亿格电子有限公司生产的"鼻流量检测仪"和"单一被试统计软件"(Dr. SpeechTM),以及美国伟康有限公司生产的 CPAP 呼吸机(又称单水平睡眠呼吸机)(REMstar Lite)。

(5) 训练方法

目前,库恩(Kuehn,1991 年)等学者采用 CPAP(continuous positive airway pressure)技术,在患儿发音的过程中,通过鼻腔持续导入一定气压的气体,对抗由于发音而上抬的软腭。随着气压的不断提高,软腭上抬时所需对抗的阻力也不断增加,正是通过这种阻力不断增加的对抗运动,来增加阻止软腭上抬的力量,从而达到改善腭咽闭合功能的目的,效果令人期待。三名被试言语的主要问题表现是鼻音功能亢进。根据三名被试言语障碍的临床表现,现参照唇腭裂术后功能性腭咽闭合不全患儿言语障碍矫治的框架,制订以下为期2个月的康复方案:

第一,共鸣基础训练,目的是放松口腔和鼻腔共鸣器官。

第二,共鸣针对性训练(CPAP治疗,口鼻呼吸分离训练、促进治疗等),目的是锻炼腭咽部肌群,区分口、鼻腔的呼吸,减少鼻腔共鸣。

第三,共鸣综合性训练,目的是巩固上述治疗效果,并将已获得的正确的共鸣方法迁移到发音练习中去。

(二)结果及分析

由于篇幅有限,在此,我们仅对共振峰的训练数据进行处理。/i/的第二共振峰两期数据如图3-8-4,图3-8-5,图3-8-6所示。三名被试基线期和处理期数据的Bartlett比值均小于1,说明各组数据是非自我相关的,属于有效数据。另外,t检验的结果表明:治疗前后,三名被试/i/的第二共振峰值均有极显著性差异($p<0.01$),三名被试在治疗前,其/i/的第二共振峰值均明显超出正常范围,有明显的后位聚焦问题。进入处理期后,在开始的三周里,三名被试/i/的第二共振峰值都出现了比较明显的波动。随后,几乎都在第三周左右开始出现比较稳定的上升。接下来,被试B和被试C未见明显的波动现象,但被试A在处理期的第五、六周出现了比较明显的波动。处理期结束后,三名被试/i/的第二共振峰值几乎都提高至正常范围之内。

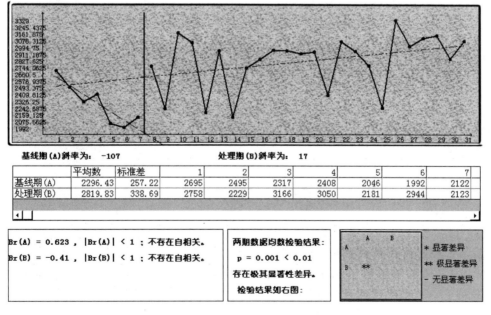

图3-8-4 被试A的/i/的第二共振峰值A—B比较

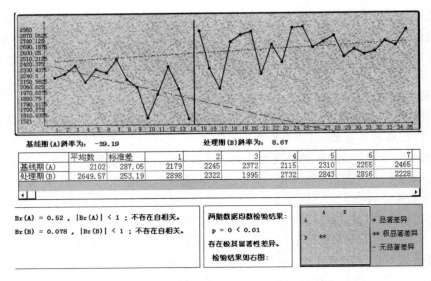

图 3-8-5 被试 B 的 /i/ 的第二共振峰值 A—B 比较

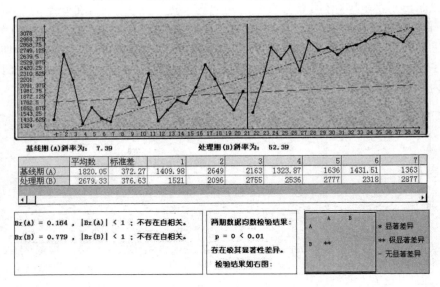

图 3-8-6 被试 C 的 /i/ 的第二共振峰值 A—B 比较

(三) 讨论

综合分析三名被试治疗前、后各测试语句鼻流量值的变化趋势可以看出,以上三名被试,其大部分测试语句的鼻流量值在进入处理期后的第三周左右开始出现比较明显的下降,之后,就呈现出比较平稳的下降趋势。这说明了三个问题:第一,进入处理期后,随着综合治疗的持续进行,CPAP 治疗所持续的时间和释放的气流压力都在不断提高,当 CPAP 治疗的强度达到第三周所对应的时间和气流压力水平后,使得三名被试的鼻流量值出现比较明显的下降,也就是说,针对唇腭裂术后功能性腭咽闭合不全被试鼻音功能亢进的问题,由 CPAP 参与构成的综合治疗方案起效大约需要三周的时间。第二,随着综合治疗的持续进行,被试已经逐渐适应综合治疗的节奏和内容。特别是进入处理期的第三周后,被试已经掌握一些共鸣和构音的技巧,并慢慢将其用于日常的言语训练中去,这也是导致其鼻流量值下降的可能原因之一。因此,共鸣与构音相结合、CPAP 治疗与构音矫治相结合的言语矫治方案,对于解决此类唇腭裂术后功能性腭咽闭合不全患儿鼻音功能亢进的问题,是比较有效的。第三,三名被试在进入处理期前,其/i/的第二共振峰值都呈现下降的趋势,尤以被试 A 和被试 B 的下降趋势更明显。这也就是说,如果不进行干预,后位聚焦的问题将会更加严重。在进入处理期后,/i/的第二共振峰值都呈现出了不同程度的上升趋势,尤以被试 C 的上升趋势最为明显。这也就是说,本次的干预不仅使得/i/的第二共振峰值出现了即时的上升,在撤销干预后,/i/的第二共振峰值还有可能继续上升。

总之,通过对上述三名被试治疗前后共鸣评价指标的监控,可以知道,本研究的训练方案对于治疗唇腭裂术后功能性腭咽闭合不全患儿的共鸣障碍是有确切的疗效的。(作者:万勤)

本章小结

1. 单一被试实验是以一个或几个被试为研究对象,通过一定的实验设计来判断实验处理有效性的方法。从操作上看,实验分为基线期和处理期,并需要对被试的目标行为进行重复的测量;从数据的分析上看,需要对基线期与处理期的数据进行统计分析,进而推断实验处理的有效性;从功用上看,特别适用于高异质性群体中的个体;从目标上看,主要是为了促进被试目标行为的改善。

2. 单一被试实验设计的类型,可分为单基线实验设计、多基线实验设计与 U 实验设计。单基线实验设计有:A—B、A—B—A、B—A—B、A—B—A—B 等。多基线实验设计主要有:跨情境、跨行为、跨被试的实验设计。

3. 被试、目标行为、实验处理是单一被试实验的三大要素。

4. 单一被试实验的数据类型主要有行为次数、百分比、持续时间、延迟时间和其他由仪器测量的指标。

5. 单一被试实验设计的数据处理大致分四步:① 收集数据,画出两维坐标图。② 进行系列数据的自我相关检验。③ 进行两期数据的显著性检验。④ 画回归线。

6. 提高单一被试实验外部效度的方法主要有:实验复制、元分析技术等。

7. 单一被试实验设计数据处理方法小结表:

检验类型	t 检验	F 检验	U 检验
检验性质	参数检验	参数检验	非参数检验
用途	两期数据的差异性检验	三期数据的差异性检验	比较两种实验处理效果
检验的程序	基线期与处理期数据自相关检验。如非自相关,进行两期数据的 t 检验。	三期数据自相关检验。如非自相关,进行 F 检验。如 F 检验结果显著,进行两两比较。	求平均等第值,计算 U 统计量。
数据要求	各期数据≥7	各期数据≥7	各期数据≥7
统计决断	t 统计量大于等于临界值,拒绝零假设。	F 统计量大于等于临界值,拒绝零假设。	U 统计量小于等于临界值,拒绝零假设。

思考与练习

1. 判断 3,3,5,6,8 是否自相关。

2. 单一被试实验设计中,为什么要对基线期数据进行自相关检验?如出现了自相关的情况如何处理?

3. 基线期的数据如下:0,2,1,3,2,1,1,4,3,2,6。试画出其回归线。

4. 分别采用 A(呼吸放松训练)与 B(数数法)对一名自闭症儿童进行言语矫治,测被试最长声时如下,问 A 与 B 哪种方法更有效?

   A:5　6　7　5　8
   B:4　8　6　9　9

5. 对某学生的焦虑行为进行干预,结果如下,问干预是否有效?

阶段	A				B				A			
次数	1	2	3	4	5	6	7	8	9	10	11	12
分数	10	7	9	6	2	3	3	4	3	4	5	3

6. 有一对孪生先天听障患儿,于 3 岁时同时做人工耳蜗植入手术,一名患儿植入弯电极人工耳蜗,另一名患儿植入直电极人工耳蜗,现拟对两名儿童进行术后言语矫治,并比较其言语矫治的效果,如用单一被试法进行实验,应如何进行实验设计?请写出实验方案(包括:实验目的,实验的因变量,如何进行实验处理?如何控制实验中的无关变量?采用何种实验设计?如何进行数据处理?),并请用图预测实验结果。

第4章 质的研究在特殊教育研究中的应用

 学习目标

1. 掌握质的研究方法的内涵、基本特征以及与量的研究的主要区别。
2. 初步形成从事质的研究的基本技能,包括选题、资料的搜集、分析和研究报告的撰写等。
3. 理解从事质的研究所涉及的个人、社会情景和伦理道德方面的问题,培养严谨的研究态度。

目前,越来越多的研究者逐步认识到在社会学、教育学、心理学研究中纯数量研究的局限与不足,并开始使用质的研究方法。质的研究方法由于重视研究者对研究情境的体验和解释,不需要进行大量的数理统计,且更适合于特殊人群,所以受到了基层特殊教育教师的普遍欢迎。本章将对质的研究进行概述,并对质的研究的操作程序等问题进行探讨。

第1节 质的研究概述

质的研究(Qualitative research),也称定性研究,作为一种研究方法最早来源于人类学和社会学的研究。英国人类学家马林诺斯基(B. Malinowski)曾于1914—1921年,在太平洋的突布兰群岛,对当地的土著社会进行实地研究。他在该岛上前后生活了6年之久,几乎成为当地社会的一员。他在其名著《西太平洋的航海者》中详细描述了他的实地研究情况。20世纪二三十年代,受芝加哥学派的影响,质的研究成为当时美国社会学研究的主要方法。芝加哥学派的成员把城市当做"社会实验室",采用系统的个案研究和实地研究方法,对城市所面临的社会问题和城市底层生活人群的真实状态进行分析研究,取得了许多优秀的研究成果。本节主要就质的研究的内涵、基本特点与量的研究的差异等问题进行探讨。

一、质的研究的内涵

近年来,虽然采用质的研究方法进行的研究越来越多,但是对质的研究目前还没有一个明确的、公认的定义。安塞姆(Anselm,1990)认为"质的研究是指任何不经由统计程序或其他量化手续而产生研究结果的方法";黄瑞琴(1999年)认为"质的研究是产生描述性资料的研究";陈向明(2001)认为"质的研究方法是以研究者本人作为研究工具,在自然情境下采用多种资料搜集方法对社会现象进行整体性探究,并使用归纳法分析资料和形成理论,通过与研究对象互动从而对其行为和意义建构获得解释性理解的一种活动"。

我们认为，质的研究是指侧重于从质的规定性方面来认识事物的研究方法。任何事物都具有质和量的两种规定性。所谓质，就是某一事物区别于其他事物的规定性，它表明了该事物是一个确定的存在，即该事物是什么、怎么样，以及何时何地、以何种方式存在。质是事物内在的规定性，但又通过各种方式外在地表现出来。质的研究就是通过观察和研究该事物与其他事物之间的具体区别与联系，把握事物的基本特征，从而认识事物的质。

二、质的研究的基本特点

（一）研究是在自然情境中进行的

质的研究遵循自然主义的研究传统，质的研究者认为个体的行为受情境的影响很大，因此，要真正理解对象行为的意义，必须直接进入对象所处的真实情境中去，观察其行为，搜集与其有关的各种资料并访问其周边的人，从对象所处情境现场的关系框架中去理解其行为目的和意义。在特殊教育研究中，质的研究可以在一所学校、一个班级、一个家庭，或其他自然环境中进行。例如，要研究智障儿童生活自理能力的现状，那么质的研究者就应当深入学校班级及其家庭中去搜集资料。研究者应该在智障儿童学习与日常生活情境里，与他们广泛与持久地接触，观看他们所做的事情、聆听他们所说的话、查阅他们所使用的实物、与他们的教师和家长谈话。总之，要能自然而直接地接触他们的世界，据此，才能获得研究的第一手资料。

（二）研究者的角色既是研究的工具，又是研究的主体

在质的研究中，研究者本人既是研究的工具，又是研究的主体。研究者与被研究对象之间的关系是互动关系。这包含三层意思。

1. 要求研究者以参与观察者的身份进入情境现场

质的研究不依赖量表或其他测量工具，而是依靠研究者自己去做观察、访谈或搜集实物。这就要求研究者直接参与研究对象的活动，以参与观察者的身份进入情境，并与研究对象发生互动关系，从而理解研究对象，对其行为意义做出解释。

2. 强调研究者与情境现场的研究对象之间的互动关系

质的研究要求研究者在自然的情境中和研究对象进行积极互动，在互动中又要尽量不干扰现场情境，通过互动和其他沟通方式搜集现场自然发生的事件资料。尽管研究者不可能完全排除他们对研究对象的影响，但他们应敏锐地觉察到这些可能的影响，并减少或控制这些影响。如对自闭症儿童参与游戏活动的情况进行观察，研究者在主动参与他们的游戏时，尽量不要对他们的游戏过程进行干涉，应该按照自闭症儿童的意图进行游戏。根据现象学的理论，质的研究者要从现场参与者的角度，去了解特殊儿童是如何看待事情和这个世界的。

3. 研究者也是学习者

质的研究者在情境现场中要以一个学习者的姿态出现，研究者要具有和他人接触及建立关系的能力，研究者在研究过程中要向情境现场的参与者学习，学习他们观看世界的方式，了解世界上各种不同的情境场所和人们的共同经验。这是研究者在教室或实验室里无法学到的，必须在真实世界的情境现场中来学习。

（三）研究过程注重描述性资料的搜集

质的研究资料多是文字形式的描述资料，这些资料被称为软性资料（soft data），包括：

现场记录、访谈记录、官方文件、私人文件、备忘录、照片、图表和录影带等。这些资料提供有关情境和研究对象行为的详细描述,研究者搜集这些资料时,要注意情境中发生的每个细节,研究者应设想情境中没有一件事情是琐碎的或不重要的,并假定每件事情都可能是一个线索,都可能有助于进一步深入了解研究对象。

（四）研究的结论和理论的形成方式是归纳法的运用

质的研究与实验法不同,它不需要事先提出理论假设,然后设计程序来检验假设。质的研究是通过对所搜集的有关研究对象的资料进行归纳,从而形成自己的理论。在质的研究过程中,研究者遵循一种弹性的研究方针,即他们在开始研究时并不明确地界定研究的问题,此时研究的问题或许并不明晰,但随着与研究对象接触的逐渐深入,研究者对研究对象的活动状态会有越来越多的了解,可能会发现一些有价值的问题,进而使研究的问题越来越具体,越来越明晰。

（五）研究结果是描述性的

质的研究结果具有现象描述的特征。质的研究者在呈现研究结果时,通常对现象产生的过程进行深描,而不只是汇报一个结果或产物。质的研究是依据现象学的理论,从经历某些现象的角度对现象进行认真细致的描述,再对这些现象进行分析,从而得出结论。研究者在观察某一行为现象时,不仅要注意这一行为的发生,而且要努力去理解这一行为对行为者意味着什么。例如,当我们以"一名特殊学校教师的一天"为题目进行研究时,研究者汇报研究行为的时候,其重点不在于呈现某位教师一天当中究竟经历了哪些事情,更关注的是这些事件如何自然地发展？这些事情对这位教师有什么意义？这些事情之间有什么联系？这些事情能反映出这位教师的哪些情绪、情感？这种研究的价值不仅在于研究者依据所描述的事实资料,提出相应的理论,而且能避免研究者对被研究的现象形成先入为主的观念。

（六）以整体的观点进行研究

质的研究者以整体的观点进行研究。他们不将研究的场所、有关的人或团体缩减为变项来处理,而是将现场所有的人和事物看作一个整体。研究者运用整体的观点,进入现场,运用多种方法搜集多种资料,借以发现所有的研究角度和资料的关联,以描写一幅研究现场的整体图画。总之,质的研究是以整体、全局的观点看问题。

三、质的研究与量的研究的区别

质的研究与量的研究（Quantitative research）是研究的两种相对的基本范式。从前面对质的内涵与特征的分析中,我们可知：质的研究就是在自然的情境下采用无结构访谈、焦点访谈、参与型观察、实物分析等形式对现象进行详细的了解,并以当事人的视角理解研究对象对现象的意义或对事物的看法的一种研究方法；量的研究就是采用实验、调查、测验和结构观察搜集数量化的资料,对现象进行客观的研究,并对所得结果作相应的统计推断,使研究结果有普遍的适应性。探讨质的研究与量的研究的区别,请参阅表4-1-1：

表 4-1-1　质的研究与量的研究比较表[①]

	量的研究	质的研究
研究的目的	证实普遍情况,预测	解释性理解,提出新问题
研究的设计	结构性的,事先确定的,较具体	灵活的,演变的,比较宽泛
研究工具	量表,统计软件,问卷,计算机	研究者本人,录音机等
搜集资料的方法	封闭式问卷,统计表,实验,结构性观察	开放式访谈,参与观察,实物分析
资料的特点	量化的资料,可操作的,变量,统计数据	描述性资料,实地笔记,当事人话语等
研究结论	概括性,普适性	独特性,地域性
理论来源	自上而下	自下而上
研究阶段	分明,事先设定	演化,变化,重叠交叉

第 2 节　质的研究的操作程序

　　质的研究作为一种有目的、有计划的研究活动,有规范的操作程序。质的研究的操作程序大致包括以下一些环节:界定研究问题,搜集、整理和分析资料,进行理论建构,撰写研究报告。

一、界定研究问题

　　界定研究的问题,就是要聚焦研究现象、讨论研究的意义、定义重要概念、形成问题的框架,为开展研究做准备。研究现象是指研究者需要集中了解的人、事件、行为、过程、意义的总和,是研究者在研究中将要涉及的领域范围。所选的研究问题应该有一定的理论意义或实践价值。对所研究的问题中可能涉及的每一个概念给出清晰的定义,对可能涉及的不同方面应予以说明,并讨论各方面之间的关系,形成问题的初步框架。在此基础上,确定研究对象,实施课题研究。

二、搜集研究资料

　　质的研究十分重视资料的搜集工作,搜集资料是质的研究的基础环节。在搜集资料的基础上进行分析,才能提出研究的结论。质的研究搜集资料的方法主要有观察、访谈、实物分析和文献查阅等。

　　观察法是质的研究中搜集资料最基本的方法,是指研究者通过参加观察对象的活动而达到观察目的的方法。访谈法是研究者和调查对象面对面地谈话,以此直接搜集资料的方法。访谈是一种研究性交谈,通过口头谈话方式从调查对象那里搜集资料。实物分析法是通过搜集实物资料,并对其内容进行分析而获得资料的方法。实物包括所有与研究问题有关的文字、图片、音像、物品等。文献查阅法主要是指研究者通过查阅相关的试卷、会议记录、学生档案、班级工作日记、周记、录音录像资料以及网络信息资源等而获得资料的方法。

[①]　陈向明.质的研究方法与社会科学研究.北京:教育科学出版社.2003.

三、整理和分析资料

资料的整理工作是质的研究中的一个重要环节,是课题研究得出科学结论的前提。资料的整理工作是对所搜集的原始资料进行加工,使其系统化和条理化的过程。整理资料还可以为下一步的资料搜集工作提供聚焦的方向。质的研究对资料整理工作要求严格,需要对访谈、观察的情境及被访者、被观察者的非言语行为等都加以客观描述。整理资料的核心是将资料进行登录和分类。

四、进行理论建构

在自然科学中,认为理论是为了解释和预测现象,确定变量之间的关系,用系统的观点将相互关联的概念、定义和命题组织在一起的总和(Kerlinger,1986)。质的研究对理论有不同的看法,认为理论是在原始资料的基础上建立起来的、自下而上的、适用于在特定情境中解释特定社会现象。也就是说,质的研究中的理论都从原始资料中归纳出来的,它可以理解成对某种现象的解释或假设。如在对自闭症儿童的研究中,有人观察发现,许多自闭症儿童的母亲在教育其子女上显得比较漠然,往往会忽视儿童的诸多需要。因此,有人将"冰箱妈妈(Cold Mother)"归结为儿童自闭的一个重要原因。从质的研究视角来审视,"冰箱妈妈"也可以算是一种理论。

五、撰写研究报告

撰写研究报告是将研究的成果公布于众。质的研究报告包括问题的提出,研究目的、意义,背景知识,搜集资料的方法,研究的结果以及反思等内容。对研究结果的分析方法一般采用类属分析、情境分析或两者相结合的方法。质的研究报告注重研究方法和研究过程的汇报,在阐述相关结论的时候,需要密切结合原始材料或研究对象所使用过的关键概念。在内容的介绍上,要实事求是,分析讨论不夸大,不缩小,不以偏概全。

第 3 节 质的研究的实施准备

质的研究在实施之前需要对研究问题进行反思、确定研究对象、确定研究者的身份、选择进入现场的方式、考虑伦理问题等。

一、对研究问题进行反思

(一)对问题进行聚焦

对问题进行聚焦是研究者的一项重要研究能力。所谓问题的聚焦是指在质的研究过程中,研究者从初始时对所研究的问题的内容和框架并不十分明晰,到对研究情境和研究对象的逐步了解,进而对研究问题慢慢进行梳理,最终准确定位研究问题的过程。以下是一位研究者对问题进行聚焦的例子。这位研究者是这样叙述的:"对研究问题的聚焦,我经历了一个来回往复的思考过程。一开始,我对研究问题只是确定了一个大致的方向,我先后拟定了'一位特殊学校教师的心路历程'、'一位特殊学校教师的职业挫折感与成就感'、'一位特殊学校教师的职业应对策略'等题目。然而,直至访谈全部结束、编码基本完成的时候,我才发现，原来我的研究可以聚焦到教师职业倦怠和职业成长这一点上，于是才最终将题目定为'他是如何克服职业倦怠实现职业成长的？——一位特殊学校教师职业生涯的质性研究'。"

（二）确定问题框架

质的研究者在明确了研究问题、目的和对象之后，便可以开始着手构建研究问题的框架了。问题框架展现的是研究者的初步理论设想，通常包括：① 组成研究问题的重要概念以及这些概念之间的各种联系。② 研究问题的范围、内容和层次。③ 研究的大致路径及步骤。我们倡导研究者用结构图将概念框架直观地表示出来，其目的与意义在于：① 可使研究者在研究开始之前就对研究问题以及该问题所涉及的重要方面有一个较清晰的认识。② 有助于研究者厘清有关的重要概念，以及概念之间的区别与联系。③ 有助于研究者发现事先没有想到的一些意义联系、漏洞或矛盾之处，促使研究者深入思考，力求找到解决这些问题的办法。

（三）查阅研究文献

进行研究之前需要了解关于此课题现有的研究成果。具体地讲，现有的研究成果就是目前学术界对研究者将要探讨的研究现象与问题已经完成的有关研究及其发现。研究者在设计时需要对有关的成果进行文献检索。对前人的研究成果进行检索是为了回答如下问题：前人在这个领域已经做过哪些研究？我的研究在这个领域里处于什么样的位置？通过此项研究我可以做出什么新的贡献？如果此研究问题前人还没有涉及，我的研究将如何填补这一空白？如果此研究问题前人已经讨论过了，我的研究怎样提供新的角度和看法？如果前人的研究中存在明显的漏洞和错误，我的研究将如何对这些谬误进行纠正等。

二、确定研究对象

相对于大样本的实验研究来说，质的研究的样本较小，因此，质的研究多采取目的性抽样，即抽取那些能够为本研究问题提供最大信息量的对象。具体有两种抽样方法：最大差异抽样，即选择有关条件差异最大的个案；同质型抽样，即选择有关条件较相似的个案。究竟采用哪一种抽样方法要视研究的目的与内容而定。例如，在进行不同障碍类型儿童生活自理能力比较研究时，可采用最大差异抽样法；在进行同类障碍儿童交往行为特点研究时，可采用同质型抽样法。

三、确定研究者的身份

在质的研究中，不同研究者的身份对研究的实施与结果会有不同的影响。因此，在进行研究之前，必须确定研究者的身份。一般来说，研究者的身份可从以下几个方面来确定：① 根据与研究对象关系的远近，可将研究者分为局内人与局外人。② 根据身份的公开与否，可将研究者分为公开的和隐蔽的。③ 根据与研究对象亲疏关系，可将研究者分为熟悉的和陌生的。④ 根据参与程度的不同，可将研究者分为参与型与观察型。

四、选择进入现场的方式

研究者进入现场之前需确定并接触"守门员"，选择进入现场的方式。

（一）确定并接触"守门员"

研究者在进入现场时需要了解多方面的情况，其中重要的一环是"守门员"，它指的是那些在被研究者群体内具有权威的人,他们可以决定被研究者是否参加研究。进行任何一项研究都会遇到相应的"守门员"。特殊教育研究的"守门员"涉及特殊学校的校长、教师、学生、家长等。因为他们具有被社会所认可的、决定孩子是否参与研究的身份和权力。对这些"守门员",研究者应该对其表示尊敬,慎重地征求他们的意见,努力获得他们的许可。

(二)进入现场的方式

1. 隐蔽式地进入

在有的情况下,研究者预料自己的研究肯定会受到"守门员"的拒绝,或者知道被研究者因为知道研究的目的而有所防备时,可以采用隐蔽的方式进入。该进入方式可以使研究者避免因协商困难而无法进入研究现场或由于被研究者有所防备而降低研究的可信度的问题。采用隐蔽的方式进入研究现场时,研究者有较多的个人自由,可以随时进出现场。但是,这种方式也有其弊端。由于被研究者完全不知情,他们失去了为自己申诉的权力,这可能对他们造成一定的伤害。

2. 逐步暴露式进入

在进入现场时,研究者如果预感到"守门员"有可能对自己的研究有顾虑,也可以采取逐步暴露的方式进入。在研究开始的时候,研究者可以简单地向被研究者介绍一下自己的研究计划,然后随着被研究者对自己信任程度的提高而逐步展开研究。

五、研究的伦理

在质的研究中,经常需要研究者与研究对象之间进行互动,在与特殊儿童互动的过程中,经常触及伦理上的问题。如在拍照或摄像中就可能无形中对特殊儿童的尊严造成一定伤害。在搜集资料的过程中,博格登(Bogdan,1983)给予初学者下列几条简明的伦理建议:① 非常小心地存放现场记录,确定不要将记录留在任何无关人员可能拿到的地方。② 不要和其他人讨论或谈及研究内容或研究中的任何人。③ 在现场记录和最后的研究报告中,使用研究对象或场所的假名。④ 不要将所发现的任何资料,告诉可能用这些资料使研究对象困窘或受伤害的人。⑤ 和研究对象签订清楚的协议,让研究对象知道他们能期望从研究中获得什么,和需要完成什么任务。

另外,以下两方面是需要注意的:① 充分理解研究对象对研究问题的戒心:质的研究中,研究者面对的通常是特殊学校的校长、教师、学生、家长或职员,当研究者进入特殊学校或一个班级观察或访谈时,校长或教职员等对研究者常常持有"他或她是想来评估我们办学与教学的好坏吗?"这样的戒心。这种防备的心理是应该予以理解的。② 所搜集的资料都应该得到相关人员的同意:在特殊学校,每个学生的隐私是受到保护的,进入特殊班级对学生进行研究时,如果要采用拍照、录像等手段,一定要事先取得学校相关领导与教师的同意。

第4节 质的研究的资料收集

质的研究资料搜集的方法以观察法、访谈法和实物搜集法为主。观察是人类认识世界的一个最基本的方法,也是从事科学研究的一个重要手段。观察法是在自然条件下有目的、有计划地观察客观对象,搜集分析事物资料的一种方法。在特殊教育研究中,由于特殊儿童的某些局限性,其配合能力、表达能力较差,反应具有不稳定性,这使得相关资料的搜集变得较为困难。而观察法不需要观察者的配合,可以灵活机动地实施。访谈法多用于对特殊教育从业人员或特殊儿童家长的研究,如对特殊学校教师的职业成就感、特殊儿童家长的康复态度等研究都适合采用访谈法。另外,实物搜集法往往配合以上两种方法使用,在特殊儿童研究中也具有重要的作用。以下对上述方法分别予以介绍。

一、观察法

(一)观察的分类

一般将观察分为日常生活中的观察和科学研究中的观察两大类。日常生活中的观察没有明确的目的和计划。科学研究的观察是指研究者有目的、有计划的一种观察活动,是观察者运用自己的感觉器官或借助科学仪器,能动地对自然或社会现象进行感知和描述,从而获得有意义的事实材料的方法。

科学的观察可进一步分为实验室观察和实地观察两类。实验室观察是指在实验室中,通过设定场景,严格控制无关因素,对被试实施的观察。实地观察主要是指在现场环境中对被试实施的观察。质的研究主要采用实地观察法,该法可分为参与型观察与非参与型观察两类。在参与型观察中,观察者和被观察者一起生活、工作,在密切的相互接触和直接互动中倾听他们的谈话和观看他们的行为。参与型观察自然、开放、关系灵活、容易互动、可随时调整观察内容。当然,它也需花费大量时间,对个人的灵活性要求高。非参与型观察是指研究者不直接参与被研究者的日常活动,而通常作为旁观者置身于被观察者的活动情境之外,了解事件发展动态的观察方法。它可以使研究者与研究对象保持一定距离,从而使研究者进行比较客观的观察,操作起来也比较容易一些。其缺点是研究者不参与被观察者的活动,作为局外人,很难深入了解他们的真实情况。

(二)观察的准备

在进行观察前,我们可以初步制定一个观察计划或提纲。一般来说,这个计划或提纲应该包括以下六个方面的内容。

(1)观察的内容、对象、范围。即我想对什么人进行观察?对什么现象进行观察?观察的具体内容是什么?内容的范围有多大?为什么这些人、现象、内容值得观察?通过观察这些对象我可以了解什么问题?

(2)观察地点。即我打算在什么地方进行观察?观察的空间范围有多大?这些地方有什么特点?为什么这些地方对我的研究很重要?我与被观察对象之间的距离应该有多远?这个距离对观察的结果有什么影响?

(3)观察的时刻、时间、次数。即我打算在什么时刻进行观察?一次观察多长时间?我准备进行多少次观察?我为什么选择这个时刻、时间和次数?

(4)观察的方式与手段。即我打算用什么方式进行观察?是隐蔽式还是公开式?是参与式还是非参与式?观察时是否打算使用设备(如录像机、录音机等)?使用或不使用这些设备有何利弊?是否准备现场进行笔录?如果不能进行笔录怎么办?

(5)观察的效度。即观察中可能出现哪些影响效度的问题?对于这些问题我打算如何处理?我计划采取什么措施以获得比较准确的观察资料?

(6) 伦理道德问题。即观察中可能涉及哪些伦理道德问题？我打算如何处理这些问题？如何使自己的研究尽量不影响被观察者的学习与生活？如果需要，我如何帮助他们解决相应的困难？这样做，对我的研究会有什么影响？

（三）观察的技巧

1. 回应式反应

回应式反应是一种有效的观察策略，即观察者不主动采取行动，而只是对当事人发起的行为做出相应的回应。表4-4-1是一位研究者回应式反应的例子。

表4-4-1　回应式反应举例[①]

一位研究者对幼儿园儿童之间的人际交往行为进行观察——当他站在旁边看两个儿童玩时： 儿童1：你不能和我们一起玩儿！ 研究者：为什么？ 儿童1：因为你太大了。 研究者：那我坐下来吧（他边说边坐下来）。 儿童2：你还是太大了。 研究者：那我只看，行吗？ 儿童1：行，但是什么也别动。 儿童2：你只能看，好吗？ 研究者：好的。

在这之后几个月的观察中，研究者一直只是观看儿童们玩，直到后来儿童才让他与他们一起玩。通过这种回应式的反应，研究者体验了这些儿童的日常行为规范。可见，回应式反应是走入被研究者生活世界、理解被研究者的一种有效策略。

2. 全面与焦点观察相结合

全面观察是指观察者的观察活动并没有特定的焦点，而是注意场所中所有研究对象的活动的一种方法。全面观察往往是观察的初级阶段，全面观察可以使观察者对观察情境中发生的事件有一个粗略的了解。如果要对某一事件进行深入了解，这时候就需要对事件进行聚焦，采用焦点观察。焦点观察是通过逐渐缩小观察的范围，将观察的内容集中于某些特定的对象上的一种方法。如进入特殊学校班级后，对全班同学进行观察就属于全面观察，而如果只专注于某一个特殊儿童，观察其眼神、动作、注意力、情绪状态和回答问题的积极性等则属于焦点观察。

（四）观察的记录

1. 描述记录法

描述记录法是指在自然状态下研究者记录被试所处的情境和所发生的行为，然后对所搜集的原始资料进行分类，并加以分析的方法。叙兹曼和斯特劳斯（Schatzman&Strauss,1973）将现场的观察笔录分为四个部分：实地笔记（FN）：记录观察者所看到和所听到的事实性内容。个人笔记（PN）：记录观察者个人在实地观察时的感受和想法。方法笔记（MN）：记录观察者使用的具体方法及其作用。理论笔记（TN）：记录观察者初步的理论分析。

---

① 陈向明.教师如何作质的研究[M].北京：教育科学出版社.2001:133.

下面是一个关于同伴互动片段分析的案例。

表 4-4-2 同伴互动片段分析案例[1]

日期：10月22日下午　　　片段：#8　　　场景：娃娃家区
参与者：劳拉、秀依、塞瑞萨、安冬尼、艾伦、助教教师
实地笔记(FN)、个人笔记(PN)、方法笔记(MN)、理论笔记(TN)
FN：
劳拉在楼上的娃娃家区独自玩，她坐在床上，靠着电话机，正在给一个布娃娃穿衣服，一个人玩了有5分钟的时间。秀依在楼下的娃娃家区给劳拉打电话，秀依正好在楼下的电话机旁。
秀依：我在电话里跟你说话，对不对？对不对？
劳拉：（听不清）
劳拉：好。
秀依：（对着电话）我要到你那儿去，你会（听不清）？
劳拉：我可能来可能不来。
两人均挂了电话。秀依向楼上走去，劳拉走到楼梯口来迎接她。
劳拉：哈，你好！
秀依：你好！
秀依和劳拉现在在桌子旁边坐下说话（大概有5、6个回合）。然后秀依站起来开始下楼，头也不回地说：再见。
（在同一片段中，稍后）秀依和劳拉在楼上一起假装做饭。安冬尼往楼上走，劳拉走到楼梯口挡住了她的路。
秀依：让她进来。
安冬尼被同意进入，她开始帮忙做饭。塞瑞萨走上楼梯。
塞瑞萨：我可以玩吗？
劳拉：不行！
塞瑞萨（对安冬尼）：安冬尼，安冬尼，我可以玩吗？
安冬尼：可以。（塞瑞萨进入，站在桌子旁）
劳拉：这个只有女孩才玩的。
塞瑞萨：我能不能做个小宝宝？
安冬尼：呀，你可以做个小宝宝。
劳拉：不，你不行！
劳拉：我们只要一个小宝宝。
塞瑞萨和安冬尼在一张桌子旁玩，劳拉和秀依在说话，然后，劳拉走到塞瑞萨和安冬尼正在坐的地方附近。
劳拉（对塞瑞萨和安冬尼）：你们两个人又想做什么啦！
这时，一个男孩，艾伦走进了娃娃家。
劳拉：我们这儿人太多了。
劳拉（对艾伦）：从我家里出去！

---

[1] 摘自华东师范大学学前教育系周欣教授《质的研究》授课案例

> 艾伦：不，这是我的家。
> 助教教师走近娃娃家，站在下面告诉儿童，要开始打扫并整理玩具了，打扫后下来参加大组活动。
> PN：刚开始记录时，当我想把他们所说的所有内容都记下来时很有点挫折感。结果我经常依赖于写在此处的概要。看起来，自从安冬尼出现以后，劳拉就开始不开心了。尽管后来安冬尼可以留下来。
> MN：我还是想要把对话一字一句都写下来。一旦我开始参与型观察，我就应该紧靠娃娃家，或待在娃娃家里面。这可能有点困难，因为娃娃家是根据儿童体形大小设计的，教师一般进不去。
> TN：在这类家庭角色游戏中，儿童的进入与离开并不总是用语言来表示。我看到的是一种捍卫自己的领地的现象。儿童的人数确实对这一场景的稳定性产生了影响。劳拉已经预见到了这一问题。

由此可见，对观察的情况进行记录时，应该力求做到全面、细致。分析与记录同等重要，因此，在记录的同时，应该从不同的角度（实地、个人、方法以及理论）对资料进行分析，以便为下一步的观察提供一定的方向。

2. 观察表记录法

观察记录的方式可以是现场记录，也可以是事先设计好观察记录表，根据特殊儿童的现场表现，在记录表上进行填写。填写的内容可以是行为发生的次数、持续时间、指向性或次序。在观察他们行为的时候，采用观察表记录，可以减少现场记录时书写文字的时间，记录就会显得更从容一些。如表4-4-3儿童攻击性行为记录表就为观察提供了便利。

表 4-4-3　儿童攻击性行为观察记录表[1]

学校_____ 班级_____ 观察时间_____ 观察地点_____
儿童编号_____ 姓名_____ 性别_____ 出生日期_____

攻击类型	行为表现	发生次数	行为指向对象		行为双方的关系		攻击行为的起因		行为目的	
			男	女	强欺负弱	弱欺负强	主动攻击	被动攻击	工具性攻击	敌意性攻击
身体攻击	打扭									
	拧									
	指戳									
	砸									
	挤压									
	踢									
	推搡									
	碰撞									
	抓									
	咬他人									
	打掉									
	损坏									
	抢夺他人物品									
	强占座位空间									

---

[1] 张文新.3～4岁儿童攻击行为发展的追踪研究[J].心理科学.2003（26）：1.

续表

攻击类型	行为表现	发生次数	行为指向对象		行为双方的关系		攻击行为的起因		行为目的	
			男	女	强欺负弱	弱欺负强	主动攻击	被动攻击	工具性攻击	敌意性攻击
言语攻击	说脏话									
	骂人									
	取笑									
	嘲讽									
	叫取外号等									
间接攻击	散布坏话造谣									
	唆使打人									
	游戏活动排斥									

（五）观察后的反思

在观察的过程中不断进行反思是很重要的。在整个过程中观察者要不断地反思：我是如何进行观察的？我为什么会注意这些内容？我使用了什么具体的方法？我分析观察结果的假设是什么？我是否对观察中出现的伦理问题进行了反省？我目前对什么问题仍不清楚？打算如何解决？表4-4-4是一个观察记录的举例。

表4-4-4　观察记录举例[①]

2003年9月8日　　星期一　　绘画活动 　　　在绘画活动中,由于很多铅笔头上的橡皮都已经被磨光了,大块的橡皮又往往不能人手一块,所以几个幼儿共享一块大橡皮。幼儿A画了一条多余的线,他铅笔头上没有橡皮,于是抬起头来左右看了看,看到同桌小龙正在用大橡皮,他就把手伸到小龙拿橡皮的手边,手心朝上,动了动手指,可是小龙没有理睬。接连三次,他把手伸过去,但除动一动手指外,没有任何多余的动作,更没有言语。小龙一直用手里的橡皮在图画纸上擦着,好像什么也没有发生。这时邻组的小泰走过来将手搭在小龙的肩膀上,在他耳边说了一句什么,于是小龙便将橡皮递给了小泰。幼儿A看到小泰拿走了橡皮,眼睛红了。
2003年9月10日　　星期三　　自由活动 　　　在阳台上,小雪、小宇和佳佳站在小白板前贴动物和数字,幼儿A用一只手拖着自己的小板凳面向着他们的后背坐在不远的墙角处,眼睛一直没有离开过这些同伴。小雪把一个兔子贴歪了,幼儿A远远用手指着说:"歪了。"小雪他们并没有在意,继续着自己的游戏。小宇排数字,在5后面贴了8,幼儿A说:"应该是6。"小宇他们好像还是没有听见。幼儿A一直看着他们三个,在数字掉下去的时候说:"哎,掉了。"在又掉下去一个数字时说:"那个掉了。"幼儿A先后发起了4次交往活动,均被同伴忽视,幼儿A也始终没有走过去加入同伴的活动中。一会儿,这三名幼儿转身离去,幼儿A走上前把掉在地上的几个数字捡起来贴在白板上,并摆正了贴歪的小动物。
反思:幼儿A交往能力的缺乏突出表现为:与人沟通和参与的技能很差。综合对幼儿A的观察不难看到,幼儿A在同伴交往中常常被同伴忽视,使用的交往方式不能够引起同伴的注意,缺乏参与同伴活动的行为和技能。

[①] 龙红芝.幼儿同伴关系干预的个案研究[D].上海:华东师范大学2004届硕士学位论文.

二、访谈法

访谈通常是两个人(有时包括更多人)之间有目的的谈话。访谈通常由研究者引导,其目的主要在于:搜集研究对象的语言资料,从而了解被研究者当前的所思所想和情绪变化、他们生活中曾发生的事情、他们的行为所隐含的意义。而观察法只能看到或听到被研究者现场的外显行为,很难探究其内心世界。与问卷调查相比,访谈法具有更大的灵活性,可以接触被研究者的一些生活细节、敏感性话题,可以阐释更多的意义。

(一)访谈的形式

访谈一般分为封闭式、开放式、半开放式三种。封闭式(结构型)访谈是指完全采用事先设计好的、具有固定结构的问卷进行的访谈;开放式(无结构型)访谈是指没有固定的访谈提纲,而是请受访者就某一问题发表自己的看法的访谈;半开放式(半结构型)访谈是指事先有设计好的访谈提纲,但提纲只是作为一种导向,访谈可以根据实际情况灵活处理,给受访者的谈话留有更多余地。

(二)访谈前的准备

一般来说,在开始访谈前,会设计一个访谈提纲。然而,在设计提纲的时候,我们并不知道什么问题更适合受访者的实际情况,此时,往往只能根据自己的经验进行猜测。因此访谈提纲中列出的问题应该尽量保持开放,使受访者有足够的余地定位访谈的方向和选择访谈的内容。表 4-4-5 是对一位学习困难儿童进行访谈的提纲。

表 4-4-5 访谈提纲举例

1. 你刚才上了什么课?喜欢吗?你最喜欢上哪门课?最不喜欢上哪门课?为什么?
2. 你目前在班里的学习成绩怎么样呢(好、中、差)?你是怎样评定你的学习成绩的?周围的人(父母、教师、同学)怎么看待你现在的成绩?
3. 你对那些学习成绩好的同学怎么看?
4. 那你觉得学习成绩对你来说重要吗?为什么?你感觉自己的成绩受到哪些因素的影响?能否举一个你印象最深的例子?

如果访谈提纲中的问题过于封闭,会直接影响访谈的效果。例如:我们曾对由其他专业转入特殊教育专业的学生进行"转专业后适应问题"的访谈。首先,列出了大家认为比较重要的问题,并据此设计了一个访谈提纲。该提纲中第一个问题是:你转专业以后的感觉怎么样?这是一个开放型的访谈问题,可以给受访者发挥的空间。接下来,我们想当然地认为同学转专业后一定会有诸多方面的不适应,因此,设计了一些准备追问的问题:你在哪些方面感觉到不适应?具体表现是什么?面对这些不适应你用什么方法去应对?表 4-4-6 是对一名转专业学生的访谈记录:

表 4-4-6 访谈记录

被访者进来,坐下来,访谈正式开始。
访谈者:"你转到特殊教育专业后,感觉怎么样?"
(准备进一步追问其不适应的具体情况。)
被访者:(爽快地)"挺好的,没有什么不适应的。"
访谈者:(无言以对)啊……

可见,由于我们带有先入为主的观念和假设,使得这次访谈无法进行下去。因此,在制订访谈提纲时,应考虑多种可能性,使访谈更具灵活性。

(三)访谈的注意事项

1. 确定适当的访谈地点

访谈地点的选择尤其要考虑到被访谈者的感受和心情。一般被访谈者喜欢在单独场合、安静的环境下进行,不愿受到他人或其他外界因素的干扰。表4-4-7是一个访谈地点选择不当的例子。

表 4-4-7　访谈地点选择不当举例

> 班主任:(对访谈者)请到我们的办公室进行访谈吧。
> 访谈者:(对班主任说)好的,那你能帮忙把一班的李小刚找来吗?
> 班主任:没问题。
> (班主任把李小刚带来。访谈开始,班主任到旁边的套间,但能听到访谈的声音。)
> 访谈者:你进入工读学校后,对现在的学校感到满意吗?
> 李小刚:(面色紧张地向里间看了一眼,然后说)满意!
> 访谈者:哦,看来你对工读学校的印象不错。

可见,由于班主任在访谈现场,被访谈者在回答问题时有所顾忌,因担心得罪班主任而不能吐露真言,这就影响了访谈结果的真实性。

2. 选择恰当的时间

访谈应该在被访者方便的时候进行,包括考虑其身体状况和心理状态以保证访谈能顺利进行。如果访谈者选择的时间不恰当,不能保证被访谈者有充裕的时间进行访谈,就会导致时间紧张,影响访谈的效果。表4-4-8是一个在不恰当时间进行访谈的例子。

表 4-4-8　访谈时间选择不当举例

> 特殊学校教师(对访谈者):咱们开始吧!
> 访谈者:好的。
> 特殊学校教师:要抓紧时间。
> 访谈者:作为一个基层的特殊学校教师,你在学校的一天是如何安排的呢?
> 特殊学校教师:上课、训练、班级管理、开会……
> 访谈者:这么多,能详细说说吗?
> 特殊学校教师:时间有限,我4:00后有事。
> 访谈者:(有些尴尬)啊……

3. 协商相关事宜

成功的访谈应该建立在双方相互信赖与认可的基础上。双方最好事先就有关事宜达成共识。如在访谈正式开始前,访谈者要向被访谈者介绍自己和自己研究的情况,并告知交谈的规则、语言的使用、保密原则等事项,如需录音一定要征得对方的许可。如果研究者没有事先就某些事项与被访谈者达成共识,就容易使被访谈者感到吃惊和突然,从而影响访谈的效果。表4-4-9是一个事先未协商相关事宜的举例。

表 4-4-9　事先未协商相关事宜的举例

> 访谈者：(对一名听障儿童的家长)你每天回家都对孩子进行一定时间的言语训练吗？
> 家长：是的。
> 访谈者：能具体谈一下吗？(拿出录音机，打开，并放在桌上。)
> 家长：(很突然地)有必要录音吗？
> 访谈者：(尴尬地)对不起，为了全面详细地记录你的谈话，请允许我录音吧。
> 家长：那……只好随便你了。

4. 轻松进入主题

访谈的开场白要灵活、轻松、自然，形成愉快融洽的气氛有助于减少双方心理上的隔阂，增进感情交流，为访谈的顺利进行奠定基础。表 4-4-10 是轻松进入主题的例子。

表 4-4-10　轻松进入主题的举例

> [学生(一名工读生)在约定的时间走进办公室，他还拿着一张足球报纸]
> 访谈者：哦，是足球报啊，什么名字？
> 学生：是《天下足球》。
> 访谈者：哦，我也喜欢足球，足球的联赛我也看的。
> 学生：(惊喜地)您也喜欢足球呀！
> 访谈者：是的，以后有时间我们切磋一下。现在言归正传好吗？
> (访谈在愉快的气氛下开始了……)

5. 及时进行追问

追问就是访谈者就被访谈者前面说的某件事、观点、概念或使用的词语进一步询问，要使用被访谈者的语言和概念来发问。追问可以使访谈者及时地捕捉到关键信息，以便对被访谈者有更深入的了解，表 4-4-11 是及时进行追问的举例。

表 4-4-11　及时进行追问的举例

> 访谈者：为什么要从以前的学校转到辅读学校呢？
> 被访谈者：我的动作比较慢。
> 访谈者：你刚才提到了自己比较"慢"，这个"慢"指的是什么？
> 被访谈者：我动作比较慢，做课堂作业，我总是超过时间，不拖时间，我就做不完。
> 访谈者：还有什么呢？
> 被访谈者：平时做笔记，教师说得太快，我记不下来。

6. 恰当的自我暴露

恰当的自我暴露是访谈中经常采用的技巧。即访谈者在适当的时候，将自己的真实经历、感受等表露出来，引起被访谈者情感上的共鸣，以促使其自我开放，更坦诚地进行沟通与交流。表 4-4-12 是恰当自我暴露的举例。

表 4-4-12　恰当的自我暴露的举例

> 学生：这次考试考砸了，我很伤心、很失望，我不知道该怎么办才好。
> 教师：我能体会到你的这种感觉，我以前考试失利的时候也伤心极了……
> 学生：（认同地）哦，原来老师也有同样的经历啊！
> （访谈在和谐的气氛中开始了……）

（四）访谈记录与备忘录

1. 访谈记录

访谈记录是指用文字记录访谈过程中互动的对话。一般采用现场速记或事后语音转录两种方式。在书写的时候，一般采用一问一答的形式。表 4-4-13 是访谈记录举例。

表 4-4-13　访谈记录举例

> 访谈者：首先感谢你参加我的这次访谈！我的主要目的是想了解一下现在特殊教育学校教师工作的现况，以及特教教师的一些感受等。
> 被访谈者：好的。
> 访谈者：我听说你好像工作了好长时间了，具体是什么时间到了这所学校？
> 被访谈者：2000 年毕业以后，直接到这里的。
> 访谈者：哦，那确实时间挺长的了，有 8 年的时间了，也算是一名老教师了！
> 被访谈者：呵呵，是啊，感觉真的挺快的。
> 访谈者：你从哪个学校毕业的？原来专业学的什么？
> 被访谈者：××师范，学音乐教育的。
> 访谈者：和特殊教育有关系吗？
> 被访谈者：没有。
> 访谈者：哦，那你不是专门学的特殊教育，当初为什么选择到这个学校呢？

2. 备忘录

写备忘录是从事质的研究的一个非常重要的组成部分。写备忘录就是把自己的想法、预感和反思写下来，以备参考。写备忘录时，能长则长，能短则短，不拘一格。在一个研究中，根据需要随时随地都可以写备忘录，但一个星期至少要写一次。备忘录中的许多内容可直接写入研究报告。一般来讲，一份完整的备忘录应包括以下内容。

（1）关于研究的问题

① 你研究的问题是什么？为什么选择这个问题进行研究？

② 你个人的生活经验、专业背景、兴趣与研究问题有什么关系？

③ 你对这一问题是否有预设？此预设是否存在偏见？如何减少预设对研究的不良影响？

④ 你对研究结果有何预期？是否担心结果与预期有矛盾？

（2）关于研究的对象

① 你是如何选择研究对象的？选择的理由是什么？

② 你是如何选择实地以及进入实地的？

③ 你是如何把研究目的告诉实地的人或研究对象的？他们的反应是什么？

④ 你是如何与研究对象协商研究关系的？你们之间是否达成了什么协议？你们之间

是否会建立融洽的合作关系?

(3) 关于研究的方法

① 你使用了什么样的研究方法?你是如何搜集资料的?你做了多少次访谈与观察?在什么地方和什么时间做的?

② 你使用了什么方法对资料进行分析?为什么选择这些方法?你是如何使用这些方法的?这样的分析方法对结果有什么影响?

③ 你对观察或访谈有什么感受?

④ 你的预设是否影响了你的观察或访谈?

(4) 关于研究的结论

① 获得了哪些研究结论?结论之间有什么关系?

② 得到这些结论有什么证据?这些证据是否充分?

③ 你研究过程的反思是什么?

④ 如果让你对同一问题重新研究,你会不会用同样的方式进行?为什么?

表 4-4-14 是一个研究的访谈备忘录,从中,我们可以看到备忘录的基本组成和主要内容。

表 4-4-14 备忘录举例

1. 研究问题及选择

(1) 研究问题:聋儿家长对家庭康复的认识

(2) 选择的原因:聋儿的言语康复效果受到多方面因素的影响。自己在言语门诊工作中发现,聋儿的家庭康复对其言语康复效果有重要的影响。而不同知识背景、经历、学历和职业的聋儿家长对于聋儿家庭康复的看法与做法可能会有很大的不同,这将直接影响到聋儿康复的效果。因此,本人拟就一些相关问题对聋儿家长进行访谈,为如何有效开展聋儿家庭康复培训提供一些依据。

2. 可能存在的问题及解决方法

(1) 本人职业经历,使自己产生了这样的预设,即聋儿家庭康复会对聋儿的言语康复产生重要影响。那么这种预设是否会对访谈对象产生影响呢?

(2) 访谈的对象都与我有过直接的交流和接触,因此在访谈中,可能出于某种原因,家长不一定会告知自己对家庭康复的真实看法以及实施家庭康复的实情。

(3) 解决的方法:第一,在访谈中不要用自己的想法去引导家长,而是尽量让家长说出他们真实的想法与做法。第二,向家长说明访谈的原因与目的,即是为了开展聋儿家庭康复培训,提高聋儿康复水平(这一点应与家长的期望一致)。第三,向家长承诺保密性原则。第四,要努力营造一种平等、轻松、愉快的访谈氛围。

3. 研究对象的选择

从目前正在门诊部接受康复训练的聋儿家长中选择两位进行访谈。理由:这样选择较方便;两位家长与本人并不陌生。

4. 研究的方式

访谈采取半开放式的形式进行。事先准备一个访谈提纲,开放性的问题应占较大比例。反思:本次访谈基本达到了预期的效果,两位家长都认识到家庭康复对提高聋儿言语康复水平的重要作用。尤为可喜的是:她们对如何开展聋儿家庭康复培训提供了许多建设性的意见。另外,也为后续研究指出了方向,由于上述两位家长的学历层次较高,她们的想法与做法不能代表其他的聋儿家长。因此,还需要对学历层次较低的家长进行访谈。

（五）访谈后的反思

访谈之后的反思是质的研究的重要一环，也是质的研究的主要特色，其作用主要体现在以下两个方面。

1. 可以对问题进行正确的聚焦

质的研究对问题的界定是随着研究的进程而逐渐明晰的，而访谈后对问题进行反思，可以有效地对问题进行聚焦，不断缩小问题范围，找准问题。在研究中需要不断反思的内容包括：我是否达到了预设的访谈目的？还有哪些资料需要进一步搜集？访谈中有哪些不足之处？下一次如何改进等。

2. 摆正访谈双方的关系

在访谈过程中，若访谈者事先准备不够充分，会造成双方角色的改变，从而使访谈无法达到预期的效果。例如：一位高年级同学对一位新生进行"为什么会选择特殊教育专业"的访谈。访谈对象是一位很健谈的学生。在整个访谈的过程中，访谈者问一个问题，访谈对象可以讲好几分钟。出于礼貌访谈者一直在倾听，没有打断访谈对象的叙述。事后，访谈者反思："在访谈时，有许多重要的信息没有时间追问，而一些不重要的信息却得到了很多。感觉整个过程都是被访谈对象牵着鼻子走，自己倒成了访谈对象。"通过反思，该同学调整了访谈策略，在对下一位访谈对象进行访谈时，把握住了访谈中的主动权，引导着访谈对象谈出了有价值的信息，收到了良好的效果。

三、实物分析

实物主要包括：文字资料（如文件、教科书、成绩单、课堂笔记、日记等）、影像资料（如照片、录像、录音等）、相关的记录（如信件、作息时间表、作业、个人传记）、历史文献等。实物分析可以扩大我们的思考范围，启发我们用多种视角去分析问题。

汉莫斯雷和阿特金森（Hammersley & Atkinson，1983：143）认为：在实物分析时，研究者应该思考以下问题：① 这件实物是谁制作的？制作的目的是什么？② 他是如何制作的？是在什么情况下制作的？③ 它是如何被使用的？谁在使用它？为什么使用它？使用后有什么结果？④ 这件实物记载了什么？省略了什么？什么被制作者认为是理所当然的？⑤ 使用者为了理解这件实物需要知道什么？

实物分析法主要有以下优点：① 任何实物都是一定文化的产物，它体现了一定情境下人们对有关事物的看法。在有些情况下，实物比语言更具有说服力，可以表达一些语言无法表达的思想和情感。因此，可以通过对对象的实物分析，获得更多客观的、有价值的信息。例如，有研究者从笔迹来推断他人的内心世界。② 实物可提供有关被研究者言行的背景知识。在历史上，许多研究者十分重视实物分析法。例如，波格丹（Bogerdan）等在对20世纪20年代一所专门招收智力低下儿童的州立小学进行研究时，发现在所有与这所学校有关的照片中，学生们看起来外表都非常整洁、行为都很端庄，与来自中产阶级家庭智力正常的孩子没有什么两样。这些照片引起了公众的强烈反应。因为在20世纪20年代，美国正处于优生运动的高潮期，一些激进人士认为智力低下者是社会的祸害，是对人类福祉的威胁。显然，他们对智障儿童带有严重的偏见，甚至给人造成一种十分恐怖的印象。而波格丹等人的研究,展示了完全不同的情境,对公众全面与正确看待智障儿童起到了积极的作用。

在进行实物分析时,应该注意以下问题:① 搜集实物时,必须获得当事人的同意和许可,如果他们不同意提供有关资料,应该尊重他们的选择。② 如以当事人自传或有关回忆录为实物,要注意作者可能美化自己,叙述的内容可能与事实有偏差。

第5节 质的研究的资料整理与分析

资料搜集上来后,下一步的工作就是对其进行整理分析,其中包括初步分析和深入分析两个过程。资料的初步分析是指熟读资料,登录,寻找"本土概念",建立编码和归档系统的过程。资料的深入分析是指在资料初步分析的基础上,进一步思考资料类属之间的关系,找出核心类属,提出理论。本节将通过笔者对一名特教教师的职业生涯所进行的质的研究来展示资料的分析过程。

一、资料的初步分析

（一）阅读原始资料

资料分析的第一步是认真阅读原始资料,熟悉资料的内容,仔细琢磨其中的意义和相互关系。学者陈向明在其著作中曾谈到,在阅读原始资料时,我们应该摘掉有色眼镜,尽量去除脑子中的先入之见,采取一种"投降"的态度。这意味着研究者要把自己有关的前提和假设都暂时悬置起来,让资料自己说话。

阅读原始资料是一个在资料中寻找意义的过程。陈向明认为,该过程可以在不同层面上进行,例如可以在词语层面寻找重要的词、短语和句子及其表达的有关概念和命题。在语义层面探讨有关词、短语、句子的意义。在语境层面考察词出现的上下文以及资料产生时的研究情境。在语用层面寻找语词和句子在具体语境中的实际用途。在内容层面寻找资料内容的故事线、主要事件、次要事件以及它们彼此之间的关系。如在阅读"他是如何实现职业成长的"这一研究的访谈记录时,读者可以发现:在词语层面,访谈对象使用了较多诸如"学术研究"、"专业性"、"课题研究"等词语;从语义层面分析,这可以说明这位教师是一位极其热心于特殊教育教学研究的教师;在语境层面,每次谈到这些词语的时候,他似乎总是有说不完的话,总能够如数家珍般地列举出许许多多生动的事例;这也说明,如果研究者给予更多追问的话,他可能会继续提供更多的细节信息;在语用层面,他不止一次谈到"不要以为只有你们大学的教授或研究生才可能从事特殊教育研究,我们基层教师是很有发言权的"等话语,这说明,该教师对自己的工作可能有着强烈的自尊心,不容许他人贬低自己工作的价值,从而有时候会不自觉地去捍卫自己工作的尊严;在内容层面,他自从事特殊教育工作至今,其间虽多有挫折,但他还是乐此不疲。

（二）登录

登录是资料分析中一项最基础的工作,是将资料打散,再提取关键词的操作化过程。登录时经常采用的一种方法是为有价值的资料编上一个"码号",用以表示资料分析中最基础的意义单位。

寻找码号可以有很多标准,其中之一是词语出现的频率。如果某些词语在资料中反复出现,说明这些词语是被研究者关注的焦点,需要进行登录。例如,在对特殊儿童家长进行访谈时,家长如果反复提到自己孩子的"康复效果",那么便可以建立一个"康复效果"这样的码号。在对特殊教育专业的学生进行自己职业选择理由的访谈时,学生如果反复提到"有意义"。那么,我们便可以以"有意义"这个概念作为一个码号。在"他是如何实现职业成长的"的研究中,研究者对访谈记录的编码如表 4-5-1 所示。

表 4-5-1 访谈记录的登录举例

访谈记录	码号
访谈者:我想了解,你从毕业到现在,从事特殊教育工作的历程。 被访谈者:到现在已工作了 18 年,1990 年到 2008 年。其实很简单,教了两届小学和两届初中。今年就要把这一届初三送走。其中,前面一届,小学是六年,<u>做了班主任</u>。	1 做班主任
访谈者:这么多年,肯定有一些自己的体会吧,酸甜苦辣? 被访谈者:可以说,我的这 18 年可以分为三个阶段。第一个阶段是谋求一个工作职位的阶段;第二个阶段是谋求发展的阶段;第三个阶段是产生成就感的阶段。第一个阶段大概有六七年的时间。因为当时是教师嘛,<u>工资收入</u>不高,而且,我刚过来,这里刚刚开办聋校,我当时很年轻,刚二十几岁,人生的选择还有很多,教师并不是很吃香。以前做教师工资很低。或者我们选择去机关,经商都可以,甚至也有很多机会可以调到其他行业、其他机构去工作。但是<u>学校并不太同意</u>……因为我是学校第一个<u>专业教师</u>,特殊教育专业出来的,而且当时,也是年轻人当中的一个主要的专业教师。所以,校长并不是很同意我转行,尽管有很多机会,但都被他挡住了。如果那个时候去<u>经商</u>,那也不一定很差,因为,那个时候,这里经商的机会很多的,十个人去经商,有八个可以发财,所以我现在的很多朋友,当年身无分文,现在都<u>上百万元</u>,甚至几千万元,他们住洋房、坐跑车……	2 教师工资 3 转行 4 学校阻力 5 较早的专业教师 6 金钱
访谈者:那你朋友下海成功了,你后悔吗? 遗憾吗? 被访谈者:人生嘛,后悔也很难说。以前教师<u>地位</u>不高,现在<u>地位也比较高</u>了,收入在整个社会可以说是中上。这个随着时代的变化而变化,我想。	7 社会地位
访谈者:那你当时没下海,除了校领导还有其他阻力吗? 被访谈者:还有就是父母嘛,<u>父母认为我安稳一点算了</u>。因为他们是普通的工人,也没见过什么世面。他们就是要稳稳当当地过日子,不要太操心。如果不是这样的话,我当时也可以留校,也可以去外地的学校,当时,南京、深圳、广州都可以选择。所以说,唉——尊重父母的意愿吧。	8 父母的建议
访谈者:也是,当时,为什么想跳槽呢? 被访谈者:主要是<u>工资不高</u>。那个时候,100~200 元一个月。	2 教师工资
访谈者:那当时,普通小学教师也是这样一个情况吧? 被访谈者:男的做小学<u>教师没有地位</u>。当时,被认为是无能、无力、软……	7 社会地位
访谈者:你是指做小学男教师还是特殊学校男教师? 被访谈者:男教师被认为是<u>没有本事</u>的人,做小学男教师被认为是更没本事,做特殊学校的男教师被认为是教师当中能力比较弱的人。 访谈者:比一般小学还差? 会这样吗? 这是你自己的一种感觉? 还是社会上的看法?	9 本事

续表

访谈记录	码号
被访谈者：社会上的认识，当然也有来自家族里面的。 访谈者：他们会给你施加一些压力吗？ 被访谈者：他们希望我离开这个特殊学校，另外，他们希望我从事文字工作，可以到其他机关。而且他们也帮我物色了好几个工作岗位，比较稳定的、比较好的工作岗位。 访谈者：但是都没有走，是吧？ 被访谈者：那是没有成功，也想走过，受到阻挠。 访谈者：这是第一个阶段，那你第二个阶段的情况如何？ 被访谈者：第二个阶段，是谋求发展，我认为"既来之，则安之"，既然我从事这个专业，我要在这个专业上谋求一些发展。还有我是学校第一个专业教师，我应该体现专业性。那个时候，其实，我在学校中已经比较重视专业上的发展。因为，我是特殊教育专业，别人去学音乐、体育、美术的话，我认为我还是要学习特殊教育专业知识，所以我在学校当中，还是有意识地向这个方向发展。并且，在母校中，我也求助于其他专家，尤其是系主任，得到了他们的帮助。所以打下了专业的底子。也参加了在我们学校承办的一些国家级培训。学历也进修了，我自己考试获得中文专科、行政管理本科学历。还有，比较系统地去看了心理和教育方面的书籍，这在当时，在我们学校中还是比较早的，我是我们学校第一个拿到专科和本科学历的青年教师。 访谈者：那你第二个阶段中，有成就感吗？ 被访谈者：那时候，在我导师的推荐下，参加了四五次全国性的学术年会。另外，也认识一些港台的朋友，得到了他们的帮助。在专业上面，我自己试着写了一些文章，大概在2000年以前，我自己写了四五十篇文章。然后，编成一个小册子。这些得到专家的肯定。尤其是得到了国内一些教育专家的肯定。 访谈者：主要是你学术上发展有所收获，你就很有成就？ 被访谈者：××大学的教授，他们都非常热情，非常关心我专业上的发展。2002年，我参加了××大学心理系心理健康方向的硕士课程，通过两年半的系统学习，应该讲，专业上有了很大提高，主要是对特殊教育的知识体系，还有从大教育、大心理观看特殊教育有较大提高。从此，也认识了一些比较重要的教授。 访谈者：那你在学校内部会有一些成就感吗？学生的一些发展？ 被访谈者：我也主持了两个重要的教学改革，一个是书写工具的改革，在一个班级中配备盲文打字机。20世纪90年代中期，动员学校领导，全国第一个在班级中配备了13台盲文打字机，开展盲文打字效果的研究。通过5年的实验，通过一些数字的对比，得出了一个结论：用盲文打字机写盲文，无论在速度、效率和质量方面都比盲文板书要高两倍。这个在全国来讲是比较超前的，并且获奖，成果也在《中国特殊教育》中发表。第二个是率先将盲校的教育与普通学校接轨，因为，盲校的教材都内容比较陈旧，所以借用普通学校的好的教材、好的内容、好的方法，来促进盲人的学习，这是一个方向。盲人的学习潜能是比较大的，他们跟普通学生有一些共性，所以我在课程、教材、教法方面做了一些改进。	10 家庭压力 11 观念转变 12 体现专业性 13 丰富知识 14 拜访专家 15 参加培训 16 进修学历 5 较早的专业教师 17 学术会议 18 结识业内朋友 19 业内肯定 20 专业提高 14 拜访专家 21 课题研究

续表

访谈记录	码号
另外,我们早就实现了小班化,教师有很大的自由来选择教材,所以我并不完全使用盲文教材,另外,也增加了一些比较优秀的汉文教材。这样教学的内容就比较丰富,学生反应也比较好。所以,第一届<u>学生</u>,无论就业还是<u>升学</u>,也都是比较良好的。第一届学生当中,最高学历是中专,保健推拿中专毕业在杭州就业。也有些盲人学习按摩,他们的<u>生活、收入</u>都非常好。 访谈者:第三个阶段怎么样? 被访谈者:第三个阶段应该是在<u>专业上有很大突破</u>。这个阶段,承担了"中国教育学会特殊教育分会香港盲人辅导会视障儿童个别化矫治"这么一个<u>课题研究</u>以及<u>书刊编写</u>的任务。随着这个课题的开展,我有机会去<u>全国访学</u>。其中去了长春大学,了解了融合教育在高等学校的开展,另外,去了三次青岛盲校,参加相关的<u>学术会议</u>。另外,也去了一次香港,比较系统地了解了香港的盲人教育。也参观了香港教育学院,融合教育中心、盲人辅导中心。 访谈者:能不能谈谈你对特殊教育教师成长的理解? 被访谈者:特殊教育教师的<u>成长道路</u>,<u>至少也反映了社会发展的道路</u>。当时,我从事特殊教育时,正是特殊教育兴起的时代。当时比较重视硬件建设,还不太重视教师发展等内在建设。随着我国经济的发展、人权,以及对残疾人事业的重视,越来越重视师资的整体优化、个体的发展。我能够抓住其中的一些机会,使自己能在<u>学术</u>、<u>教育科研</u>方面有一些进步。 访谈者:那你现在怎么看待,特殊教育的教师和特殊教育事业? 被访谈者:特殊教育教师目前来讲是一个<u>还不错的工作</u>。因为<u>就业压力</u>的增大,很多大学本科毕业生进入特殊教育行业来工作,一方面他们可能要找一个工作,因为<u>工作很难找</u>;二是可能认为特殊学校比较清闲,收入也比较稳定,但是从另外一个角度来讲,大学毕业生进入特殊学校也是一个好事情,对改变师资结构,提高特殊教育质量也是一件好事。 访谈者:那你从事特殊教育事业十八年,最难忘的一件事是什么? 被访谈者:最难忘的一件事,我认为是学生毕业了,然后他们都是对我<u>依依不舍,很留恋</u>,我也是很难过的,但也是很开心的。因为他们有基本的知识,能够走上社会,有<u>谋生</u>的基础。 访谈者:那最伤心的事情? 被访谈者:最伤心的事情,当然有。<u>个别家长把孩子放在学校,一切都交归我们教师管,他们对我们工作中细小的差错,无限放大,横加指责</u>。但我们也是坦然接受,或者一笑了之。 访谈者:有没有面对其他的压力? 被访谈者:其他的压力主要来自<u>我的家庭</u>。因为我们的家族并<u>不支持</u>我从事特殊教育工作。哪怕到现在也是,因为我们家族中有大学教授、政府官员、社会名流。他们并不是很了解我的工作。他们认为我的工作只是一个<u>饭碗</u>。	22 学生就业 23 学生收入 21 课题研究 24 书刊编写 25 访学 17 学术会议 26 社会发展与特教教师的成长 27 学术进步 28 工作满意度 29 对职业的理解 30 师生情深 22 学生就业 31 家校关系 10 家庭压力 32 谋生

续表

访谈记录	码号
访谈者：但是，你还是无怨无悔？ 被访谈者：现在来讲，我还是比较<u>自豪</u>，因为，在这个专业中，我还能做得<u>比较精湛</u>的。我认为<u>敬业</u>是一个人面对工作的一个基本的品质吧。	33 自豪感 34 专业精湛
访谈者：你觉得对特殊教育教师来讲最重要的是什么？ 被访谈者：我觉得作为一个特殊教育的教师，最重要的是他要认定<u>他自己的方向</u>，他要找到自己发展的位置。也就是说要走专业发展的道路，许多特殊学校教师也会考虑自己的收入或者仕途啦。但是我认为，作为一个特殊学校的教师，首先他是一个<u>专业人才</u>，他必须有自己的<u>专业技能</u>，也就是他教残疾学生时要有<u>科学性和专业性</u>。特殊学校教师的成长会非常漫长。	35 提升专业性的理解
访谈者：你对自己今后有什么设想？ 被访谈者：我自己今后的设想，应该是我要做一个既有<u>理论又懂实践</u>、有临床经验的特殊教育专业教师。	36 自我期望
访谈者：也就是扎根这一方土地去做好自己的本职工作？ 被访谈者：是的，我认为，像我们基层特殊教育教师，最重要的要有踏踏实实的<u>实践能力</u>，但是也不能忽视<u>理论修养</u>。也就是，我希望能走不同于大学教授这条道路，也不要像教书匠，我要走一条既有理论知识又懂实践的<u>理论与实践相结合</u>的道路。	37 基层教师大有可为
访谈者：关于你的职业还有什么要补充的吗？ 被访谈者：我认为特殊教育教师首先是要高标准、高要求，要关心<u>特殊教育的最新发展</u>。其次，是要参与学术研究。<u>学术研究并不只是大学教授的事情</u>，我们一线的教师最了解孩子、最有条件去开展教学研究。如果我们教师去学习一些比较科学的研究方法，去<u>爱孩子</u>，尽心观察，我想，真正的<u>特殊教育专家</u>在特殊学校会涌现更多。 访谈者：好，先聊到这里，谢谢！	37 基层教师大有可为

（三）寻找"本土概念"

在将资料搜集回来之后，我们需要对资料进行有目的性的选择，哪些资料是要保留的？哪些资料是要删除的？这就需要精简资料，寻找文本的关键词或"本土概念"。研究资料中有一些能够表达被研究者自己观点和情绪感受的概念，这些概念通常带有他们鲜明的个性和特色，我们称之为"本土概念"。和原始资料的登录一样，寻找本土概念也可以有很多不同的标准。一般来说，研究对象使用频率比较高的概念应该是比较重要的，在他们的生活中占据比较重要的位置。其次，被研究者在使用的时候带有强烈感情色彩的概念往往比较贴近他们的心灵，也可以作为本土概念。表 4-5-2 是寻找本土概念举例。

表 4-5-2 寻找本土概念举例

访谈者：在学校会有挫折感吗？
被访谈者：特殊学校很封闭。
访谈者：你讲的封闭是指……

> 被访谈者：接触的都是残疾人，不是社会优秀人。
> 访谈者：你是指跟学生在一起？
> 被访谈者：学生不努力，学生太笨。
> 访谈者：普通学校里，每个班都有比较笨的学生吧。
> 被访谈者：10个学生，5个一点也不会，你喜欢教吗？

表4-5-2中，"封闭"是被访谈者提及的一个涉及自己内心感受的重要词汇，因此将这一词汇定为本土概念。访谈者通过对这一本土概念的及时追问，对"封闭"一词有更加确切的理解，即接触的都是残疾学生，社会活动范围狭窄。

（四）建立编码和归档系统

1. 建立编码系统

登录需要进行多次，第一次登录完成以后，我们可以将所有码号都汇集起来，组成一个编码本。这是一个按照一定分类标准组合起来的码号系统。编码本有两个主要作用：一是可以将码号系统地排列出来，使我们了解现在码号的数量、类型，其所代表的意义及其相互之间的联系。二是可以为我们今后查找码号提供方便。编码本中的码号不宜过多，第一次登录的码号不应该超过40个（Bogdan & Biklen，1982）。随着研究的逐渐深入，编码会逐渐集中，数量也会相应的减少。在编码的时候，也可根据搜集资料的实际情况来确定编码的数量。如"他是如何克服职业倦怠，实现职业成长的"研究中，对三次的访谈结果进行了初级编码，找到了73个码号，形成了如表4-5-3所示的编码系统。

表4-5-3 编码系统表

1 做班主任(1)	38 出息(2)
2 教师工资(5)	39 社会偏见(1)
3 转行(2)	40 劣类(1)
4 学校阻力(2)	41 男人角色(1)
5 较早的专业教师(3)	42 自我职业认同(2)
6 金钱(3)	43 自信心的提升(1)
7 社会地位(3)	44 对领导的评价(5)
8 父母的建议(1)	45 环境封闭(3)
9 本事(1)	46 对新教师的评价(1)
10 家庭压力(5)	47 社会认同度(1)
11 观念转变(1)	48 对中小学教师群体的理解(1)
12 体现专业性(2)	49 前途(1)
13 丰富知识(1)	50 教学经验(1)
14 拜访专家(3)	51 人际关系(1)
15 参加培训(2)	52 资深专业教师(1)
16 进修学历(1)	53 工作环境(1)
17 学术会议(4)	54 对校长与学校关系的理解(1)
18 结识业内朋友(1)	55 基层工作经历(1)

续表

19 业内肯定(7)	56 受到冷遇(1)
20 专业提高(2)	57 受到压制(1)
21 课题研究(4)	58 无奈(1)
22 学生就业(4)	59 心态转变(1)
23 学生收入(1)	60 学生笨(1)
24 书刊编写(1)	61 无法面对过去(1)
25 访学(2)	62 对其他教师的评价(1)
26 社会发展与特教教师的成长(1)	63 学术成就(1)
27 学术进步(1)	64 科班出身(1)
28 工作满意度(1)	65 使命感(1)
29 对职业的理解(1)	66 办学校(1)
30 师生情深(2)	67 灰心(1)
31 家校关系(1)	68 怀才不遇(1)
32 谋生(1)	69 兴趣转移(2)
33 自豪感(1)	70 处事能力(1)
34 专业精湛(1)	71 授课方式(1)
35 对提升专业性的理解(1)	72 两难心态(1)
36 志向(3)	73 渴望被认同(1)
37 基层教师大有可为(3)	

注：括号内为该码号出现的次数。

2. 建立归档系统

建立编码系统的同时，需要建立一个可以随时储存和调出资料的档案袋系统。建立该系统的目的是将相同或相近的资料放在一起，将不同的资料加以区别。归类时，不仅需要识别资料的属性，而且还需要对不同的资料进行比较，找到事物之间的联系。我们可以按资料之间的类属关系，将其分配到不同的档案袋中。如在"他是如何克服职业倦怠，实现职业成长的"研究中，我们可以将他遇到困难的资料放在一个档案袋中，将他应对困难策略的材料放置到另一个档案袋中。

二、资料的深入分析

资料的深入分析是指对原始材料进行登录和编码，建立了编码本和档案袋后，对所有资料按某种标准进行归类，并做进一步分析的过程。其根本目的在于将资料进一步浓缩，并在资料之间建立起必要的联系，为研究做出初步结论。

在对资料的深入分析中，对资料的归类可以有不同的标准和方式，这要结合具体的研究目的和资料本身的特点来确定。一般来讲，常见的方法有类属分析、情境分析以及类属分析与情境分析相结合。

（一）类属分析

类属是资料分析中的一个意义单位，代表的是资料所呈现的一个观点或一个主题。类属与码号有所不同，码号是资料分析中对资料进行登录的最小意义单位，而类属是资料分析中一个比较大的意义单位。也就是说,码号是资料分析中最低层的基础部分,而类属则是建立在许多码号组合之上的一个上位的概念。一个码号可以分别归到不同的类属下面,一个类属也可能包含多个相关的码号。"类属分析"就是将相同性质的资料归并到同一类别,并且以一定的概念予以命名。

例如,在"他是如何实现职业成长的"研究中,研究者在初次登录后,共形成了73个码号,这些码号中有些码号说明的是一类问题。因此,需要进一步对上面的码号进行归类,找出类属概念,仅仅对职业倦怠原因一项进行分析就可以得到类属关系图,如图4-5-1所示。

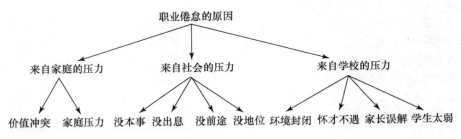

图 4-5-1　类属关系图

(二) 情境分析

情境分析是指将资料放置于研究现象所处的自然情境之中,按照故事发生的时序对有关事件和人物进行描述性分析。这是一种将资料先分散然后再整合的方式,即先将资料打散,然后将分解的部分重新进行组织,整合成一个完整的、在真实情境中的故事。一个好的情境分析,往往会使读者感到这个故事统一完整,读起来引人入胜。而实际上,情境分析并不像写小说那样随意,研究者在成文的时候,要把搜集到的原始资料整合成一个具有内在联系的故事,构造一个不仅生动有趣,而且有实际支撑的故事,这其实还是有一定的挑战性的。

情境分析需要寻找那些将资料连接成一个叙事结构的关键线索,对事物整体做动态的呈现。情境分析的内容可以是研究现象中的主题、事件、人物、时间、地点、状态和变化等。这些内容可以综合使用,也可以以一个部分作为主干,其余部分作为支撑来进行整合。在采用情境分析时要注意以下两点。

1. 通读资料

在进行质的研究的过程中,研究者会搜集到很多故事,研究需要对这些故事进行通读,从而找到核心故事。核心故事是情境分析中最中心、内容最密集的部分,代表了资料的整体意义。找到核心故事后,就可以进一步思考该故事发生的时间、地点、人物、事件、结果,以及前后之间的联系。对非核心的故事要一笔带过,而对核心故事却要浓墨重彩。

2. 分析关系

找到核心故事之后,需要进一步分析故事之间的关系。此时应该思考,在这个故事中,什么是主要事件,什么是次要事件,这些事件之间的关系是什么。如在"他是如何克服职业倦怠实现职业成长的"研究中,我们观察到被访谈者主要讲了三个核心的故事,一是职业倦怠的表现,二是面对倦怠自己的应对方式,三是影响职业倦怠转化的因素。这三个故事组成了一条线。即倦怠——应对——促进因素。在情境分析时,可以将访谈过程中发生的事件、访谈者的一些反应,以及其所讲的"本土概念"直接引用过来,通过原汁原味的素材来论证观点。表 4-5-4 是情境分析举例。

表 4-5-4　情境分析举例

职业倦怠的原因 (1) 环境封闭 　　职业的特性导致了特殊学校教师所处的环境相对封闭。被访谈者谈到:"特殊学校很封闭,接触的都是残疾人,不是社会优秀人。"出于对特殊学生安全的考虑,不少学校都实行了"坐班制"。教师的工作环境,除了办公室、教室就是家庭。做的事情除了上课、备课、批改作业、照顾特殊学生,就是回家烧饭、照顾孩子。生活和工作极其单调乏味,缺少与外界接触的机会,久而久之,易使教师产生厌烦心理,此心理问题长期得不到缓解,极易产生职业倦怠。 (2) 怀才不遇 　　在访谈的过程中,访谈对象反复提到了自己的领导。认为自己受到了"冷遇"和"压制"。他在自己的专业方面显得比较自信,一直认为自己是一个"懂专业"的人,但有时候会显得"功高盖主"。他的言谈中带有一种对领导的不屑。他认为,他学校的领导是"行政型"的领导,不是科班出身的,他们对特殊教育不"热心",他感到十分"悲哀"。谈到领导时,他的情绪反应比较强烈。在访谈中,他也透露,自己以前也想过要当领导,也担任过一定的管理工作,但是"不太会做人",最后还是放弃了,转而主攻学术。 (3) 家长误解 　　在访谈中,当被问及工作后遇到的最伤心的事情是什么时,他说:"最伤心的事情,当然有。个别家长把孩子放在学校,一切都交归我们教师管,他们对我们工作中细小的差错,无限放大,横加指责。"但我感觉到,家长对他工作的误解并不能算是他最大伤心的事情,因为,在三次访谈中,他只有一次谈到了与家长的关系,大部分时间还是在谈学校的领导问题。 (4) 学生太弱 　　师生关系是学校中的重要关系。而特殊学校中,特殊学生由于残障的原因,教师的教育收效缓慢,这些给教师带来挫折感。在访谈中,我问他:"和学生在一起,会感觉到受挫吗?"他说:"学生太弱,因此,会有挫折感。"虽然这样说,但我感觉,这位教师还是很爱学生的,与挫折感相比,他从学生那里获得了更多的成就感。

(三) 类属分析和情境分析的结合

类属分析和情境分析两者各有优劣。类属分析的长处是:采用关键词或结构图的形式,将原始资料浓缩成有上下位概念关系的类属,给人以一目了然之感。其短处是:它容易忽略资料之间的连续性以及情境性,无法动态地反映事件的过程。另外,也可能将一些无法分类,但对于研究问题十分有价值的资料排除在分析之外。

情境分析的优点是:叙事内容更加贴近当事人的生活,叙述的情境给人以身临其境的感觉,读起来比较亲切。但情境分析也有不足,因为研究者可能只叙述了相关的情节,使人产生拼凑之感,且缺少对情节内容的深入分析,容易使整个研究显得浮光掠影,缺乏深度。

所以,在质的研究资料分析的过程中,可以综合采用类属分析和情境分析两种方法,即可以在类属中加入一些故事或个案,也可以在一个情境分析中,进一步对故事从不同的侧面进行类属分析,有机地将两种方法结合起来。

第6节 质的研究中的理论建构

在质的研究中,理论建构是对研究问题提出某种假设或给予合理解释的过程。这种假设或解释就可以称之为"理论"。如精神分析心理学大师弗洛伊德对个人心理构成的假设,就是一个从实践中归纳理论的例子。当然,并不是任何一项质的研究都要进行理论建构,有些指向实践的研究,只要找到一个解决问题的方法即可。如果要进行理论的建构,通常采用的是"扎根理论"的程序方法。

一、扎根理论简介

在质的研究中,理论建构通常采用的是 1967 年格拉斯(Glaser)和斯特劳斯(Strauss)提出的"扎根理论"程序方法。该理论主要强调以下观点。

(一)自下而上构建理论的思想

扎根理论其实是一套关于如何从原始资料中建构理论的思想方法。该理论认为不应该从研究者预设的假设开始采用逻辑推理和演绎的方法来建构,而应该从资料入手进行归纳分析,自下而上地不断将资料浓缩,对经验逐步提升,最终形成理论。扎根理论认为,在社会科学中,理论只有通过对原始资料的分析才能够产生。

(二)保持建构理论的敏感性

扎根理论研究方法的主要宗旨是建构理论,因此,它特别强调研究者对理论保持高度的敏感。不论是在研究设计阶段,还是在资料的分析阶段,研究者都应该对自己现有理论、前人的理论保持敏感。时时处处留心,准备将经验进行提升,不断形成对问题的解释或假设。

(三)不断比较的方法

扎根理论的主要分析方法是比较分析法,即在资料和资料之间、理论和理论之间不断进行对比,然后根据资料与理论之间的相关关系,提炼出有关类属的方法。因其持续性和不间断性,这种方法被称为"不断比较的方法"。比较时,通常要遵循以下步骤:首先,对资料进行细致的编码,尽可能多的将资料归到相应概念类属下面。其次,对不同的概念类属进行比较,考虑它们之间的关系。最后,勾勒出初步的理论,对理论进行陈述。

(四)强调个人解释的作用

扎根理论的倡导者认为,在建构理论时,可以参阅前人的相关理论,但是,扎根理论更强调研究者的个人解释在建构理论时所起的决定性作用。扎根理论认为:我们之所以可以理解原始资料,是因为我们带入了自己的经验性知识,从资料中生成的理论实际上是资料与我们个人解释之间不断互动和整合的结果。原始资料、研究者个人的解释、前人的理论之间是一个三角互动的关系。因此,在分析资料时,研究者必须有自己的观点。

二、扎根理论的程序

(一)一级编码

一级编码也称开放式登录,这是建构理论的初级编码。在这个过程中,研究者应该注意要保持一种开放的心态,尽量悬置个人偏见,并尽可能将原始资料打散,再以新的方式组合起来,最终从资料中发现概念的类属。在进行开放式登录时,有以下的原则可供参考(Strauss,1987):① 对资料进行非常细致的登录,不要漏掉任何重要的信息;登录越细致越好,直到饱和为止;如果发现了新的码号,可以在下一轮进一步搜集原始资料。② 注意寻找当事人使用的词语,特别是那些能够作为码号的原话。③ 给每一个码号进行初步的命名,可以使用当事人的原话,也可以使用研究者自己的语言,不要担心这个命名现在是否适合。④ 在逐行分析资料时,就有关的词语、短语、句子、行动、意义和事件等进行自我发问,如:这些资料与研究有什么关系?这个事件可以产生什么类属?这些资料具体提供了什么情况?为什么会发生这些事情?⑤ 对某些词语和短语有关的概念分析,列出它们的不同维度。这些维度应该可以唤起可比的案例,如果没有产生比较的例子,应该马上寻找。⑥ 注意我们自己列出来的登录码号,探讨这些码号与相关理论的演进之间的关联。

(二) 二级编码

二级编码也称关联式登录。其主要任务是发现和建立概念类属之间的各种联系。这些联系可以是因果关系、时间关系、语义关系、相似关系、差异关系、对等关系、类型关系、功能关系、过程关系和策略关系等。在二级编码中,研究者每次只对一个类属进行深度分析,围绕这一类属寻找相关关系,这个类属也称为"轴心"。随着分析的不断深入,各有关类属之间的各种联系就会变得越来越具体。

每一组概念类属之间的关系都建立起来之后,研究者还需要分辨其中什么是主要类属,什么是次要类属。不仅要考虑到类属本身之间的关系,还要探寻被研究者表达这些概念类属的意图和动机,将他们的言语放到当时的语境以及他们所处的社会文化背景中加以考虑。

(三) 三级编码

三级编码也称核心式登录,指在所发现的概念类属中,经过系统的分析以后,选择一个核心类属。核心类属必须在与其他类属的比较中一再被证明具有统领性,能够将最大多数的研究结果囊括在一个比较宽泛的理论范围之内。核心式编码主要包括如下步骤:① 明确原始资料的故事线。② 描述主类属、次类属及其属性和维度。③ 检验已经建立的初步假设,填充需要补充或发展的概念类属。④ 挑选出核心概念类属。⑤ 在核心类属与其他类属之间建立起系统的联系。⑥ 如果找到了一个以上的核心类属,用不断比较的方法,将相关的类属连接起来,剔除关系不够紧密的类属。如在"他是如何实现职业成长的"的研究中,首先,在开放式登录中找到访谈对象使用的本土概念,如"做班主任、教师工资、转行、学校阻力、较早的专业教师、金钱、社会地位、父母的建议、本事、家庭压力、观念转变、体现专业性、丰富知识、拜访专家、参加培训、进修学历、学术会议……"等本土概念。然后,在关联式登录中,主要找到了三个类属:倦怠的原因、应对的方式以及其他影响职业成长的因素。把上述所有的本土概念都归到这三个类属之中。最后,在所有的类属和类属关系都建立起来以后,在核心式登录的过程中将核心类属定为"职业倦怠及转化的影响因素"。在这个理论框架下,进一步分析原始资料后,从而建立一个扎根理论:个人的职业定向、社会进步、业内肯定和学生成才对特殊学校教师的职业成长具有决定作用。

第 7 节　质的研究报告的撰写

质的研究报告的撰写是展现质的研究成果的主要形式,是质的研究过程的最后一环,质的研究报告的撰写需要符合书写规范,做到结构完整,呈现方式恰当。

一、组成部分

一般来说,质的研究报告通常包括以下六个部分。

(1) 问题的提出:包括研究的现象和问题。这部分要对研究现象进行整体性的、情境化的、动态的"深描"。

(2) 研究的目的和意义:包括个人的目的和公众的目的、理论意义和现实意义等。

(3) 背景知识:包括文献综述、研究者个人对研究问题的了解和看法、有关研究问题的社会化背景等。

(4) 研究方法的选择和运用:包括抽样标准、进入现场以及与被研究者建立和保持关系的方式、搜集资料和分析资料的方式、写作的方式等。这部分通常要有一定的篇幅介绍研究的时间、地点、事件和活动等。

(5) 研究的结果:包括研究的初步的理论假设、最终结论等。在书写时,要特别注意事件的具体细节、有关事件之间的联系、当时当地的具体情境以及事情发生和变化的过程。研究的结论必须有足够的资料证据作为支撑,不能只是抽象地列出几条结论。作者在论证结论时,必须从原始资料中提取合适的素材,将其"原汁原味地"呈现出来。

(6) 研究结果的检验:讨论研究的效度、推广度和伦理道德等问题。在质的研究中"效度"是一个存在争议的词。有研究者认为,质的研究中的效度是指一种关系,即研究结果与其他部分(包括研究者、研究的问题、目的、对象、方法和情境)之间的一种一致性。由于质的研究不采用量的研究中经常用的概率抽样的方法,其研究结果不可能由样本推论至总体,最多只能作为同类研究的一个参考,因此研究结论的推广度较小。关于伦理道德方面,要反思研究是否对研究的结果进行了保密性处理,是否对被研究者进行了公平回报,所表达的研究是否事先征得研究者的同意等等。

二、呈现方式

一般来说,质的研究报告的呈现方式可以分成两种:类属型和情境型。类属型主要使用分类的方法,将研究结果按照一定的主题进行归类,然后分门别类地加以报道。类属型主要适合以下情况资料的呈现:① 研究的对象或事件比较多,很难进行个案呈现。② 研究结果中主题比较鲜明,可以提取出几个主要的类别。③ 资料本身就有分类的倾向,研究者在搜集资料或分析资料时采用的也是类属的方法。类属型的优点是逻辑清晰,组织严密。但这种呈现研究的方法有可能失去研究的场景、被访者的个性特征等重要信息。

情境型写作时注重研究的情境和过程,注意按事件发生的时间序列或事件之间的逻辑关联对研究结果进行描述。由于注重研究或事件的具体情境,情境法通常将搜集到的资料按照个案的方式或按照不同的场景来加以呈现。显而易见,这种呈现资料的方法可以比较生动、详细地描述事件发生时的场景,真实地表现当事人的情感反应,准确地揭示事件之间的衔接关系,从而使之读起来像读小说一样引人入胜。可以说,按情境来呈现资料结果的方法,更能够体现出质的研究的特点。

在写作中,研究者也可以扬长避短,综合使用类属型和情境型这两种方式来呈现研究报告。比如,可以使用类属型作为研究报告的基本结构,然后在每一个类属下面穿插小型的个案或片段。也可以以情境型作为整个报告的主干,同时按照一定的主题层次对故事情节进行叙述。综合使用两种方法往往可以使整个研究报告显得既严密又生动。

第8节 质的研究的应用举例

一、行为偏差生同伴交往状况的质的研究

1. 研究的问题

随着社会的发展,工读学校教育对象的主体已经由过去单纯违法和轻微犯罪的学生转变为现在家庭和学校教育有困难的托管生。从目前工读学校接纳的工读学生和托管学生的实际情况而言,大多学生属于行为偏差的初中生,他们的大部分时间在学校度过,所以同伴交往就成为其最主要的交往方式。同伴交往对青少年社会性和情感的发展具有独特的、成人不可替代的作用,青少年正是在与同伴的交往中,形成自我概念和构建自己的人格。行为偏差生作为一个特殊的群体,群体内异质性十分明显,因此,选择适当的研究方法对其同伴交往的方式与特点进行探索与分析,将对提高教育的针对性具有重要的实际意义。

质的研究站在局内人的角度,以自己作为研究工具,通过与研究对象接触,在自然状态下"试着进入研究对象自身的概念世界,了解人们如何建构和解释他们日常生活经验的意义"。因此,本文尝试运用质的研究方法,对三名行为偏差生的同伴交往状况进行深描,从而更深入地理解行为偏差生个体的心理状态以及与同伴交往的基本状况。

2. 研究的方法

本研究采用目的性抽样(purposive sampling),并选择典型个案为研究对象。具体研究对象为上海市一所工读学校中的三名男生,其中两位是初二的学生;一位是初三学生。他们的偏差行为和同伴交往状况比较有代表性。另外,这三位学生表达能力都比较强,容易通过访谈搜集资料。确定研究对象之后,采用开放式访谈、半结构化访谈和现场观察的方法收集研究资料。每次访谈开始时,在征求被访谈者同意后用录音笔录音,并同时记录下被访谈者一些重要的肢体动作、面部表情以及访谈后一些即时的想法,随后把录音资料转换为文本资料。最后,主要采用的是类属分析的方式,同时辅助于情境分析对资料进行处理。

3. 研究结论

通过对资料的处理,得出以下初步结论。

3.1 同伴的选择

三位研究对象在同伴选择方面的要求和标准基本一致,他们选择同伴的首要条件是同伴要讲义气、守信誉、不撒谎,而且要谈得来。他们经常在一起交往,而与其他同学交往不密切。

  3.2 同伴交往的内容

  通过访谈发现,研究对象同伴交往的最主要内容是电脑游戏、打篮球和吵架。他们都非常沉迷网络游戏,因此,电脑游戏是他们之间最流行的话题。由于学校每天安排有专门的户外活动时间,而户外活动内容绝大部分是打篮球,所以打篮球也成为同伴间重要的交往内容。再有就是吵架,吵架已经变成他们"生活中的一部分",有时纯粹是为了吵架而吵架,毫无目的。同伴间也有少量的情感沟通。

  3.3 同伴交往的方式、频率

  和自己校外同学联系的主要方式是打电话或网上联系,其中QQ是他们最喜欢用的方式,一般一个礼拜联系一次。和自己班级中的同学每天课余时间会一起说话、打篮球,交往时间每天四小时左右。

  3.4 交往中的欺负现象

  访谈发现,学校里同伴间的欺负行为比较严重。刚开始同伴间没有固定的欺负对象,但一旦发现某个同学有令人讨厌的缺点,就群起而攻之。被攻击者如果表现懦弱,其他同学就会有恃无恐,用各种恶作剧甚至打来惩罚欺负对象,并以此为乐。谢同学和储同学是同班同学。他们班级中有一位大家欺负的对象 A 同学,大家对 A 恨之入骨,原因是 A 同学爱骂人。刚开始的时候,A 同学仅和班级中的某一个同学整天吵架,其他同学保持中立,后来其他同学也看 A 不顺眼。大家开始一起骂 A,他也不敢怎么还口。而 A 同学看到强的就怕,看到弱的就横的个性也加剧了其他同学对他的欺负行为。"我们欺负他……,他如果还手,我们肯定还会加倍惩罚他。"这些惩罚活动没有固定的组织者,谁都可以发起,而且谁都可以想一个计划整他,A 同学不敢反抗,否则就又要挨打。

  3.5 影响同伴交往的因素

  在学校影响同伴交往的因素主要是教师。教师会干预同学间的欺负行为,这使访谈对象觉得教师不公平,甚至会与教师发生正面冲突,骂老师。但一般情况下,研究对象对教师还是有所顾忌,会停止正在进行的打架或欺负行为。

  家长教养方式的不当是影响研究对象同伴交往的先行因素。父母双亲对他们的关怀较少,使他们比较孤独,渴望心灵上的安慰。比如谢同学,跟爸爸关系不是很好,他爸爸总是怒吼和臭骂他,因此他不愿意留在家里,经常和社会上的朋友一起打架、喝酒等,从中寻求认可和关怀。储同学的妈妈经常晚上半夜三更才回来,爸爸除了上班就是搓麻将,他也因为没人管,渐渐失去了对学习的兴趣。

  3.6 同伴间的互相影响

  同伴间的相互影响主要表现在学习和行为方式上。谢同学觉得同伴对他主要的影响是"待人处事"。储同学认为同伴对自己最大的影响就是学习,自己最好的玩伴就是自己的表姐,储同学以前从来不玩电脑,后来跟表姐出去玩,表姐玩网络游戏他就跟着玩,玩着玩着就上瘾了。储同学觉得工读学校外面的同学对自己帮助比较大,因为外面的同学会劝他要好好学习,工读学校班级中的同学都是吃喝上的帮助,但都蛮讲义气的。吴同学认为自己在进入工读学校之前的朋友都是流氓,但讲义气,要打架大家一起上。他认为朋友最重要的作用是"出门靠朋友,人家在外面混得好,帮一下,介绍一个位置给你坐坐"。吴同学有时也觉得自己的打架、骂人等行为不妥当,但是大家都是这个样子也就无所谓了。

4. 讨论与分析

通过分析资料发现,研究对象同伴交往的对象较少,除了两三个好朋友经常在一起聊天、打游戏外,和班级中其他同学的关系淡漠。这和普通初中生同伴交往状况存在差距,有调查表明,有三名以上交往伙伴的普通初中生大约占总数的 90% 以上。交往内容方面,普通初中生主要的交往内容是闲聊、谈心事、学习功课、体育活动、玩游戏等,其中闲聊、谈心事、学习功课和体育活动是他们同伴交往的最主要的内容。而访谈对象同伴间交往的主要内容是游戏、打篮球和吵架,作为学生主要任务的学习功课基本没有进入他们交往的范畴。诸如谈心事之类的情感交往,访谈对象也较少提起,但是他们感到孤单。出现交往内容贫乏的可能原因是,研究对象所在学校是半军事化管理,学校的生活相对刻板和单调,因此他们会通过毫无目的的吵架来缓解内心的空虚。而同伴间淡漠的关系和较少的情感交流,加之父母的忽视,会给研究对象造成孤独感。青少年时期这种孤独体验和抑郁与被遗弃感有关,使青少年找不到社会归属感,从而导致自尊心下降,这与先前的一些研究结论相一致。

20 世纪 90 年代中期以来,同伴在欺负事件中作用的实证研究发现,欺负问题除涉及欺负者和受欺负者外,班里其他儿童也卷入其中,且在欺负过程中扮演着不同的角色(participant role),包括协同欺负者(协助欺负者捉弄或折磨受欺负者)、煽风点火者(通过一些煽动性的言语或姿势而鼓动欺负者)、置身事外者(总是保持中立,与欺负发生场所保持一定的距离)和保护者(安慰、帮助受欺负者,并努力制止欺负行为)。儿童在欺负事件中最常见的三种角色是置身事外者、煽风点火者和保护者。研究对象间的欺负行为和普通学生的表现存在差异,在他们的团体中,不存在置身事外者和保护者,只有被欺负者、欺负者和煽风点火者。这种现象应该引起关注,因为此种状况会进一步加剧欺负行为,同伴以积极(协同欺负或煽风点火)的方式促进了欺负行为的发生和持续。此外,就儿童在同伴群体中的地位来说,受欺负者大多不受同伴欢迎或受到排斥,并且几乎没有同伴愿意和他们交朋友,其同伴网络最小。缺少同伴支持是儿童受到欺负时或受到欺负后无法摆脱困境的重要原因。教师对被欺负者的帮助微乎其微,而且教师对欺负行为的制止可能会增加欺负者对被欺负者的怨恨,从而进一步加剧欺负行为。所以,有必要帮助被欺负者建立自己的同伴网络,从而改变现状。
(作者:李娜、张福娟)

二、他是如何实现职业成长的?——一名特殊教育教师职业生涯的质性研究

1. 研究的问题

个体接受学校教育后进入社会,需要寻找一个合乎自己发展的职业。个体在自己职业成长的过程中,逐渐获得一定的社会认同,找到相应的价值归属。个体的职业成长有高峰也有低谷,有时候会产生职业生涯中的倦怠(burnout)现象。1974 年美国心理学家费登伯格(Freudenberger)首次提出"职业倦怠"术语,这一术语是用来描述那些服务行业的人们因工作时间过长、工作量过大、工作强度过高而产生的一种疲惫不堪的状态。造成个体职业倦怠

的原因是多种多样的,如审美疲劳、较少回报、较低成就感、压力增大等。克服职业倦怠是个体实现职业成长的重要一环,克服从业过程中的倦怠感,才能使个体成为一名真正的职业人。

教师是社会众多职业中的一种。教师的职业环境主要是学校和班级,工作环境比较单一,授课的教材、内容和时间有固定标准,缺乏变化和创新,随着教师工作年限的增长,职业倦怠随之而来。教师职业倦怠是指教师不能顺利应对工作压力时的一种极端反应,是教师在长期压力下所产生的情绪、态度和行为的衰竭状态。其典型表现是工作满意度低、工作热情和兴趣的丧失及情感的疏离和冷漠。

特殊教育是教育的一个分支,这个职业中的从业人员也面临着职业倦怠的问题。由于本人所学的专业是特殊教育,在求学的过程中,我深切体会到,特殊教育专业是一个充满艰辛的职业。因为,特教学校教师在教学技能、师德师风等方面除了要达到普通学校教师基本要求之外,还需要掌握特殊教育知识和技能,这就使得特教学校教师在工作中比普校教师要付出更多的辛劳。而且,特教对象普遍带有某些身体或心理上的障碍,如盲、聋、弱智等。这些残障儿童与普通儿童相比,接受知识的能力比较弱,教师教得相当吃力,即使教授同样的知识,在特教学校,教师也要精心设计、关注差异;教师的成就感来自于学生,残障学生取得的成绩和成功,对于教师来说是莫大的奖励和安慰。但是,残障儿童的学业成长比普通学生要慢得多,有时候半年,甚至一年根本看不出来残障儿童身上发生的变化,这使得特教学校教师极为受挫和无奈。除此之外,在特殊学校工作的教师,还面临着来自家庭和社会各个方面的压力。因此,在笔者看来,特殊教育教师(尤其是青年教师)不可避免地会产生职业倦怠的现象,从而影响到他们的职业成长。如果能够深入地了解这种职业倦怠的原因,以及转化职业倦怠、促进职业成长的因素,那么就可能为特教学校教师的职业成长提供一些借鉴和思考,这就是本研究的初衷。

2. 文献综述

(1) 职业倦怠的影响

对特殊教育教师职业倦怠现象的调查显示:已有许多特殊教育学校和康复机构的教师产生了职业倦怠。他们普遍感到工作压力大、工作时间长、学生难教、社会或家长期望过高、社会地位与待遇相对较低。因此导致教师的成就感与幸福感降低。伴随职业倦怠,特殊教育教师心理上也会有相应的变化。有人用心理状态自评量表对特殊教育学校教师进行测验,结果显示:在躯体化、强迫症、人际关系敏感、焦虑、恐怖、精神病性6个因子的平均得分显著高于国内成人常模。类似的研究也发现,特教教师的焦虑水平高于普教骨干教师,特教教师的外向性和开放性水平低于普教骨干教师。还有的调查结果显示:特殊学校教师中有"中、重度"心理健康问题的比例较高,其中许多人有焦虑或恐惧等不良心理倾向。

(2) 职业倦怠的影响因素

许多研究表明:影响特教教师职业倦怠的因素有人际关系、社会支持、工作负荷、知识技能、社会认可、组织公平、家庭因素、自尊、报酬与福利、工作条件和学生因素等。有研究进一步表明:工作压力与职业倦怠具有显著的正相关;具有积极人格特征倾向的特教教师在各方面所感受到的压力均比消极倾向的特教教师大,消极倾向的教师有明显的职业倦怠,尤其是在工作态度上消极应对;温和型的教师有追求更好工作的动机,有强烈转换工作的想法;年纪越轻的教师,越可能有消极的工作态度,年纪大的教师也有较高的无助与无力感。特教教师的学历层次低、专业技能弱,以及职业能力不足也会导致职业倦怠,中专及其以下学历的特教教师的身心疲惫程度显着高于大专和本科学历的特教教师,教龄在5年内的特教教师极易产生职业倦怠。

目前,特教教师职业倦怠的研究偏重于静态研究,大多采用问卷调查及结果分析,缺乏对教师专业发展过程的动态研究。另外,对特教教师职业倦怠研究的结果大多是消极的、负面的。因此,我认为有必要选择一些具有典型的成功个案,采用动态研究方法,深入了解他们是如何克服职业倦怠,实现教师职业成长的心路过程。

3. 研究方法

(1) 选择研究对象

本研究采用目的性抽样的方法,研究对象是一名在特殊学校工作了18年的基层一线专职教师。他毕业于某特教师范院校,所学专业是盲教育。他熟悉业务,喜欢钻研,在特教岗位上已取得许多成绩。将他作为研究对象主要出于如下考虑:我们是好朋友,平时联络较多,我也去过他家,了解他的工作和家庭情况,以他为研究对象,彼此便于沟通。在开始进行研究之前,我把研究的想法告诉了他,他对我的研究很感兴趣,并表示会全力配合;在以往的交往中,我了解到他的家人始终不支持他从事特殊教育工作,他自己也曾产生过职业倦怠,并多次有过转行的想法。但我感觉到,他最终还是克服了职业倦怠,成为一名优秀的特教学校的教师,从他身上,我似乎看到了一位特殊教育教师职业成长的历程。从本研究的目的出发,他具有代表性与典型性。

(2) 搜集资料的方法

我使用的是质性研究中的访谈法。我依据半结构化的访谈提纲,与研究对象先后进行了三次正式访谈,平均每次约90分钟。

① 第一次是电话访谈,并使用录音笔进行了录音,访谈结束后,将录音内容转录成文字。在访谈之前,我曾料想自己与访谈对象彼此熟悉,十分信任,他应该会敞开心扉。但在第一次访谈的过程中,我感觉到他说话不如平时那么随便,有些话明显是经字斟句酌后才说出来的,涉及其生活与工作的细节内容也比平时随意聊天时要少。另外,在访谈的过程中,他泛泛而谈,过多地描述了自己的工作经历,而心理和情感等较深层面的内容涉及较少。

② 第二次访谈与第一次相隔了两周,采用的是QQ工具聊天的方式进行,这样我就不需要再将录音材料转录成文字材料(将录音转录成文字所用的时间比大致是1∶8,即录音若花1个小时,转录成文字大约需花8小时)。此次访谈,我总结了第一次访谈的经验,调整了访谈的策略,问得比较细,有时候会主动打断他的谈话。谈话的内容主要集中在访谈对象在工作中所遇到的挫折,可能是话题过于沉重,我感觉他的情绪比较低落,对有些问题甚至不愿意再继续谈下去。

③ 第三次访谈与第二次相隔一周,这次采用的是面谈方式,访谈的主要内容是访谈对象在工作中所取得成绩及成就感。很明显,此次谈话的气氛好多了。

在每次访谈之后,我都及时对访谈记录进行整理,写备忘录,进行编码,并努力发掘有价值的问题,以便进一步深入了解和挖掘。

4. 资料分析与讨论

(1) 职业倦怠的原因

① 家庭压力

在访谈的过程中,他经常谈起家庭"不支持"这个词,因此,在编码中家庭压力的码数也是最多的。他说过:"我的父母、兄弟、妻子,都不支持我的工作,他们认为我的工作只是一个饭碗,从事特殊教育没有出息,没有社会地位,没有门路。"另外,家里人对他的工作不认同,他们认为,特教教师所从事的研究"没有用处"。可见,在家庭中他是孤立无援的,面对着很大的家庭压力。

② 社会压力

在访谈之前,我就知道许多学习特殊教育专业的学生,不愿让别人知道自己是学特殊教育的。因为当一些人知道你是学特殊教育专业的,通常会非常惊讶地问:为什么要从事这个行业?这个行业不就是跟一些瞎子、聋子、傻子打交道吗?可见,社会缺乏对特殊教育的正确认识,对从事这一事业的人有偏见。在访谈中,我了解到,这位教师同样面临着这样的社会压力。此外,他还反复提到"男人"这个词,他有着强烈的性别意识,感觉到了社会对男性的期待,他意识到:作为特殊学校的男教师,更容易被人认为是"无能、无力和软弱"的,并且他也认为:"男人就应该去做生意、做官,或者从事医生、律师等职业"。另外,他所在的城市是一个商业发展历史悠久、经济繁荣的开放城市,那儿的人们大多经商,并以赚钱为荣,在这样的环境中,他确实感觉到了不小的压力。

③ 学校压力

第一,环境封闭

由于特殊教育职业的特殊性,导致了教师所处环境的相对封闭。不少学校出于对特殊学生安全的考虑,对学生实施全封闭式的管理,对教师实行"坐班制"。教师身处的环境,除了办公室、教室就是家庭,其所从事的活动除了上课、备课、批改作业、照顾学生,就是回家烧饭、照顾家庭然后休息。生活和工作极其单调乏味,缺少与外界接触的机会。久而久之,教师的人际交往能力和与社会沟通的能力逐渐地退化,更重要的是教师的职业技能和知识水平也严重退化。学校的闭塞环境易使教师产生厌烦心理,觉得工作没意思,生活枯燥乏味,这些心理问题的存在使得教师极易产生职业倦怠。显然,封闭的环境也对访谈对象造成了心理影响,在访谈中,他曾沉闷地提到:"特殊学校很封闭,接触的都是残疾人……"。

第二,怀才不遇

在访谈的过程中,访谈对象反复提到了自己的领导,其言谈中带有一种对领导的不屑。他认为,学校的领导是"行政型"的干部,不是教师出身,他们对特殊教育"不热心、不专心、不关心"。尤其是不重视专业教师(不仅仅是他,还包含其他专业教师),自己也同样受到了"冷遇"和"压制",对此,他感到十分的"悲哀"。他一直对自己的专业能力比较自信,认为自己是一个"懂专业"的人。在访谈中,他也透露,自己以前也想过要当领导,也担任过一定的管理工作,但由于有时会"功高盖主"、"不太会做人",所以并未得到领导的赏识,所以最后还是决定放弃,转而主攻学术了。

第三,家长误解

在访谈中,当被问及工作后遇到的最伤心的事情是什么时,他说:"最伤心的事情,当然有。

个别家长把孩子放在学校,一切都交归我们教师管,他们对我们工作中细小的差错,无限放大,横加指责。"但经仔细分析,可以推断出,家长对他工作的误解并不能算是他最伤心的事情,因为,在三次访谈中,他只有一次谈到了与家长的关系,大部分时间还是在谈学校的领导问题。

第四,学生学习能力差

师生关系是学校中的重要关系。在特殊学校中,由于学生残障的原因,教师的教育收效缓慢,这往往给教师带来很强的挫折感。所以,我在访谈中问他:和学生在一起,会感觉到受挫吗?他说:"当然会,因为学生的学习能力太差。"话虽然这样说,但我感觉,这位教师还是很热爱学生的,与挫折感相比,他从学生那里获得了更多的成就感。对此,我将在下面进一步予以介绍。

(2) 面对职业倦怠的反应

① 消极的反应

对于职业倦怠,他并不是一开始就想到了如何去积极应对,而是产生了一些消极情绪和行为上的反应。

第一,情绪反应

在情绪上,他说自己"很灰心"、"很无奈"、"无法面对过去",有时会产生既想离开,又想留下的"两难心态"。可见,这种情绪正是上面诸多压力在其内心深处的真实反映。

第二,行动反应

在行动上,他首先想到的是"转行",特别是刚参加工作时,教师并不是很吃香,工资也很低。那时候,他想过去机关或去经商,并且采取了一定的行动。但由于各种"阻挠",都没有成功。

② 积极的应对

在是走还是留的问题上,他确实存在过两难心态的,一方面,学校太封闭,他很想尝试新的环境;另一方面,他毕竟是学校的首位专业教师,也"舍不得走"。最后,他还是决定留下来。他在困窘的境地中,"既来之,则安之",苦苦求索,终于找到了属于自己的路:

第一,明确自我定位

他在决定留下之后,首先明确自我定位。他认为既然选择这个职业,就要在这个专业上谋求发展。而且自己毕竟是学校"第一位专业教师",应该展现出专业特长。因此,他迅速调整了心态,并给自己进行了准确的定位,那就是成为一名更具"专业性"的、"资深"的、"有才能"的教师。他认为,基层是特殊教育的研究与实践的土壤,从基层做起,小草一定可以长成参天大树。

第二,积极采取行动

在目标明确后,他给自己找了很多事情来做,比如"书刊编写"、"课题研究"、"访学"、"参加培训"、"提升学历"、"参加学术会议"等。在这个过程中,他的视野开阔了,心态积极了。他的努力不久就得了丰硕的回报。聊天时,他不时地谈到,现在"有一些教学经验了"、"自信心提升了"、在专业方面还是能够做得"比较精湛"的。谈起自己的成绩,他总是眉飞色舞,喜形于色。可见,在明确定位并采取积极行动后,他的成就感增多了,并且获得了一份自我实现的恬然。

(3) 其他可促进特殊教育职业成长的因素

克服职业倦怠的过程,就是职业成长的过程。通过对该教师的访谈发现,促进教师职业成长除了自身的努力外,下面三条也是非常重要的。

① 社会进步

职业认同与社会发展有着密切的联系。一方面,随着社会的进步,人们对某一行业认同度的提高,自然会使该行业从业人员的社会地位得到相应提高。另一方面,行业地位的提高与从业人员收入的提升,会对促进行业发展,维持社会稳定与和谐发展起到积极的作用。近年来,由于党和国家对残疾人事业的高度重视,我国特殊教育事业的发展取得了长足的进步:大批特殊教育学校得以改建或新建,特殊学校教师的待遇也得到大幅度的提高。这一切不仅为他们创造了一个相对稳定、安宁的工作与生活条件,更使他们看到了自己工作的意义与价值。下面是我与他交流的片段:

我:能不能谈谈社会发展对特殊教育教师成长的影响?

他:特殊教育教师的成长道路,至少也反映了社会发展的历程。我刚从事特殊教育时,正是特殊教育兴起的年代,当时比较重视硬件建设,还不太重视教师发展等内在建设。随着我国经济的发展,国家和社会各界对残疾人事业越来越重视,相应地对特殊教育教师的要求也越来越高。从学校的角度来说,要重视师资队伍的整体优化;从教师个人的角度来说,要注重自身发展。我要抓住这一大好时机,争取在教学、教育科研方面有所进步。

我:在外面,跟社会上的人谈起自己是特殊学校的教师,会抬不起头吗?

他:以前有,但是现在好多了,主要是教师职业比较稳定,收入也比其他行业高一些了。

② 业内肯定

能够经常得到同行对自己工作的肯定无疑会增加成就感。"天道酬勤",在他不懈的坚持与努力下,他的理论和实务的成果屡屡被国内外学术团体和相关专家所认可,他被吸收为许多特殊教育研究团体的成员,如国际视障教育学会(ICEVI)及该学会的中国分会,省市教育学会特教分会等组织,多次被邀参加国内外学术会议以及赴各地讲学和交流,失之东隅,得之桑榆,行业内对他的肯定对他的职业发展提供了强大动力。从下面的片段中,我们能深切感受到他从导师的肯定中所得到的鼓舞。

我:那你第二个阶段中,有成就感吗?

他:那时候,在我导师的推荐下,我参加了4～5次全国性的学术年会。另外,也认识了一些港台朋友,得到了他们的帮助。在专业上面,我自己试着写了一些文章,大概在2000年以前,我已经发表了四五十篇文章,然后,编成一个小册子。这些都得到专家的肯定。尤其是得到了国内一些特教专家的肯定,我深受鼓舞。

我:以前,你一直想离开特殊学校,除了工资低、家庭的压力外,还有什么原因呢?

他:没有伯乐。

③ 学生成才

孟子云:"得天下英才而教育之,三乐也。"学生的成才,对于教师来讲是莫大的成就,也是教师的乐趣和幸福所在。前面笔者提到,"学生太弱"曾经给他带来了一些挫折。但是,他从学生那里得到的心理满足,比挫折感要多得多。他和学生之间形成了深厚的友谊,这种友谊在促进他继续在特殊教育这块领地中耕耘起到了推动作用。下面是关于他们师生关系的片段,我们从中可略见一斑:

我:那你在从事特殊教育事业十八年中,最难忘的一件事是什么?

他:最难忘的就是学生毕业,他们对我都是依依不舍,很留恋,我也很难过,但也是很开心的。因为他们有基本的知识,能够走上社会,有谋生的基础。

我:你的学生毕业都做什么?

他:在第一届学生当中,无论就业还是升学,都是比较良好的。其中最高学历是中专,保健推拿专业,毕业后在杭州就业。也有些盲人学习按摩,现在他们的生活都非常好。

5. 研究初步结果

通过研究,大体可以看出这位特殊教育教师是如何克服职业倦怠,实现职业成长的。他的职业生涯经过了消极、积极、奋斗、成功的过程,从几欲离开,到坚守职场,最终成为一名特殊教育工作者中的佼佼者,他的心路历程历经18年,这也许是众多中国特殊学校教师职业生涯发展的一个缩影。目前,我国大部分特教新教师毕业于普通师范院校,进入特殊教育学校后,面临着重新适应环境和专业方面的各种挑战,工作压力较大。另外,随着特教事业的快速发展,许多较高学历的教师进入特殊教育学校,一方面,学校对专业教师的期望不断提高,希望他们承担更多的教学和科研任务;另一方面,特教教师的社会地位和经济地位还有待进一步提高,两者之间形成矛盾。在新近出台的"国家中长期教育改革和发展规划纲要(2010—2020年)"的特殊教育一章中明确指出:要加大对特殊教育的投入力度。加强特殊教育师资队伍建设,采取措施落实特殊教育教师待遇。在优秀教师表彰中提高特殊教育教师比例。从中可见,加强特殊教育师资队伍建设,促进教师专业化成长,是今后我国特殊教育发展的一项重要任务。

6. 研究反思

(1) 研究的聚焦

对研究问题进行聚焦,我经历了一个来回往复的思考过程。我对问题的定位不是一开始就那么明确的。我先后拟定了"一位特殊学校教师的心路历程"、"一位特殊学校教师的职业挫折感与成就感"、"一位特殊学校教师的职业应对策略"等题目。直至访谈全部结束,编码基本完成的时候,我才发现,原来我的研究可以归到教师职业倦怠和职业成长这一题目之中,于是最终将题目定为"他是如何克服职业倦怠,实现职业成长的?——一位特殊学校教师职业生涯的质性研究"。

(2) 研究的假设与效度

在研究过程中,我一直存在"特殊学校的教师存在职业倦怠的问题,而且比普校教师严重"的假设。由于这一假设关系到研究者对研究现象的价值判断,它是否会在一定程度上影响研究的效度?对此还需进一步反思或在后续的研究中加以改进。

(3) 研究的伦理

本研究涉及一些伦理道德问题。开始进行研究前,我和访谈对象之间没有达成任何书面协议。但在每次访谈前,我都向被访者说明我将对他所提及的人的姓名和身份绝对保密。访谈仅为研究所用,不会对他们的安全和利益造成损害。但是,此研究不可避免地会涉及一些敏感话题,我写的这份报告要作为作业上交,甚至还要在书籍中出版,这都有可能使被访者感到不安,从而影响他的正常生活和工作。对此,我将尽量对有可能影响到被访谈者的文字加以处理,做到基本符合质性研究的伦理原则。

(4) 推广度及其他

质性研究采用的是目的性抽样,其研究结果不能像量的研究那样推广到从中抽样的人群。但是,质性研究的结果可以通过使有类似经历人的认同而达到推广的目的。虽然我访谈的对象只有一个,其真实性只限于他一人,但是他的职业成长经历具有一定的代表性。我相信:很多处于类似情形的人在读到这个报告的时候可以从中得到一些启迪和共鸣,尤其是特殊学校的教师,相信会为他们职业生涯的顺利发展带来益处。(作者:宋永宁)

本章小结

    1. 质的研究与量的研究是研究的两种基本范式。质的研究是指侧重于从质的规定性方面认识事物的研究方法。它是在自然情境中进行的,研究者的角色既是研究的工具又是研究的主体,研究过程注重描述性资料的搜集,研究的结论和理论通过归纳得到,研究结果是描述性的,重视整体性与全局性。

    2. 质的研究的操作程序包括:提出研究问题,搜集、整理和分析资料,理论建构和撰写研究报告。

    3. 在质的研究中,对问题进行聚焦是研究者的一项重要的研究能力。所谓问题的聚焦是指在质的研究中,研究者在研究之初往往对所研究问题的内容和框架并不十分明晰,随着对研究情境和研究对象的了解,对研究问题的梳理,最终准确定位问题的过程。

    4. 研究者在进入现场时需要了解很多方面的情况,其中重要的一环是"守门员"。"守门员"指的是那些在被研究者群体内具有权威的人,他们可以决定这些人是否参加研究。特殊教育研究中的"守门员"常常是特殊学校的校长、教师、家长或职员等。

    5. 在质的研究中,经常需要研究者与被研究对象之间进行互动,需要特别注意的是在与特殊儿童互动的过程中经常触及的伦理上问题。

    6. 质的研究资料的搜集方法以观察法、访谈法和实物收集法为主。实地观察分为参与型观察和非参与型观察。访谈分为封闭式、开放式、半开放式三种。实物包括所有与问题有关的文字、图片、音像和物品等。

    7. 质的研究中,资料的整理与分析主要包括资料的初步分析、资料的深入分析两个过程。其中,资料的初步分析又具体包括以下步骤:资料熟读、登录、寻找"本土概念"、建立编码和归档系统。资料的深入分析是指在资料初步分析的基础上,进一步思考资料类属之间的关系,找出核心类属,提出扎根理论。

    8. 质的研究资料中有一些能够表达研究对象的观点和情感感受的概念,这些概念通常带有研究对象的个性和特色,我们称之为"本土概念"。

    9. 质的研究中的结果分析可以采用类属、情境以及结合型三种方式。

    10. 在质的研究建构理论的过程中,通常采用的是"扎根理论"。其主要强调以下观点:自下而上构建理论的思想、保持建构理论的敏感性、不断比较的方法、强调个人解释的作用。对资料进行逐级编码是扎根理论中最重要的一环,它包括三个级别的编码:开放式登录、关联式登录和核心式登录。

    11. 质的研究报告的撰写是展现质的研究成果的最主要的形式,是质的研究的最后一环,质的研究报告的撰写需要符合书写规范,做到结构完整,呈现方式恰当。

思考与练习

1. 什么是质的研究？质的研究有什么特点？
2. 质的研究的步骤是什么？
3. 质的研究中资料的搜集方法有哪些？
4. 什么是半结构化访谈？什么是参与型观察？
5. 什么是本土概念？
6. 什么是扎根理论？什么是三级编码？
7. 某人就"特殊教育学校教师工作压力及应对策略"开展了一项研究。在对访谈记录进行仔细阅读的基础上，抽取本土概念与核心概念，并进行了登录及编码。请对下面的编码进行归类：

① 带班；② 跟学生一起；③ 看着学生；④ 在教室；⑤ 开会；⑥ 备课；⑦ 扣钱；⑧ 家长询问；⑨ 紧张；⑩ 一般喜欢；⑪ 帮助学生；⑫ 学生管教；⑬ 没成就感；⑭ 工作劳累；⑮ 环境单纯；⑯ 教师资源紧张；⑰ 同事照顾；⑱ 家校交流；⑲ 家长配合；⑳ 领导训斥；㉑ 获奖；㉒ 高评价；㉓ 领导听课；㉔ 学生惹事；㉕ 上课；㉖ 学生不配合；㉗ 编写校本课程；㉘ 加班；㉙ 做教具；㉚ 学生安全；㉛ 待遇不高；㉜ 地位差；㉝ 同事交流；㉞ 科研任务。

8. 对下面的一段访谈记录进行登录。

题目：聋儿家长的家庭康复情况访谈
访谈者：X
访谈时间：2008-5-16
访谈对象：C
访谈地点：某嗓音言语听觉门诊
访谈对象基本资料：陈××，性别：女；年龄：31岁；籍贯：北京；职业：暂时失业；学历：大专；子女情况：1女。其女儿为听力障碍儿童，3岁多，平均听力损失在60分贝以上，现双耳佩戴助听器，听力补偿后听力约在35分贝，现已在我言语门诊进行言语听觉康复两个多月。
访谈记录：
X：你觉得家庭康复对你孩子的康复重要吗？
C：我觉得是很重要，因为教师只是起指导作用嘛，大部分时间还得在家里进行康复巩固。
X：那你觉得家庭康复重要到什么程度？
C：我是这样想的，所有的家长都知道，孩子的康复是一生的事，所以教师的康复工作可能只是在前面起个领路人的作用，还有很多事情可能需要家长自己来做，所以我觉得家长可能是最重要的。在某些专业上的指导上，可能家长不能掌握，这个需要教师来指导，但具体操作啊，贯穿到孩子的漫长的人生各个方面，应该怎么做啊，肯定还是要靠家长去做的。
X：就是说教师只是教你一些方法，大部分时间具体去做的还是家长？
C：对的，一些专业理论上的东西。

续表

X：你在家庭生活中会对你孩子进行家庭康复训练吗？

C：那肯定会的。我大部分时间都投入其中去了。

X：会碰到什么事情而没有给孩子做家庭康复吗？

C：我现在可能还没有碰到，所以我现在不能预想，我觉得应该不会有其他什么方面的事情会耽误。我爱人上班，我自己一个人带孩子，我有充分的准备，我觉得应该没什么其他的事情，除非说有什么非常迫不得已的事情，那么家庭康复可能会中断一下，但是我会通过其他的方式去弥补，一般我都是想持续不断地给她做家庭康复。

X：哦，你是位好妈妈，对孩子很负责任。那么你每天花在孩子康复上的时间大概是多长？

C：因为她是上午来门诊康复，所以我下午接她回去后每天晚上会花一小时进行家庭康复训练。我是这样想的，等她以后上了正常幼儿园后，我还会每天晚上至少持续一个小时对她进行巩固。

X：那你现在晚上一般给她做多长时间康复？

C：我一般开始训练是6:40或6:50左右，磨磨蹭蹭地可能就要到9点左右。

X：哦，那你这样要训练挺长时间的。

C：那里面包括跟我说说话啊，上个厕所啊，吃个水果啊等等都包含在内了。

X：那她9点之后就结束康复训练上床睡觉吗？

C：对，每天睡觉之前要做2～3页的构音训练，然后在思维方面、认知方面，我都会不停地给她做的。

X：好的，那你认为你所做的家庭康复对你孩子帮助大不大？

C：帮助肯定是有帮助的，但是我，因为嘛，她跟别的孩子不一样，在说的上面吧，感觉压力比较大。就拿口腔训练来说吧，没来这里之前，我对这方面是一无所知的，而且那时候也不懂，认为她这种可能不需要口腔训练，到这里才发现口腔训练还是很重要的。所以我就把口腔训练坚持给她做下去。

X：那在进行家庭康复过程中，你有没有特别满意，可以举个例子说说。

C：孩子有时候高兴了，就特别配合，比如口腔训练的刷舌，她就会主动说"今天晚上我要刷110下"，或者用鱼形咀嚼器给她做咀嚼训练时也是这样。

X：嗯，我觉得孩子还是蛮懂事的。

C：对，可以和她交流，和她沟通，不一定非得靠强行的手段给她做，但有时候也要逼她。

X：噢，那在给她做家庭康复时，你的家人支持吗？

C：支持是肯定支持的，我们一家三口，她爸爸挺忙的，而且在这方面不是太懂，但有时需要配合或者什么的，他肯定会过来帮助，主要是以我为主。

X：那除了她爸爸，还有其他人会参与到家庭康复中吗？

C：噢，没有，因为我们家就她爸爸、我还有孩子三个人，她奶奶偶尔会来一下，但我们家的热情都挺高的，都很支持她的家庭康复。

X：是啊，都是为了孩子啊。她在做家庭康复的时候表现怎么样，配合吗？

C：开始不是很配合，她会问作业多不多啊，有什么作业啊，这段时间她更懂事了，可能觉得有点压力，有时候她会想马上又要做作业了，我能感觉到她挺无奈的。

X：那你的家庭康复一般会采取什么样的方式进行？

C：方式这方面，我觉得我不算做得好，我自己有时都觉得可能过于生硬了，比如说每天吃完饭，我就说："宝宝，开始学习了"，然后我就把小板凳往墙边一放，她往那一坐，我就把东西拿过来，跟她说："把舌头伸出来"，也没有什么过渡，就这样，我自己也知道。因为我每次给她做家庭康复都是从口部运动的刷舌

续表

开始,但刷舌对她是最难的,所以我把它放在前面,怕她后面更不愿刷了。现在可能因为刷得多了,尤其是用那种硬点的,每次前四五下她就会说"很疼啊很疼的",那我就连哄带骗,有时候还吓唬,这样逼着她做,这样刷3到10下后可能是习惯了就没什么感觉了,然后她高兴就还会自己提要求,比如说:"我今天刷150下",然后越往下就越好做。

X:嗯,那你会不会采取玩耍的形式给她做家庭康复呢?

C:很少,我在这方面做得不好,我感觉时间特别紧张,而且她的话特别多,你要是跟她开始玩啊,你就根本没有训练的机会了。她的话多,然后她就会生出很多花样来。像口腔训练啊,确实枯燥,我是觉得在理解上、说上面、听上面可以稍微花样多点。我想不出什么来,我这方面做得不好。

X:那你在给她进行康复训练的过程中,你体会最深的是什么,举个例子。

C:印象最深的,她这个舌和下颌分不开,有一次她分开了,我就特别夸张地表扬了她,然后她就去别人家玩,上网跟她爸爸视频,给她爸爸看,她爸爸就不明白什么意思,然后就问我,我就做了个原来她分不开的样子。她自己就特别高兴,于是她看见超超也会说:"你会吗,你会吗?"特别有种自豪感,可能虚荣心得到满足,拿出来在同伴面前炫耀。

X:也就是说,当她取得进步的时候,她很高兴,你也很欣慰,这是你最深的体会,对吗?

C:是的,因为我花了很多心血和精力在她身上,当然累是一方面,更重要的是看到她的进步,如果哪天她能很好地说话和交流,那我就会感觉我的努力没有白费,会很欣慰的。

第5章 行动研究在特殊教育研究中的应用

 学习目标

1. 掌握行动研究的方法、内涵与基本特点。
2. 理解行动研究的流程,形成从事行动研究的技能。

教师是教育活动中的主体,开展教育研究的最终目的是提高教育水平,而没有教师参与的教育研究,是很难使教育研究成果很好地在教育实际中加以运用的。另外,加强与提高教师的专业性是目前促进教育发展的重要举措。因此,要大力提倡与鼓励广大教师通过努力学习,成为研究型教师、学者型教师。要达到这一目标,就要提高教师的研究能力,直接参与研究是提高研究能力最有效的方法。而行动研究的最大特点就是"教师即研究者",它是一种非常适合教师进行教育研究的方法。本章在概述行动研究内涵与特点的基础上,结合特殊教育实例,介绍行动研究的操作过程以及行动研究报告的撰写方法。

第1节 行动研究概述

"行动研究(Action research)"作为一个术语出现,最初始自美国的社会工作者柯利尔(Collier.J)的实践。他在1933年至1945年担任美国印第安人事务局局长期间,为探讨改善印第安人与非印第安人之间的关系,请局外人士(特别是印第安人)参与到研究过程中来,柯利尔称这种研究方式为行动研究。

20世纪30年代后期,许多社会学家和教育家开始对行动研究产生兴趣。美国社会心理学家勒温较系统地阐述了行动研究,他认为行动研究就是一种解决问题的策略。50年代后,行动研究的思想被介绍到教育研究领域,并逐步得到了广泛应用。80年代末,该研究方法被引用到我国教育科研领域,90年代在我国特殊教育领域开始有所应用。近年来,学者们日益强调教育科研应为教育改革实践服务,并在方法上提倡思辨、经验和实证的互补。所以,行动研究现已成为广大特殊教育工作者一种重要的研究手段。行动研究有助于一线教育工作者在理论与实践之间建立联系,将研究行为整合到教育实践中。教育实践工作者直接成为研究者,有助于及时有效地改善教育情境与条件,使一些行之有效的教育实践经验或成果能在教育教学实践中充分发挥作用。

一、行动研究的内涵与特点

所谓行动研究(Action research)是指实际工作者探究其在工作过程中所遇问题的性质和范围,了解其发生的原因,寻求解决方案,并实施行动以解决问题的研究过程。在教育领

域,行动研究是指有计划、有步骤地由教师、研究人员等组成的合作小组,边研究边行动,以解决实际问题、提高教学质量为目的的一种教育研究方法。它打破了以往教育研究的理性分析模式,它关注的不是教育活动中的一般知识和普遍规律,而是教育实践活动中亟待解决的问题。一般来讲,行动研究有以下特点。

（一）行动研究具有情境性

行动研究的情境性包括两层意思:第一,行动研究的问题来自于具体的情境,而非出自专家的理论和假设。在特殊教育行动研究中,问题多来自教师的实际工作。例如,教师对班级中特殊儿童的活动情况、对残疾儿童教育中学校与家庭合作模式、对促进智障儿童识字效果进行研究等都来自于特殊教育中的一个真实的情境,都与教师的工作密切相关。第二,行动研究认为:复杂的实际问题需要特定的解决方法,而这些方法只能在特定的情境中发展出来。因此,这些方法的适用范围具有一定的局限性,在某一情境下有效的方法并不适用于其他情境,但可以作为其他实际工作者的探索内容,在自己的实际工作情境中进行检验与修正。

（二）行动研究的主要目标是解决实际问题

如前所述,教育行动研究打破了以往教育研究的理性分析模式,它关注的不是教育活动中的一般知识和普遍规律,而是教育实践活动中亟待解决的问题。因此,行动研究的主要目标是促进和提高实际教育工作的质量。如果要进行一项行动研究,研究者往往不太关注此项研究的理论价值,而更多的去关注该研究能不能解决一个实际问题,即它的现实意义。

（三）行动研究强调团队合作

行动研究倡导参与合作,尤其强调教育教学活动的实际运作者——教师的参与。因为问题是在具体的教育情境中产生的,对于相关的问题、困难以及解决成效只有教师自己最清楚,教师是解决具体教育问题的关键所在。所以在行为研究中,教师从后台走到了前台,从被动变为主动,从"局外人"变成了"参与者"。他们自己可以是研究者,自己设计、实施和评价自己的研究。他们也可以与其他研究者一起合作,相互之间平等交流,制订行动方案,找到解决教育中实际问题的方法。在行动研究中,只有加强团队合作、共同探索,才能取得良好的研究成效。

（四）行动研究是一个循环往复的过程

在行动研究中,研究人员和教育实践工作者针对日常教育活动或教育实践中的问题,不断提出教育改进的方案或计划,用以指导教育实践,同时又依据研究计划实施进程中出现的新问题,进一步修正、完善计划或方案,不断提出新的目标。也就是说,一方面以研究成果指导实际工作,另一方面实际工作反过来又促进研究的深入。两者相互依存,相互促进,使研究不断深入。实际上行动研究是一个不断证伪的过程。开展教师提出的行动方案往往只是众多问题解决方案中的一种,它的有效性需要在实践中接受检验,如果没有效果,则需要不断调整和修正行动方案。

二、行动研究的问题来源

特殊教育中行动研究的问题主要来自于教育与教学实践。教师经常会对学科教学、班级管理等工作产生一些想法或困惑。例如:如何在语文教学的过程中对聋校中高年级学生进行思维能力的训练？如何采用新的教学方法以提高智障儿童的识字量？在新课程改革中，如何将教育与康复有机结合起来？如何结合普通学校教材对盲校的教材进行一些更新？等等。有时这些问题并不十分明确，但只要教师自己意识到问题的存在，将它们记录下来，就可以选择其中的一些问题进行课题研究。从目前的有关资料来看，特殊学校中行动研究的问题主要集中在以下三方面。

（一）特殊教育学科教学方面的问题

例如，上海市长宁区实用数学教研组基于轻度智力障碍学生的认知特点、解题易错的情况，进行了"数学新授课教师教学行为有效性的行动研究"。通过教学实践以及对实际教学工作中的经验进行归纳和总结，找出了更适合特殊学生特点的教学方法，提高了学生的学习兴趣和学习效果。再如，基于中年级聋童语言能力差的现状，上海市第四聋校开展"提高聋童读段、写段能力的行动研究"，提高了聋校中年级聋童读段和写段的能力。

（二）特殊儿童心理与行为方面的问题

一般来说，特殊儿童较普通儿童更易产生某些心理与行为问题。例如，我们发现，当聋生走出学校，进入社会与健听人交往时，往往会产生自卑心理，因而有退缩、沟通交往障碍等行为表现。因此，可对此现象开展行动研究，如：对聋生与健听者进行访谈调查，在此基础上，聚焦关键问题，反思学校教育与教学，提出解决方案，并在行动中实施与修正方案，为提高聋生沟通交往能力，回归主流社会提供有效途径。

（三）特殊教育管理方面的问题

例如，特殊儿童的安置中就涉及管理的问题。以智障儿童为例，长期以来，对智障儿童的教育安置，主要采取隔离式的培智学校教育模式。自从我国推行特殊儿童随班就读工作以来，部分智障儿童就近进入普通小学的普通班级中，与健全儿童一同接受教育。但是普通班级班额过大，教师在有限的空间与时间内会顾此失彼，很难关注到特殊学生，这就涉及随班就读学生教育管理方面的问题。为了解决这个问题，长春市解放路小学开展了"构建智障儿童普通学校良好教育安置模式"的行动研究。该课题探索了新的教育安置模式，即在普通学校设立特殊班级来安置弱智学生的教育方案的可行性，对解决智障儿童随班混读的问题具有一定的启发意义。

三、行动研究与质的研究的关系

行动研究与质的研究之间有诸多共同之处：两者都不认为事件可以得到一个唯一客观、正确的解释，而更加关注其中的偶然性联系，追求开放性的多种解释。两者不主张将问题分解成一个个部分进行研究，而更主张从整体上研究教育现象和教育问题。但是，行动研究与质的研究也有本质的区别，主要表现在以下几点。

（一）行动研究更强调研究结果对实践的指导意义

质的研究注重研究的过程，不太注重研究的结果。因此，质的研究多以对问题的描述或阐释为特征，一般不对问题下结论。而行动研究的首要目标是促进和提高实际工作质量，它强调研究对实际问题的指导意义。有学者认为，目前质的研究越来越强调研究的行动功能，研究者越来越注重研究结果和研究被研究者的实际意义（陈向明，2003）。因此，行动研究可以看成是质的研究中的一种以解决实际问题为研究取向的研究。

（二）行动研究强调多方共同合作，提出行动策略

在质的研究中，不需要太多的合作，研究者只需与相关人员沟通之后，接近研究对象即可。在这个过程中，被研究者完全是被动的，他可能不了解研究的真实目的和意图，也不需要对解决问题提供建议或意见。在行动研究中，基层的教师是研究的主体，需要建立多方面的合作，有时候研究对象也要参与到研究中来，体现出专业研究人员和研究对象之间的一种新型合作关系。

第2节 行动研究操作过程

与其他教育研究方法相类似，行动研究也有一个相对完整的操作程序。具体地讲，行动研究是由问题的初始调查及归因、发展和实施行动策略、搜集和分析资料、研究结果的评估与反思四个部分组成的。

一、问题的初始调查及归因

（一）问题的初始调查

所谓问题的初始调查，就是研究者在研究问题确定之后，通过对当事人的实际调查，将自己原来的一些模糊想法，转化为有明确研究对象和表现指标的过程。初始调查的目的是尝试辨认情境中最重要的要素，并尽可能予以具体描述。初始调查要达到以下两个目标。

1. 确定问题的范围

当发现问题时，研究者要追问：在发生问题的这一情境中，正在发生哪些事件？哪个事件是最重要的？涉及哪些人？如：某特殊学校某班级学生在课堂讨论时，总是吵个不停。每当此时，授课教师就会思考学生们上课讨论时吵闹的原因。要解决这个问题，就需要对该问题表现的广度和深度进行一次初始调查，并需要对以下问题进行描述，如表5-2-1所示。

表 5-2-1 确定问题的范围举例

1. 我如何精确地定义我所谓的"吵闹"？
2. 哪些学生在吵？
3. 当他们吵闹时，他们正在做什么？
4. 他们吵闹有何重要性？
5. 一天中是否有特别的时间或环境较为吵闹？
6. 当他们在讨论中吵闹时我如何回应？
7. 我不同的回应对他们会有不同的效果吗？
8. 此情境中的事件、背景因素、个人行动及其他因素之间，有什么重要的关联？
9. 对这个情境，我本能的解释是什么？

2. 将问题具体化

在进行问题的初始调查时，教师的另一项重要工作是对抽象的问题进行具体化，即这个问题具体表现在哪几个方面？程度如何？等等。如有位教师对培智学校儿童的攻击行为进行一项研究，将问题具体化时，他是这样呈现调查结果的，如表5-2-2所示。

表 5-2-2　确定问题的表现指标举例

> 从一个月的观察记录来看，小×共与同学发生摩擦 17 次。其中最为严重的一次是把同学的鼻子打伤，致使该同学鼻子大量出血，两天不能正常上课。平时，一旦同学不小心碰到他，他便拳脚相加。小×喜欢搞一些恶作剧：大扫除时，把擦窗同学的鞋子藏到他人书包里。早操时，借踢腿运动等动作踢同学，打同学。上下楼梯故意推挤等。

有位聋校的教师，在工作中发现：聋童由于部分或全部丧失了听力，造成读写能力低下。为了了解聋童写作能力的现状，她进行了一项初始调查，结果发现：聋童中有不少人写出的句子不完整，意思不连贯，语法错乱，不能适应与主流社会进行文字交流的要求。该教师是这样呈现调查结果的，如表 5-2-3 所示。

表 5-2-3　确定问题的表现指标举例

> 1. 我走过回家，走时看见红灯停下，等。看见数字，绿灯行走。
> 2. 放学了，我去买包子。香好闻到，又买二十个，我去家，分给全家。
> 3. 放学时，我到了家，我写作业。我自觉作业很多，我写字很累。一会儿，休息喝水。
> 4. 两位医生来到我们教室里，医生给同学们针了手指。医生把我的手也针了一下，我觉得很疼。

通过初始调查，我们不仅可以确定问题发生的范围和表现程度，而且还可以将问题具体化，从而为分析问题提供原始依据。

（二）问题的归因

在经过问题的初始调查确定问题的存在和严重程度之后，研究者应该着手分析问题产生的各种可能的原因（即问题的归因），从而为下一步制定行动策略奠定基础。一般而言，研究者对问题归因的依据主要有理论、经验和调查三个来源。

1. 理论的来源

理论是有关因果关系或相关性的假说，它对问题的正确归因具有重要作用。对问题正确归因，有利于问题的真正解决。在行动研究中是否能从理论高度对问题进行归因，取决于研究者的理论素养与水平。请看表 5-2-4 的案例。

表 5-2-4　问题的理论来源举例

> 研究现象：
> 笔者在调查研究中发现，聋校学生的阅读能力普遍落后于同龄的健听学生。其具体表现为：许多中、高年级聋学生不能把握段落中句与句之间的内在联系，不会提取段落中的关键项目，难以对段落大意和中心思想进行合理概括等。
>
> 理论解释：
> 组织策略是学习策略的一种。就文本阅读而言，一篇文章包含着许多具体内容和主要观点，它们之间按一定的关系联系起来。对材料进行组织的过程就是将这些内容和观点概括为一些项目，对这些项目加以分析、比较与归类，确定类与类之间的关系，然后将各类及其下属的项目按已确定的关系联系起来，形成一个有序的结构。组织材料时所使用的具体方法就是组织策略。心理学研究表明：组织策略有助于学习者对文本信息的整体理解与记忆。根据组织策略的理论，可以认为：聋生阅读能力差的主要原因是由于提取关键项目并将其组织成严密的逻辑结构的能力较差。

> 行动策略：
> 根据以上理论分析制定行动策略，即对聋生进行组织策略训练。训练内容包括：组织的基本方法、步骤以及组织过程中的自我监控训练。训练材料主要是一些适合聋学生阅读的短文，每篇短文都附有训练题，题目大致分三类：① 提取关键词；② 完成组织结构图；③ 整体理解练习。

2. 经验的来源

经验从某种程度上看也是一种有因果关系或相关性的假说。经验是在实践中产生的，一些教师的教育经验往往会对其他教师解决相似问题具有启示意义。例如，在一次特殊教育研讨会上，一位青年教师谈到："我曾对一位注意力涣散的学生采用正强化的行为改变技术，但是效果不理想。"另一位有教育经验的教师提示道："凭我的经验，行为改变技术的有效性与强化物的选择有密切关系，每一个体会有其独特的强化物。例如，巧克力对一般孩子来讲可能是强化物，但对某些儿童就不一定是强化物。"该教师听后，很受启发，他反思：看来自己在干预中仅以"口头表扬"作为强化物是不够的，还需针对该儿童的特点寻找对其更有效的强化物。在后续的训练中，该教师仔细观察儿童的行为表现，发现他对各类汽车很有兴趣，在课间休息时，他总是站在窗前看大街上过往的各种汽车。于是，该教师在训练前准备了一些汽车模型，当这名学生注意专注的时候，就拿出来奖给他。果然，训练效果较前有了明显的提高。从此例可以看出：有用的经验有助于问题的正确归因，归因正确是解决问题的基本前提。

3. 实证调查的来源

实证调查方法重视从当事人那里直接获取问题的原因，因而使归因更加直接有效。如果说前两个来源为归因提供了可能的思路，那么调查就成为日后采取行动的主要依据。进行问题的调查是十分必要的，它既可以确定问题的范围，又可以确定问题的表现指标。请看下面的案例：某教师新接了一个班级，她发现一名女学生不愿接近自己，而且整天闷闷不乐。为此她感觉非常困扰。过了一段时间，这位教师发现自己开始讨厌她，师生关系持续恶化。后来，这位教师邀请了一名与该学生关系十分密切的朋友对这位学生进行访谈。通过这次访谈，该教师间接了解到：这名女学生对自己的一些做法无法适应，包括自己的教学风格。另外还了解到：这名女学生是前任教师最喜欢的学生之一。了解了这些情况后，该教师不再对女学生采取消极的态度，她对女学生讲话的方式也改善了，彼此间的紧张感也在慢慢消失。该教师说："我现在用积极的态度对待她，我发现这样更容易接近她，如果她不主动回答，我就直接问她问题，而她似乎变得更专注、更主动，也更能享受到上课的乐趣。她的脸还是安静沉默的，但我不再用'闷闷不乐'来形容她了。"[①]

在现实中，事件之间往往不是简单的因果关系，某一事件的发生通常由数个因素所引发。所以常常需要整合理论、经验和实证调查等多方面信息对问题进行归因。

二、发展和实施行动策略

（一）发展行动策略

在对研究问题进行了初始调查和归因之后，接下来就需要发展行动的策略了。行动策

---

① Altrichter, Posch & Somekh. 行动研究方法导论[M]. 台北：远流出版公司，1997：201.

略(Action strategy)是研究者对所研究问题的解决方案或是对预设的解答,是一系列用于改变问题的方法。行动策略往往有明确的行动方案,并且直接指向问题的解决。下面就发展行动策略应该注意的问题及技巧进行简单阐述。

1. 发展行动策略时应注意的问题

(1) 行动策略应与问题的归因相一致

研究者为了解决问题而采取的任何措施,必须与对该问题的归因相一致。当然,研究者在制定解决问题的措施时,要避免面面俱到,要注意找到主要的原因,选准重点,并将它作为解决问题的突破口。请看表5-2-5所示的案例。

表5-2-5　行动策略应与归因的结果相对应举例

个案情况:
××是一位6岁半的美国男孩。父亲是美国人,母亲是上海人,父母对彼此的母语都不熟悉,日语是他们交流时采用的语言。××在日本出生。他出生后,成长环境变动频繁,常常是在上海住一段时间,又回到日本或美国。3岁前,××语言发展良好,能够说英语、日语和上海话,3岁之后就不说话了,并且伴有怪异刻板的行为和莫名其妙的傻笑。不爱与人交往,兴趣狭窄,只喜欢红、绿、蓝、黄四种颜色的积木。2005年,上海精神卫生中心诊断其为自闭症儿童。
问题归因:
××表现出对社会交往的退缩、语言功能的损害和行为的刻板等自闭症儿童常见的特征。针对以上情况,我与特教专家进行了讨论,最后认为:××的问题主要是在生长发育时期,由于环境变化过于频繁,接触的语种过多,导致其语言发展的混乱。另外,在我辅导的过程中,我了解到××母亲的教育方式比较简单,要么忽视,要么对抗,进而导致××对母亲产生了对立情绪,亲子关系紧张,影响了××心理的健康发展。
行动策略:
在分析现状的基础上,我们对××确定了以下两方面的干预内容:① 重塑温馨和谐的母子关系,促进亲子交流。② 针对其发展迟滞的方面进行干预。主要从情感(最基本的情绪),认知(异类鉴别,图形推理),行为(小肌肉动作、身体运动),语言(名、动、形、代、介、数、拟声词)和社会化(交际性动作、问答时的反馈)五个方面对××进行训练。

(2) 发展的行动策略要具有可操作性

研究者在制订行动方案时,不应该只停留在观念层面上,还需要不断反思:这个行动策略是否符合实际且可行?在执行这个行动策略时,有演练的空间吗?在执行时可以独立作业,或者是需要他人的支持和合作吗?一般而言,如果研究者的教育行动研究涉及学科教学的问题,就应该将措施融入自己的备课、教案和课堂教学中去。如果研究者的教育行动方案涉及班级管理的问题,就应该将措施结合到班级的制度建设、班级活动的规划中去。如果研究者的教育行动方案涉及学生心理健康方面的问题,就应该将措施结合学生的心理健康辅导计划和活动加以实施。措施与行动是否到位,是检验教育行动研究可行性的主要指标。

2. 发展行动策略的技巧

产生行动策略时可采用提名分组技术(NGT: Nominal group technique)。提名分组技术是在团体中为做决定而进行的一种高度结构化的程序。NGT可以避免对一个议题仅有少数的观点。它能涌现出各种创意,并更快地做出决定。其程序如表5-2-6所示。

表 5-2-6　提名分组技术程序[①]

1. 解释 NGT 和它的各个阶段(5～10 分钟)。
2. 澄清问题(5～10 分钟):宣布要考虑的问题,对议题进行说明,如果需要的话,问题还可以被重新界定。
3. 个别倾听(10 分钟):要求每位成员简要说出问题的答案。
4. 收集意见(20～45 分钟):将每个人对解决问题的意见记录在纸上,这个阶段不评价,不解释,也不讨论。
5. 合并意见(15 分钟):合并一些重复的意见,不解释也不评论。
6. 个别挑选(5 分钟):对剩下的意见,参与者各自在纸上写下五个他认为和问题最有关的陈述意见。
7. 排序与讨论(30 分钟):每个人对形成的意见再提出意见,进行讨论,直到选出一个最佳的方案来。

提名分组技术最理想的人数是 8 至 10 人。人太多会使讨论太复杂,而人数过少,似乎就不需要用这种讨论程序了。如果有更多的参与者,可将其分成两组进行讨论,最后两组可以交流彼此讨论出来的结果。

(二) 实施行动策略

拟定了行动的策略,就需要将其付诸于实践,在实践中接受检验。在实施行动策略的过程中,应该注意以下问题。

1. 注意对实施进行日常的监控

研究者在尝试采取新措施、新方法解决问题时,要善于运用各种资料搜集的方法,对行动策略的实施情况及实施效果进行及时的追踪和记录,以便及时调整行动的方案,保证行动的效果。在整个研究的过程中,研究者都需要及时对实施的情况进行监控和反思,这是行动研究区别于其他研究的主要特色。追踪和记录的方法主要有观察、撰写研究日记或周记、课堂实录、问卷调查、学生或家长访谈、录像和录音等。

2. 拟订行动的时间表

为了促进行动的实施,最好要拟订一个行动时间表,通过时间表来督促研究者在相应的阶段完成相应的任务。如某教师对"在普通学校中对智障儿童进行安置的模式"这一课题进行了探讨,该研究课题从 2004 年 10 月开始启动,到 2006 年 3 月结束,历时一年半,分三个阶段,各阶段的主要工作和具体做法如表 5-2-7 所示。

表 5-2-7　行动时间表

步骤		日期	实施的内容
准备阶段		2004.3—2004.10	确定目标、扩大宣传、选拔教师、培训教师、布置环境、进行前测
实施阶段	实施初期	2004.10—2005.1	改进教学方法、聘请专家指导、家校联系
	实施中期	2005.3—2005.7	加强学科学习、增加体能训练、培养集体意识
	实施后期	2005.9—2006.3	开研讨会、进行融合教育
结题阶段		2006.3—2006.4	进行后测,收集和整理研究过程中的有关数据资料,总结经验,做好结题验收工作

[①] Altrichter,Posch&Somekh.行动研究方法导论[M].台北:远流出版公司,1997:200。

三、搜集和分析资料

在行动研究中,研究者经常遇到的问题是:我将如何记录和分析行动的结果?这就涉及行动研究中搜集和分析资料的问题。在行动研究中经常使用的搜集资料的方法有观察、访谈、问卷调查、写研究日志和实物搜集等。由于观察法、访谈法和实物搜集法在质的研究部分已有详细的介绍,在此我们只介绍一下问卷调查法和写研究日志的方法。

(一)问卷调查法

问卷调查法也称问卷法,是研究者先把要研究的主题分为详细的纲目,拟成简单易答的一系列问题,编制成标准化或非标准化的问卷,然后根据收回的问卷,对资料进行定量或定性分析,从而得出结论的方法。采用问卷法搜集资料时,可以在较短时间内搜集到大量资料,效率比较高。

1. 问卷的形式

(1)开放式

开放式问卷是只提出问题不列出答案,让被试自由回答。此类问卷由于结构不明,被试回答问题不受限制,可以自由发挥,所以能够充分发挥被试的主动性和创造性。开放式问卷适用于研究者说不清或难以预料回答结果的研究,易于定性分析。如对聋学生的理想进行调查时,让学生以"十年后的我"为题写作文,以分析其理想特点,这就可以看成开放式问卷。

(2)封闭式

封闭式问卷不仅要提出问题,还要提供可选择的答案,限制回答的方向和数量。例如,调查特殊学校教师的职业态度时,可提出"你喜欢特殊教育教师这个职业吗?"这个问题,并列出五个备选答案:① 一点也不喜欢;② 不太喜欢;③ 说不清;④ 比较喜欢;⑤ 非常喜欢。让特殊学校教师从中选择一个答案,然后将搜集的资料进行统计分析得出结论。封闭式问卷的优点是结构明确、便于统计,但是封闭式问卷回答方式固定,缺乏灵活性,被试只能依此进行选择,如果几种选择答案都不符合被试的特点,被试也只能选一个相对适合自己的答案,难以反映被试的真实想法。

2. 问卷的一般结构

问卷一般由标题、前言、指导语、问题及选项等部分组成。标题是对研究课题高度简洁的概括,并要求与研究内容一致。前言是对研究目的、内容的扼要说明,激发被试回答问题的热情,消除顾虑。指导语是用来指导被试如何填写问卷以及注意事项的说明,指导语要简洁明了,用词恰当,便于理解。问题与选项是问卷的主要组成部分,编制的问题必须具体、清晰、客观、通俗易懂。问题有开放式问题和封闭式问题之分。开放式问题只提供问题不提供答案选项;封闭式问题不仅提出问题,还提供问题的答案选项。如表 5-2-8 所示的案例为封闭式问题。

表 5-2-8 特殊儿童音乐治疗效果调查表

前言:亲爱的家长,您好!本问卷是对您的孩子在采用音乐治疗之后的效果进行的一项调查。该问卷只做研究之用,不会外传给任何人,希望您能如实填写。

指导语:问卷的最左边列出了一些项目,请您就您的孩子接受音乐治疗之后的效果进行评价。从非常同意、同意、没意见、不同意、非常不同意中选择一个合适的选项。谢谢您的合作!

项目	非常同意	同意	没意见	不同意	非常不同意
心情开朗		○			
能主动触摸器材	○				
专注各种感官刺激器材			○		
视觉专注					
情绪稳定					
肌肉张力减低					
能接收外界信息					
视觉追踪					
笑容常露					
听觉专注					
听觉追踪					
表现较主动的能力					
视觉扫描					
有沟通意向					
发声增加					
肢体活动增加					
能操控各种器材					
听觉扫描					
对别人的要求有反应					
能跟随别人的指示					
能发出要求					
信心增加					
听觉辨认					
能和其他人谈话					

3. 问卷的回答方式

（1）选择式

选择式问卷是让被试从几种答案中选出一个或几个合适答案的问卷。例如，

A：你在家庭中是否对你的孩子进行过家庭康复训练？（单选）

① 经常　② 有时　③ 几乎没有　④ 从不

B：你的孩子在家庭中是否具有以下表现？请在下列项目中选择（多选）

① 饭量很小　② 挑食严重　③ 不听父母的话　④ 经常发脾气　⑤ 不合群　⑤ 非常任性　⑥ 不和父母交流　⑦ 体质很弱　⑧ 多动　⑨ 懦弱、胆怯

（2）排序式

排序式问卷是让被试将列出的答案按着一定的标准排出顺序，例如：你在为孩子选择学校时，首先考虑的是哪些因素？学校的师资情况、学校的收费情况、学校的地段、学校的教学质量。请按重要性为上面四个选择排一个先后顺序。

（3）量表式

量表式问卷将问题答案列出等级，让被试在自己认为适当的地方打上记号。如打"√"或划"O"，如表5-2-9所示。

表 5-2-9 Conners 儿童行为问卷(教师版)

项目	程度			
	无	稍有	相当多	很多
1. 扭动不停			○	
2. 在不应出声的场合制造噪音		○		
3. 提出要求必须立即得到满足				○
4. 动作粗鲁				
5. 暴怒及不能预料的行为				
6. 对批评过分敏感				
7. 注意不能集中				
8. 妨害其他儿童				
9. 白日做梦				
10. 撅嘴和生气				
11. 情绪变化迅速和激烈				
12. 好争吵				
13. 能顺从权威				
14. 坐立不定,经常"忙碌"				
15. 易兴奋,易冲动				
16. 过分要求教师的注意				
17. 好像不为集体所接受				
18. 好像容易被其他小孩领导				
19. 缺少公平合理的竞争意识				
20. 好像缺乏领导能力				
21. 做事有始无终				
22. 稚气和不成熟				
23. 抵赖错误或归罪于他人				
24. 不能与其他儿童相处				
25. 与同学不合作				
26. 容易灰心泄气				
27. 与教师不合作				
28. 学习困难				

注:程度记分法:无,记 0 分;稍有,记 1 分;相当多,记 2 分;很多,记 3 分。

(二) 写研究日志

写研究日志(Research diary)是行动研究中重要的研究方法之一。我们可将研究日志视为整个行动研究历程的同行伴侣,而不只是一个搜集资料或分析资料的工具。研究日志中可以记载刚刚进行完毕的访谈情境、环境与人物等,也可以是非结构化的课堂观察记录。研究日志的内容还应该详细记录事件的日期、时间、地点、参与者,及自己的感受等。

备忘录(Memo)是最常用的日志形式。它是研究者在当时或通过事后回忆对某特定时段(如一堂课)所发生的事件或体会的记录。它主要是用来描述与评论发生过的事件。在描述事件的同时,通常会穿插主观的解释。备忘录可分为描述性记录和解释性记录。描述性记录包括活动的说明、事件的描述、对话、手势、声调、面部表情、个人的肖像与特征（如外表、说话与动作的风格）、地点与设备等方面。解释性记录包括感受、解释、创见、思索、推测、预感、对事件的解说、对自己假设与偏见的反思和理论的发展等方面。在备忘录中，能清楚地区分描述性记录和解释性记录是很重要的。

一般来讲，在书写备忘录时，应该注意以下问题：在研究过程中，越早写备忘录越好；在写备忘录之前，不要和任何人讨论，那样做会影响和修改你的记忆；依据事件发生的先后次序来记录是最好的方式。同时，能将事件完整记录是很重要的，你日后想起的任何片段都可附记于后。可以在活动过程中，以缩写符号、片语来简略记下一些你想要的重点，这些是非常有助于回忆的。表 5-2-10 是一项研究中作者写的备忘录。

表 5-2-10　一个特殊儿童训练的备忘录

时间	训练内容	反思
星期一	这是谁的？谁在读书？谁在写字？ 谁的裤子？谁的衣服？ 教师的眼睛——谁的眼睛？	学生有些太活跃
星期二	这是谁的裤子？（爸爸、教师） 这是谁的衣服？（爸爸、教师） 这是谁的眼睛？（猫、狗） 指着爸爸，问：这是不是妈妈？ 他回答说：这是爸爸 让他回答：不是，这是……	我们问的问题太多，如何让他多发挥呢？启示：训练要灵活，根据他的情况，改变活动的内容和方式。他必须能坐好、坐正，手伸直，不然训练效果很差。 另外，对他的反应多鼓励，多表扬
星期三	继续教他认识"谁"。每人一个盒子，爸爸、儿童、教师，问他这是谁的，里面有珠子，问他给谁？	如何教他认识"谁"，这是一个难题
星期四	这是谁的衣服？谁把球给爸爸？老师把球给爸爸。谁拿着球？教师拿着球。盒子里面有几个蓝色的珠子？两个。有几个红色的珠子？两个	他知不知道：一共是什么意思？他会什么？他不会什么？辅导了之后他原来不会的会了没有？
星期五	盒子里面有几个蓝球，几个绿球，几个红球。 用不同的珠子，进行匹配： 红红红红、红红绿绿、黄红绿蓝 我：夹什么颜色的珠子？ 他：黄色和红色的。 我：教师夹什么颜色的珠子？ 他：蓝色和绿色的	他总是喜欢把珠子放在盒子里面，然后拿出来，再放进去。如何玩出花样，玩出智慧来呢？我认为玩的过程中，要建立一种关系（如把珠子先交给我，再由我交给他，由他投进盒子里面），不能让他只沉浸在一个人的世界里。如何创造一种关系呢？
星期六	你吃的是什么？我吃的是馒头。 好吃吗？给教师吃好吗？谢谢！几个绿色的珠子，几个蓝色的珠子？	他的左手表现与右手表现不太一致，与语言能力有无关系？能不能针对他的左手进行训练？

四、研究结果的评估与反思

评估与反思贯穿于行动前、行动中、行动后的全过程。它不仅对现在一轮行动进行一定的总结，而且为新一轮的行动做出了一定的准备。

（一）对行动研究品质的评价

在对行动的结果进行反思时，如何判断一个行动是成功还是失败呢？在行动结束之后，我们需要对行动研究的品质进行评价，评价的内容可以参照如表 5-2-11 所示的几点（Bogdan&Biklen，1982）。

表 5-2-11　评价行动研究品质的标准

1. 研究是否有利于发展和改善目前的社会现实，是否解决了实际问题或者提供了解决问题的思路。
2. 研究是否达到解决实践者问题的目的，使他们不再受到传统科学研究权威的压制，是否提高了他们自己从事研究的自信和自尊。
3. 研究设计和资料搜集的方法与实践的要求是否相容（如时间、经济条件、职业文化等）。
4. 研究是否发展了实践者（如教师、社会工作者、护理人员）的专业知识，加深了他们对实践的了解，改进了他们的行为质量和社会地位，使他们的职业受到社会更大的重视。
5. 研究是否符合道德方面的要求。研究的方法是否与具体情况下的行动目标以及民族的价值观念相容。伦理原则是否制定成具体的伦理守则。

（二）未取得预期结果的原因分析

当行动研究未取得预期的成果时，我们需要进行一系列的反思，以便及时调整行动策略，为下一步行动做好准备。在进行反思时，通常涉及以下问题：是不是执行方法上出了问题，如不习惯采用新的行动策略？是不是在行动策略的构想上出了问题，如在使用新方法前对学生的状况做出了错误的估计？是不是对问题情境的分析出了问题，如可能过于相信自己的主见？是不是在搜集资料的过程中出了问题，如可能忽略了某些重要的信息？是不是在问题的界定上出了问题，如探讨的或许并非是真正的问题所在？

第3节　行动研究报告的撰写

撰写行动研究报告是公开行动者研究成果的重要途径，是教师开展教育行动研究之后递交的一份书面成果。与教学经验的随笔不同，教育行动研究的案例报告有一定的格式，不可过于随意。一般而言，一份完整的行动研究报告由以下四个部分组成。

一、问题提出

问题提出部分主要包括问题的发现、问题的定位、问题的初始调查三方面内容。如"本人在实际工作中发现……根据××理论或××实际工作的要求，有必要对这个问题进行研究。根据调查发现，问题是确实存在的，当事对象是……具体表现为……据此，拟对该问题进行行动研究。"当然，在问题的提出部分，研究者可根据情况做灵活的编排和阐述。

二、问题的归因

问题的归因部分应该体现理论、经验和调查三个归因的过程。在理论归因方面,应该交代理论归因的缘由及结果。在经验归因方面,可以说明同行对问题原因的分析。在调查归因方面,应该用实证调查结果来说明问题产生的原因。

三、措施与行动

措施与行动部分要求措施与前面的归因相对应,每项措施必须要有具体的归因作支持。在这一部分,研究者可以列举一些具体的措施与行动,如课堂实录或教案片段等。措施与行动对于其他研究者具有借鉴意义,因此这一部分要重点写。

四、评估、反思、附录

评估与反思主要包括成效评估以及对存在问题的分析。在这一部分,可以展示研究的成果,对成果的价值进行评价,反思研究过程中有待改进的方面,也可以提及在研究的过程中给予便利与合作的单位与个人,以及参考的主要文献等。同时,还可以把调查问卷、访谈记录、对象的情况附录等辅助性材料放在附录中。

第4节 行动研究的应用举例

一、构建区域性随班就读支持系统的行动研究

1. 问题的提出

随班就读是在普通教育机构中对特殊学生实施教育的一种形式,是目前我国特殊儿童接受教育的主要安置形式。这种教育安置形式不仅要关注特殊儿童"上学"的问题,更要关注特殊儿童"学习"的问题。要使特殊儿童在普通教育环境中学有所得、学有所长,充分发展,就必须为其提供特殊的服务和帮助。这些服务和帮助会对教育系统中的各种要素包括人力、物力、制度、策略等提出要求,教师、家长、伙伴、班级、家庭、学校、康复机构、教育行政部门、社区等不同层面的相关因素以各种方式回应这种需求便构成了随班就读支持系统。

上海市徐汇区于1997年提出建立区域性随班就读支持系统的设想,2000年在相关论文中初步阐述了这一构想,这是国内文献中首次论述区域随班就读支持系统的文章。我们在此构想的基础上,历经四年时间,开展了有三十多所普通中、小学,幼儿园参与的行动研究,经历了计划→行动→反思→再行动的多次循环,逐步建立了区域性随班就读的支持系统。该系统以现代特殊教育有关理论为支撑,以特殊儿童全面发展的各种需求为核心,并与本地教育资源、地域文化、教育传统相结合,在区域范围内开展了多项特殊教育改革实践活动,在不同层面上反复实践与验证,不断调整支持系统的模式和完善其运作方式。我们认为,区域性随班就读支持系统的构建对全面提高我国随班就读的水平具有一定借鉴与指导意义。

2. 问题分析及行动过程

2.1 问题分析

要建立科学、有效的随班就读工作支持系统,首先必须明确该系统中包含哪些关键要素,各要素在系统中的地位与作用,以及各要素之间的联系。并依此为依据,提出系统的基本结构。以下就从系统要素分析与建立系统结构两方面进行叙述。

2.1.1 系统要素分析

根据系统论的观点,以及我们在随班就读工作中遇到的问题和积累的经验,我们认为随班就读支持保障系统涉及以下关键因素。

(1)系统所支持的主要对象是随班就读学生,随班就读学生由于自身的某些缺陷,在许多方面会与普通学生产生差异,如健康状况、生活技能、行为与情绪、人际交流、学习方式等。由于这些差异的存在,会使随班就读学生不适应普通学校的教育教学环境。因此,如何在普通学校的环境背景下,为随班就读学生提供各方面的支持,逐渐实现普特渗透、普特融合,全面发展特殊儿童的能力,最终回归主流社会是建立该系统的主要目的。

系统论观点认为:系统由各个子系统构成,各子系统相互作用,相互影响。共同发挥作用。根据系统理论的观点,随班就读学生不是一个孤立的个体或群体,而是整个社会大系统中的一个组成部分,会受到来自社会各层面的影响。因此,我们认为:对随班就读学生的支持主要来自三个层面,即对随班就读生个体的微观支持、群体层面的中观支持,以及社会层面的宏观支持。

(2)以上三个层面的支持需要资源的支持。在一个系统中,资源可以分成有形和无形两种。有形资源包括:人力资源、物力资源等,在教育系统中具体体现为人才、教材、器材这"三材"。无形资源包括制度、经验、策略等,在教育系统中体现为教育规范、教育方法、教育策略等。随班就读工作的支持系统就是要重整与统整大教育系统中的有形和无形资源。

(3)随班就读工作的支持系统也必然涉及支持方式的问题,依据美国智障协会(AAMR)的定义,支持方式可有4种,即间歇的支持、有限的支持、广泛的支持、全面的支持。

2.1.2 系统结构

综合上述分析,我们提出区域性随班就读支持系统由三个维度构成,即:(1)个体层面的微观支持系统;(2)群体层面的中观支持系统;(3)社会层面的宏观支持系统。从系统资源支持方面看,应包括人力资源支持、物力资源支持、制度资源支持和经验资源支持。从系统支持的方式看,我们认为:要使区域性随班就读工作支持系统最大限度地发挥其功能,应采取广泛支持或全面支持的方式。另外在每个维度中还需要考虑:支持目标、支持内容、支持的实施,以及支持效果的评价等。

2.2 行动过程

本研究的目标是:建立科学、有效的区域随班就读工作支持系统。使3~18岁有各类特殊教育需要的儿童在普通学校受教育的权利与全面自由发展得到基本的保障和支持。为了达到预期的研究目标,本研究历经了四年时间,约分四个阶段,每一阶段及研究内容如表所示:

表 5-4-1　各阶段研究内容

时间	内容
2000年9月—2000年12月	形成初步的理论框架。
2001年1月—2002年1月	在11个随班就读中心组学校进行实验。
2002年3月—2003年5月	进行了反思和再行动,以本地资源和教育现状为基础,改进支持系统的运作模式,关注个案管理等操作形式。
2003年6月—2004年7月	参加教育部实验,重构支持系统模式,并选择13所学校进行综合研究。形成了优化学校资源、整合区域资源的教育支持系统。

3. 行动措施及成果

根据以上区域性随班就读工作支持系统的模型,我们在上海徐汇区74所随班就读学校和区特教指导中心各有侧重地开展行动与实践。以下从三个层面简要叙述行动的措施以及取得的部分成果。

3.1 个体层面的微观支持系统

个体层面的支持直接针对随班就读学生的学习,主要在班级层面上展开,具体包括以下几方面。

物理支持,即积极创设有利于随班就读学生的学习环境,包括教室的布置、教学教具的添置,以及康复仪器设备的配制等。

友伴支持,通过校少先队组织,选拔培养合格的随班就读学生辅助伙伴,组成学习小组,通过伙伴合作学习、督促提醒、提示答疑等方式在学习上为随班就读学生提供帮助。

课程支持,在对教材分析的基础上,对随班就读学生的教学目标进行分层、细化。部分学校还开发了专门的校本课程,以开发随读生的潜能,补偿其缺陷。

学习方式支持,根据随班就读学生的特点,将集体教学与个别化教学有机结合起来,建立了本区特有的个别化教育模式。充分发挥计算机辅助教学的功能,提高随班就读学生学习的兴趣与学习效率。

3.2 群体层面的中观支持系统

群体层面的支持主要在随班就读学生所处的学校和家庭层面上展开。具体包括:对教师的支持,如对随班就读教师开展各层次、多方面的培训指导。对家庭的支持,主要通过我区特殊教育指导中心为随班就读学生家庭提供信息咨询、培训和指导。

3.3 社会层面的宏观支持系统

社会层面的支持主要在社区与全社会层面上展开。具体包括:各实验学校与所在社区加强联系与合作,充分利用社区的人力与物力资源,将社区活动作为学校教育教学的延伸与补充。另外,我们通过各种途径,向全社会宣传随班就读工作的重要意义。随着我国社会的进步,有利于特殊教育事业发展的相关政策不断出台,这些都为我们随班就读工作的开展提供重要的支持与保障。

4. 反思

区域性随班就读工作支持系统是一个复杂系统,是普通教育与特殊教育相互融合的系统,其中最重要的是两种教育理念的融合。目前,普通教育的主导价值倾向仍然是"塑造"与

"应试教育",而特殊教育的主导价值倾向是"缺陷补偿"与"潜能开发"。我们认为,两者应该在"素质教育"与"多元智能"的理论下整合起来,只有这样,随班就读工作支持系统才能在整个大教育系统下不断完善与发展。

如前所述,随班就读支持系统可包括微观、中观与宏观三个支持子系统。每个子系统下又有多个相互关联的因素,它们相互交叉、相互包容。在实践操作过程中,往往"牵一发而动全身"。例如,我们在对个体层面微观支持系统的建构过程中,主要的研究对象是学前与低年级阶段儿童,而对小学中高年级以及中学随班就读学生的研究不够,针对不同的研究对象就会采用不同的行动措施,这将作为我们下一步继续研究的一个重点问题。(作者:邱轶)

二、对一名自闭症儿童进行辅导的行动研究

自闭症是广泛性发育障碍(pervasive developmental disorder,PDD)中最为多见的一种亚型。自闭症涉及语言、认知、社会交往能力等多种基本心理发育障碍,是起病于婴幼儿期严重的神经精神障碍。近年来,国内许多学者多采用文献综述、实验研究等对自闭症的病因、诊断和干预等理论问题进行了研究,取得了一定成果。但是由于自闭症儿童存在着较大的异质性,即使是同样被诊断为自闭症的儿童,他们的心理发展和行为表现也不尽相同,也就是说,我们很难用一种普适性的理论对千差万别的自闭症儿童进行干预。因此,针对不同自闭症儿童的各自情况,以问题为中心开发不同的干预方案就显得尤为重要了。行动研究是一种以问题为中心的研究方法。一般认为这种研究方法是20世纪40年代美国社会心理学家勒温(Kurt Lewin)首先提出来的。勒温在研究中发现:科研人员如果仅凭个人兴趣或者只是为了写书而搞研究,这样的研究就不会满足社会的需求。据此,勒温于1946年提出了行动研究这一新方法。在对行动研究的众多定义中,比较明了的当推英国学者艾略特(J. Elliott,1991)给出的定义:行动研究是社会情境的研究,是以改善社会情境中行动品质的角度来进行研究的研究取向。与构建理论的研究方法不同,行动研究强调对问题的干预和行动策略的反思。行动研究的过程是一个不断反馈循环的动力系统。克密斯(S. Kemmis)于1988年提出了行动研究的基本操作程序模型。他认为:行动研究是由计划、实施、观察和反思四个环节组成的一个螺旋式发展过程,每一个螺旋圈都包括这四个相互联系,相互依赖的环节。近年来,行动研究的方法在普通教育的研究当中发展很快。本研究采用了行动研究的方法对一例自闭症儿童进行了研究,以期引起特殊教育领域对此种研究方法的重视。

1. 问题

小华(化名)是一位6岁半的美国男孩。父亲是美国人,母亲是上海人,父母对彼此的母语都不熟悉,日语是他们交流时采用的语言。小华出生在日本,出生后,常常是在上海住一段时间,又回到日本或美国。三岁前,小华语言发展良好,能够说英语、日语和上海话,三岁之后,就不说话了,不爱与人交往,兴趣狭窄,并伴有怪异刻板的行为,如莫名其妙地傻笑、只喜欢红、绿、蓝、黄四种颜色的积木等。2005年,上海精神卫生中心诊断其为自闭症儿童。

2. 干预计划

2.1 问题分析

小华表现出了社会交往退缩、语言功能障碍和行为刻板固着等自闭症儿童的常见特征。针对以上情况，笔者与特教专家进行了讨论，最后认为：小华的主要问题可能是在其生长发育时期，由于环境变化过于频繁，导致了语言发展的混乱。另外，在访谈的过程中，我们了解到小华母亲的教育方式比较简单，要么忽视，要么对抗，进而导致了小华对母亲产生了对立情绪，亲子关系紧张，也影响了小华心理健康的发展。

2.2 干预内容

在上述分析的基础上，我们对小华确定了以下两方面的干预内容：(1)重塑温馨和谐的母子关系，促进亲子交流；(2)针对其发展迟滞的方面进行干预。主要从情感（最基本的情绪），认知（异类鉴别、图形推理），动作（小肌肉动作、身体运动），语言（名词、动词、形容词、代词、介词、数词、拟声词），社会化（交际性动作、问答时的反馈）五个方面对小华进行训练。

3. 行动措施

3.1 组建团队

干预方案制订后由华东师范大学特殊教育系两名专业研究生、孩子的父亲、母亲、孩子学校主要辅导老师、孩子的姑姑（心理学博士）组成了一个行动研究团队。团队成员经常性地通过邮件进行联系，并对小华存在的问题进行探讨。

3.2 干预方法

3.2.1 结构化教学

结构化教学是指根据学生的学习目标，对学习环境，包括时间、空间、教材、教具及教学活动，作一种具有系统性及组织性的安排，以达到教学目标的教学方法。2005年4月1日至5月31日两个月的时间内，笔者作为主要负责人，根据结构化的训练方案对小华进行了31次干预训练，每次训练的时间是2个小时。

3.2.2 地板时间

在亲子互动时主要采用地板时间（floor time）的方法进行。所谓地板时间是指家长和孩子在一起玩的时间。在这个时间段里，家长和孩子一起在地板上，尽量顺着他的意图去作自发的、没有经过精心组织的游戏。家长要与孩子的动机和兴趣一致，在这个过程中让家长理解孩子的情感和分享孩子要传达的意义。笔者每周对小华母亲的亲子互动环节进行一次现场指导。

4. 观察评估

4.1 结果

在干预的前后，我们对小华的状况各进行了一次评估。采用的工具是麦克阿瑟沟通发展检测表（The MacArthur Communicative Development Inventory: Words and Gestures）。该量表具有良好的信度和效度。表5-4-2反映了小华两个月训练前后语言和行为的变化。

表 5-4-2 交流与发展测评结果表

项目	项目数	训练前	训练后	项目举例
第一部分:早期的词汇				
A. 对符号的理解	3	3	3	当在后面叫他的名字时,会回头看
A. 短语理解	28	4	15	张开嘴,拍拍手,点点头
B. 模仿与命名	2	1	1	重复老师的话——"爸爸一会儿就回来"
D. 词汇检查				
1. 对声音的理解	12	4	8	"嘟嘟——"是汽车的声音
2. 对动物名字的理解	36	17	20	看到大象的图片知道是大象
3. 交通工具	9	3	7	看到火车的图片知道是火车
4. 玩具	8	6	8	看到积木的图片或实物能进行命名
5. 食物和饮料	30	8	20	看到鸡蛋的图片或实物能进行命名
6. 衣服	19	3	11	看到帽子的图片或实物能进行命名
7. 身体部位	19	8	18	听到指令能够指出自己的脸、眼等
8. 家具和房屋	24	6	14	能够对电视机、VCD 等家电命名
9. 较小的家庭项目	36	4	18	能够对钥匙、手表等进行命名
10. 外面的事物场所	27	10	15	进入动物园后,知道是动物园
11. 人物	20	2	5	能够区分男孩和女孩
12. 游戏及日常事务	19	5	6	知道早饭、午饭与晚饭
13. 行为动词	55	20	27	知道站起来,坐下去等
14. 时间名词	8	0	0	知道昨天、今天、明天等
15. 形容词	37	6	13	红的、蓝的、大的、小的
16. 人称与指示代词	11	1	6	我的、你的、他的、她的
17. 疑问代词	6	0	0	什么、如何、为什么……
18. 方位介词	11	0	6	上、下、左、右、前、后
19. 数量词	8	0	2	多、少、没有
第二部分:行为和动作				
A. 最初的交流动作	12	1	5	当某人离开时,招手说"再见"
B. 游戏及日常事务	6	1	1	自己会唱歌
C. 与伴随物体的行动	17	6	9	扔球,自己戴帽子
D. 装扮性的游戏	13	0	0	对一个娃娃自言自语
E. 模仿大人的动作	15	0	0	洗碗、给花浇水
F. 象征性游戏(举例)		无	无	

4.2 讨论

由表表 5-4-2 可见:该自闭症儿童在词汇、动作的丰富性方面有较大进步。特别是名词与动词都有较大的长进。但是仍然不能忽视的是他在词汇方面存在的障碍,如他对形容词、人称代词、疑问代词的掌握仍然很困难,究其主要原因,是因为形容词更多地涉及人的内心活动和心理理论的状况,而研究表明,自闭症儿童在这方面是很差的。人称代词与疑问代词都是与人的社会交往与互动紧密联系的,社会交往的障碍正是自闭症儿童的主要障碍。自闭症儿童在社会性方面最大的困难表现在想象力的贫乏上。在量表的第二部分,尽管作者对其进行了两个月的训练,但是他的装扮性游戏和象征性游戏分数始终没有得到提高。

5. 反思

通过为期两个月的训练,小华在许多方面的状况都表现出了改善的趋势。如果进一步进行干预,那么,他可能会产生更大的改变。在干预的过程中,笔者认为以下几点值得反思。

5.1 训练的内容

语言障碍、社会性障碍、想象障碍是自闭症的三个核心障碍。针对这些障碍,国内学者对自闭症儿童的干预内容进行了许多研究,昝飞、马红英等提出自闭症儿童干预的四项内容:非言语交际行为、共同注意能力、社会情感沟通能力、象征性游戏的能力。我们认为在对自闭症儿童进行训练的时候,应该坚持多重干预,即辅导内容要全面,要包涵知、情、行、语言以及社会性发展等儿童心理方面的各个侧面。在综合干预的基础上,自闭症儿童才能在缺陷的各个方面获得补偿或重建。

5.2 训练的方法

对自闭症儿童的辅导并没有一个固定的方法,关键在于得法。一般认为对自闭症儿童有医学治疗、心理治疗、同伴作用策略(peer— mediated strategies)三种主要的干预方法。实际上,采用何种训练方法往往取决于训练的内容。如:在对其进行动作模仿的训练时,物理治疗、动作治疗是比较有效的;而对其进行认知训练时,结构化教学是比较有效的;对其进行沟通交往训练时,地板时间的方法是比较有效的。

5.3 训练的策略

自闭症儿童的行为是刻板的,习惯于按照一种方式去做。为了改变这种状况,辅导老师在辅导的时候,要特别把握一个变字。如:小华在写数字的时候,总是从1写到10,每次都是这样,这时,我们就寻求变化:让他从10写到1,或者从5写到10;在进行珠子匹配训练时,他总喜欢把相同大小的珠子放在一起,这时就改变任务要求,在目标盒子里面放上红、绿、蓝三种不同颜色的珠子,然后让他按相同的颜色进行匹配;对同一个玩具,也可以采用多种方式来玩。训练结果表明,此种策略对改善自闭症儿童的刻板行为有一定效果。

对自闭症儿童的训练是一个困难的过程。有许多问题需要思考并在实践中探索解决:例如,在训练过程中,如果对他们的异常行为过分关注,异常行为似乎会得到强化,但是不去或较少关注的话,异常行为却在不断地重复,因此如何掌握关注的度是一个需要研究的问题。又如,训练小华画苹果,他学会了之后,再让他画梨,他还是画苹果,似乎乐此不疲,因此如何防止其新的固着行为的发生,也是我们需要进一步思考的问题。另外,如何促进其与他人交往也是下一步干预要解决的问题。(作者:宋永宁、金野)

本章小结

1. 行动研究是指各行各业的工作者在探究工作过程中,了解遇到的问题的性质和范围,进而了解其发生的原因,寻求解决方案,并解决问题的过程。

2. 行动研究的主要特点有:行动研究的问题来自于特定的情境,行动研究的首要目标是促进和提高实际工作质量,行动研究强调团队合作,行动研究是一个循环往复的过程。

3. 行动研究与质的研究的主要区别是:行动研究更强调研究结果对实践的指导意义,

行动研究强调多方共同合作,提出行动策略。

4. 行动研究是由初始调查及问题归因、发展和实施行动策略、搜集和分析资料和研究结果评估与反思四个部分组成的。

5. 研究者对问题的归因主要有理论、经验和调查三个来源。

6. 行动策略是一系列用于改变问题的方法,可视为研究者对所研究问题的解决方案或是预设的解答。

7. 在行动研究中,经常使用的搜集资料的方法有观察、访谈、问卷调查、写研究日志和实物搜集等。

8. 问卷的形式有开放式和封闭式两种。对问卷选项的回答形式有选择式、排序式和量表式三种。

9. 备忘录中的记录包括:描述性记录和解释性记录。描述性记录包括:活动的说明、事件的描述、对话、手势、声调、面部表情、个人的肖像与特征(如外表、说话与动作的风格)和地点与设备的描述等;解释性记录包括:感受、解释、创见、思索、推测、预感、对事件的解说、对自己假设与偏见的反思和理论的发展等。

10. 行动研究报告的内容主要由问题提出、问题的归因、措施与行动、评估与反思、致谢、参考文献和附录组成。

 思考与练习

1. 什么是行动研究?它有什么特征?
2. 什么是行动策略?
3. 行动研究包括哪几个步骤?
4. 备忘录中的描述性记录和解释性记录分别指什么?
5. 根据自己工作中遇到的问题进行一项行动研究。

第6章 研究的选题、开题与结题

1. 了解特殊教育研究课题的类型、选题过程及原则。
2. 学会撰写特殊教育研究开题报告。
3. 学会撰写特殊教育研究结题报告。

第1节 课题类型、选题过程及原则

在特殊教育研究与实践过程中,经常会遇到各种问题。由这些问题,可以形成诸多课题。我们选择研究课题的过程就称之为选题。千里之行始于足下,选题是研究工作的起点,它决定着整个研究工作的大方向。本节就课题的类型、选题过程及选题原则进行叙述。

一、课题的类型

我们可以从研究的性质与功能、研究所涉及的内容范围、研究课题的隶属关系等角度将研究课题分为不同的类型。

从研究的性质看,可将课题分为理论研究和应用研究。理论研究指以揭示教育现象的本质及其规律,形成或发展教育科学理论为目的而进行的课题研究。这类课题较宏观,一般不针对某一具体教育现象,其研究成果具有较广泛的指导意义。例如:"我国特殊教育现状与发展趋势研究"、"特殊教育'医教结合'模式的构建"就属于理论研究。应用研究是指运用基础理论研究得出的一般知识、原理、原则,针对某具体实际问题,研究某一局部领域的特殊规律,提出比理论研究更有针对性的理论和方法,主要解决实际问题。例如:"听力障碍儿童言语矫治方案的制订"、"聋生语言能力发展特点的研究"就属于应用研究。

从课题研究内容所涉及的范围上看,可将研究课题划分综合性课题和单一性课题。综合性课题主要指同时涉及若干领域或方面的课题。例如:"上海市中小学随班就读支持系统构建的研究"、"北京市特殊学校教师培训与管理研究"。综合性课题一般要分成几个子课题,组织较多的研究者协作完成。单一性课题主要是对某一方面或某一现象进行探讨,如"轻度智障儿童同时性认知加工特点研究"、"上海市青浦区培智学校校本教材教法研究"等。按照课题的隶属关系,可将课题分为市级课题、省级课程、国家级课题等。

总之,特殊教育科研课题可以从多角度、多侧面进行分类。不过各种类型的划分都只是相对的,在实际研究中,课题往往是几种类型的综合。

二、选题的基本过程

从初始选择到最终确定一个研究题目,往往需要经过一个较长期的酝酿和思考过程。简单地讲,选题大致可分为以下三步。

(一) 选题

一般来讲,研究题目可来自以下几方面:第一,从自己的工作经历与经验中选题。比如,一位特殊教育学校的教师,在教育教学实践中发现:自己的亲近行为能增强某自闭症儿童主动交往的意识与行为。那么,这种现象是否具有普遍意义呢?该教师决定就这一问题进行课题研究。第二,从已有的文献中选题。比如,国内外有关文献显示:普通儿童的元认知能力至11岁时已发展到一定水平,对其进行元认知策略训练能有效提高其学习成绩。据此,就可进行学习困难儿童元认知发展特点与训练策略的课题研究。第三,从社会的热点问题中选题。比如,四川汶川大地震使许多儿童致残,如何帮助这些儿童尽早康复是全社会密切关注的热点问题。因此,可以开展儿童肢体康复、心理康复等课题研究。

(二) 确定研究内容与基本框架

在选择了一个研究题目以后,就需要确定研究内容与框架。首先,要对有关概念进行界定。例如,有一项题为"学习困难儿童学习策略训练研究"的课题。从题目上看,其中至少有学习困难儿童、学习策略两个关键词。那么如何界定学习困难儿童呢?这关系到研究中被试的选择标准。同样,如何界定学习策略?学习策略包括哪些具体的策略?对于这些问题,研究者必须做出明确的回答。其次,将研究内容逐级分解。例如:上述课题具体包括哪些研究内容呢?根据有关理论,学习策略包括认知策略、元认知策略与学习资源管理策略。因此,该研究课题可分为认知策略训练、元认知策略训练与学习资源管理策略训练三项内容。那么,各项内容是否还可以再细分呢?以学习资源管理策略为例,相关研究表明,学习资源包括学习环境、学习时间和自我意志。因此,学习资源管理策略训练又可分为:学习环境管理策略训练、学习时间管理策略训练与自我意志管理策略训练。总之,研究内容分解得越具体,研究目标就越明确,也越容易操作。最后,可根据逐级分解出的研究内容,制定相应的组织结构图,它能清晰地表明各研究内容之间的逻辑关系,从而为研究的实施指明路径。

(三) 论证课题

一般而言,研究课题的最终确立或正式立项,要经过专家们的评审。项目申报者必须清楚评审程序与要求。认真填写课题申请表,并积极准备参加项目申请答辩会。如:列出专家可能提出的问题,并逐条思考自己如何回答。在条件许可的情况下,也可举行模拟答辩会,保证做到"胸中有数,临阵不乱"。对专家及同行的意见,要反复斟酌,并依此对已有的研究方案进行修改。

三、选题的原则

(一) 选题必须有价值

衡量课题的价值主要有两个标准:一是理论价值。如研究的主要目的是根据特殊教育科学本身发展的需要,检验、修正、创新和发展特殊教育理论,建立科学的特殊教育理论体系,那该课题研究就具有理论价值。如"融合教育理论及模式构建"研究涉及融合教育的概念、历史沿革、基本构成、基本动能、评价体系等,其研究成果对如何具体实施融合教育具有重要的理论指导意义。二是实际应用价值。如研究的主要目的是顺应当前社会与特殊教育事业发展的实际需要,提高特殊教育质量,促进特殊儿童的身心发展,则该课题就具有实际应用价值,如"听力障碍儿童言语矫治方案的制订",该研究涉及听力障碍儿童言语评估、矫治方法、言语矫治仪器设备的操作方法等。显然,其成果对提高听力障碍儿童言语康复水平具有重要的应用价值。另有一些课题既有理论价值,也有实际应用价值,如"特殊教育'医教结合'模式的构建",该研究涉及"医教结合"的定义、"医教结合"在各类特殊教育学校的具体实施,包括:康复室的建立、康复课程的设置、康复教材的编写等。

(二)选题必须具体明确

众所周知,我们是用语词来表征研究问题的,语词表征中的每一个关键词都代表一个概念。每一概念都有内涵与外延,内涵小,外延就大;内涵大,外延就小。在选择课题时,一定要清楚界定研究题目中的主要概念,明确研究的范围。在实际研究中,经常犯的一个错误就是研究题目过大。如"特殊儿童认知加工特点研究"就是一个典型的研究题目过大的例子。因为特殊儿童这一概念的内涵较小,外延较大,即所有有特殊教育需要的儿童都是特殊儿童,如智障儿童、超常儿童都是特殊儿童。即使是指智障儿童,那也有轻度、中度、重度与极重度之分。那么,该研究的对象是所有特殊儿童吗?显然不是,是哪一类特殊儿童呢?研究题目也没有给出答案。同样,认知加工包括感知、记忆、想象和思维等过程,其涵盖面很广,那么,该研究究竟是要研究哪一种认知加工过程的特点呢?题目也没有交代清楚。因此,对于这样的研究题目,可以说概念不清、范围模糊,自然也就无法实施与操作。如果要使上述课题得以实施,那就需要修改研究题目,方法是缩小有关概念的外延,如将特殊儿童限定为轻度智障儿童;将认知加工限定为同时性认知加工。这样,原题目就可改成"轻度智障儿童同时性认知加工特点的研究"。显然,题目概念明确,范围清楚,就能大大降低研究的难度。

(三)选题要新颖,有独创性

课题研究的一个关键是力求创新,研究越具创新性其价值也就越高。那么,如何创新呢?可从以下几方面着手:一是研究新问题。所谓新问题,是指社会、行业、学科发展中亟须解决,而又很少有人问津的问题,这些问题往往既是热点又是难点。例如,近年来,我国特殊教育事业发展迅速,随之也产生了许多新问题。如特殊教育中"医教结合"的内涵与模式构建、特殊教育学校现代康复设备的配置及标准、培智学校康复课程的设置与实施、人工耳蜗术后儿童言语功能评估与矫治策略等都是亟待探索解决的新问题。二是提出新观点,即以大量的事实材料为依据,以严密的逻辑推理为基础,提出与众不同的看法或观点。例如,在《聋人文化观之辨析》一文中,作者在指出"聋人文化观"是一把"双刃剑"的同时,着重提出在创建和谐社会的环境下,大力提倡与宣扬"聋人文化观"弊大于利的观点。当然,新观点不一定就是完全正确的观点,但是它对启迪人们对相关问题的思考起到了重要的作用。三是运用新方法,即在研究一个问题(可以是新问题,也可以是老问题)时,运用了别人未曾用过的研究方法。例如,在脑瘫儿童运动训练个案研究中,运用单一被试实验研究方法,将质的研究与量的研究结合起来。四是采用新视角,即采用新视角或其他视角去解释已有的结论。例如,脑瘫儿童大多伴有智力障碍,对此现象的解释大多是由于大脑先天发育不全所致。然而，可以换一个视角来解释，即也可能是由于肢体障碍而产生的后天教育环境不良所导致。五是提供新的综合，即在查阅大量有关资料的基础上，对某一领域的研究现状或发展趋势提供一个较完整的概括。例如，自闭症儿童的康复教育是一个热点问题，可以根据国内外有关资料，对新近自闭症儿童的康复理论与方法进行综述。

总之，选定的课题应该是前人未曾解决或尚未完全解决的问题，通过研究应有所创新。要做到这一点，就要广泛深入地查阅文献资料和进行调查，搞清所要研究的课题在当前国内外的研究现状，例如：是否有人研究？如有人研究，已取得哪些成果？还有哪些问题需要解决？解决这些问题的难点是什么？自己是否有可能突破这些难点？如果答案是肯定的，那么拟进行的研究一定会有创新性。

（四）选题要有可行性

所谓可行性是指具备完成课题所需的各种条件。条件分为两类：一是客观条件，包括必要的资料、设备、时间、经费、技术和人员准备等。二是主观条件，主要是指研究者本人的研究能力。例如，研究者是否有承担类似研究的经历与经验？是否有前期的研究积累与成果等？

第 2 节　开题报告的撰写

开题报告是在课题方向确定后，课题负责人在前期研究和充分思考的基础上，将研究课题的论证、设计、计划付诸于文字的文本，它主要说明课题研究的理由、研究的内容与步骤、研究的难点与解决方案、具体实施计划、成果形式以及完成该研究已具备的条件等。开题报告的质量是关系到课题能否获准立项，即能否得到专家及上级主管部门认可与支持的大问题，必须予以高度重视。开题报告一般包括以下八方面内容。

一、课题的名称

课题名称应反映研究的主题。一些研究者在确定课题名称时，往往定得不准确、不恰当，从而影响他人对整个课题研究的评价。那么，如何给课题定名称呢？一般要注意以下两点：第一，名称要准确、规范。准确就是课题的名称要把课题研究的问题、研究的对象交代清楚。课题的名称一定要和研究的内容一致，不能太大，也不能太小，要准确地把研究的内容概括出来。规范就是所用的词语、句型要规范、科学，似是而非、口号式的词不能用。另外结论式的语句也不要出现在课题的名称之中，因为课题是拟探讨和研究的问题，尚未得出结论。第二，名称力求简洁、明了。研究题目不宜过长，这里可以借鉴有关部门对论文题目长度的要求，如美国心理学会（APA）规定题目长度为 10~12 个单词，中国心理学会规定中文期刊的论文题目一般不宜超过 20 个汉字。

二、课题的目的和意义

这一部分主要包括：简单介绍欲研究的问题，研究该问题的意义，国内外该研究的现状，已有研究存在或尚需解决的问题，本研究准备研究的问题以及如何进行研究，如果研究能取得突破，将有怎样的理论与实际应用价值等。

写这部分内容时,首先,必须查阅与课题有关的大量文献资料,并进行梳理与提炼。其次,必须认真思考以下几方面:① 已有研究结论的可靠性,包括:研究方法、可重复性、一致性等。② 本研究准备做哪些方面的改变?是被试?还是研究方法等?③ 本研究是否有假设?如有,假设是什么?拟采用的研究方法能验证这些假设吗?④ 预计研究的结果及其价值与意义。

三、课题的基本目标、内容,预计突破哪些难题

课题研究的目标是要说明课题最终要完成的任务。研究目标分可为总目标与阶段目标,通过逐步地实现阶段目标来最终达到总目标。在制定与分解目标时,一定要具体、明确、可操作。在文字表述上,用词要准确、精练、明了。研究目标明确而具体,才能使研究工作按部就班,有条不紊地顺利开展。

课题研究的内容是要说明课题要研究什么?要研究的内容可分成哪几个部分?各部分之间有何联系?如何进行研究?也就是说,要制定一个逻辑严密的研究框架。同时,研究内容要与研究目标相匹配。另外,对于研究中的有关术语与概念必须给予明确的界定等。

一般来说,研究的难点问题也是研究的关键问题。只有顺利解决关键问题,才能使课题研究沿着预定的目标发展。因此,在研究工作开始前,要列出可能出现的难点问题,筹划相应的解决方案,并预计采用这些方案对解决难点问题的成效。如果存在暂时不能解决的难点问题,就必须重新考虑研究的方案与内容。

四、课题的研究思路和方法,研究工作方案和进度计划

研究思路就是研究的思考方向与主要内容。确定研究思路要考虑以下问题:研究包括哪些部分?各部分之间有何联系?研究先从哪些方面入手?以及如何入手等?研究思路要逻辑严密,结构清晰。

研究方法是要说明准备采用哪些方法来完成相应的研究任务。具体可包括:搜集材料的方法、资料分析方法等。如用调查法,则要讲清调查的目的、对象、范围、调查方法、问卷的结构或来源等。如用实验研究法,则要说明实验的目的、实验假设、实验方法(包括对象、实验材料、实验步骤、数据分析方法)、实验结果的预计等。在研究方法的叙述中,常见的容易出现的问题是:① 没有研究方法,或者将课题的实施过程说成了研究方法。② 罗列出许多方法,但与实际的研究情况不符。在一项研究中,可以有多种研究方法,但是每一种研究方法应与相应的研究内容相匹配,并不是采用的研究方法越多,研究的质量就越高。

另外,根据研究的目的、内容与方法,要制订详尽的工作方案。工作方案就是将研究过程分为若干步骤,明确每一步骤中要完成的任务,并确定具体的时间节点,即研究工作的进度计划。

五、课题研究成果的预计去向及使用范围

这一部分要说明:① 研究成果的形式、用途和使用范围等。研究成果形式有很多,如调查报告、实验报告、研究报告、论文、调查量表、测试量表、计算机软件、教学设计和录像资料等。② 研究成果的用途和使用范围。一般来说,不同的研究目的与内容其成果的用途和使

用范围也不同。例如：一项调查研究，其成果形式主要是调查报告，该报告可以作为后续研究的基础，也可以供上级部门参考。如一项特殊教育教学实践研究，其成果形式可能是：研究报告、教学案例和影像资料等。这些成果都可为同行提供参考与借鉴。

六、课题研究的组织机构和人员分工

在这部分要写明课题负责人、课题组成员以及各自的分工。可简单介绍课题负责人与成员的专业背景，包括：从事行业、专业特长、曾经承担与完成的课题、已有的研究成果等；课题组人员的分工要合理、明确，即让每个人尽量发挥出个人的专业特长，明确自己的任务与工作步骤。另外，也要在分工的基础上，加强合作，共同研究，共同商讨，克服研究过程中的各种难题。

七、课题实施的可行性

这一部分主要说明已有的工作基础、完成课题任务的有利条件等。具体可从软件与硬件两方面来叙述。软件条件主要包括：课题负责人以及课题组成员的研究能力、已开展的前期研究工作、取得的初步结果等。硬件条件主要包括：已有的研究资料、研究场地、仪器设备、其他合作者，以及经费等。

八、课题研究的资料准备、研究经费的预算及其他

资料准备就是要说明与研究课题相关的研究文献的准备情况。列出的参考文献要求达到一定数量，并具有一定的代表性和权威性，最好包括中外文文献。参考文献尽可能不要太陈旧，近五年的文献最好。关于经费预算则要详细说明研究过程中所包括的各研究项目、每一项目所需经费，以及经费数总额。要说明每一笔经费预算的合理性与必需性。另外，其他需要补充的事项也可以在这里说明。

第3节 结题报告的撰写

研究工作的最后环节是撰写结题报告，它是研究者对其研究过程和成果进行全面与客观的回顾与总结，同时也是他人对该课题研究做出评价的主要依据。

一篇合格的结题报告，至少需要回答以下三个问题：一是这项课题是在怎样的背景下提出来的，研究这项课题有什么理论意义和现实意义。二是怎样开展研究的？要着重讲清研究的理论依据、目标、内容、方法、步骤及主要过程。三是课题研究取得了哪些成果？具体来说，结题报告可分为以下七部分内容。

一、研究的背景与意义

这部分主要介绍研究问题的缘由、研究的理论意义、现实意义、或理论意义与现实意义的结合、研究的目的和假设等。这部分的内容应与开题报告中的内容基本一致。

二、研究的目标

研究的目标是课题研究所要达到的最终目的。在叙述研究目标时，要明确、具体，不能过于空泛。例如,有的研究将其目标定位:"促进特殊学生的发展",显然,这是国家的特殊教育的总方针,而不是一项具体研究的目标。

三、研究的内容和方法

课题研究的内容要求陈述课题研究的范畴,即研究的主要方面。研究内容的表述要简洁明了,紧扣研究目标。有的课题研究内容较广,需要分为几个子课题进行研究。这时就需要说明各子课题的具体研究内容以及它们之间的相互关系。另外,研究内容要与研究方法密切相关,一项研究往往需要采用多种研究方法,对这部分的陈述,一般要列出采用了何种科研方法,并介绍各种研究方法的具体实施情况。

四、研究的过程

此部分需要陈述的是具体的研究过程。可以按研究阶段来陈述,如:① 准备阶段,包括研究题目的确定、研究方案的设计、研究对象选择标准的确定、研究材料的编制和研究人员的分配等。② 实施阶段,即具体实施研究方案的阶段,包括选择研究对象、按步骤进行研究,分析研究资料与得出研究结论等。③ 总结阶段,包括撰写结题报告、召开论证会和推广研究成果等。

五、研究的成果

此部分需要说明课题研究取得了哪些成果。具体包括:成果形式、成果内容和成果的应用范围等。在表述时要注意:① 一般来说,阶段性的工作经验总结与个人体会不属于研究成果。② 用词要科学严谨,不要附加具有文学色彩的主观描述。③ 要科学合理地解释研究成果,每一项研究成果或结论都是在特定条件下获得的,因此不能将研究成果或结论的解释与应用范围扩大化。

六、研究的反思与展望

这部分主要陈述在研究过程中取得的重要经验、存在的主要问题,以及未来的研究展望等。重要经验既包括成功经验,也包括失败经验。存在的主要问题包括:研究中出现的新问题、尚未解决的老问题、与他人研究结论不一致的问题等。未来研究展望包括:对已取得的成果如何开展推广性研究、对尚待解决的问题如何开展后续研究等。

七、参考文献和附件

这一部分主要是列举研究过程中参考的文献资料和附上相关材料等。参考文献要按一定的格式来写,具体可参考已发表的论文和专业书籍。附件中可以附加相关的成果清单,如论文篇目,以及研究成果已被采纳或开始应用的佐证材料等。

第4节　开题报告与结题报告选读

一、"学习困难儿童学习策略的理论与训练研究"的开题报告

1. 立论依据（论文的研究意义、国内外研究现状分析、附主要参考资料）

儿童学习困难，成因复杂，表现形式多样，始终是教育学、心理学研究的热点问题。近几十年来，在行为主义理论、认知发展理论、认知理论、元认知理论和 PASS 理论等的指导下，国外出现了多种学习困难儿童教育与学习策略训练模式，其共同特征是，结合认知心理学的最新理论，注重学习困难儿童认知特点，以元认知与具体认知策略相结合的训练程序对学习困难儿童进行学习策略训练。有关的理论与实践已证明：学习困难儿童元认知能力（以认知监控能力为核心）明显低于正常儿童是造成其学业不良的重要原因，因此以元认知理论为基础的训练模式能有效提高其认知监控能力，从而提高其学习效率。

目前，国外对学习困难儿童的研究趋势可概括为：① 以认知心理学最新研究成果为依据，对学习困难儿童的认知过程进行动态研究，开发相应的学习策略训练程序，并付诸实践进行检验。② 通过计算机模拟、分析学习困难儿童认知过程及其特点，以有效的训练模式为模本，编制计算机程序对学习困难儿童进行训练。

目前，我国相关的研究多集中在儿童学习困难的成因及影响因素等宏观研究上，而从认知角度，对学习困难儿童进行有针对性的集体与个别训练极少，缺乏系统的学习策略训练方法。本研究拟从认知角度对学习困难儿童认知特征进行较深入的探讨，并在此基础上，创设一套对学习困难儿童行之有效的学习策略训练模式，预计会对扩展我国学习困难儿童的研究内容、提高研究水平起到一定的作用。

2. 研究方案（研究目标、研究内容与拟解决的关键问题）

（1）研究目标

本研究拟在对大量有关资料整理与分析的基础上，结合自己多年来的研究及实践经验，构建"认知与监控学习策略训练模式"的理论框架，创设一套对学习困难儿童行之有效的学习策略训练模式。本研究将涉及与探讨的有关理论问题有：如何借鉴认知心理学最新理论成果，揭示学习困难儿童的认知特点及影响因素，探讨其与学习效率之间的关系。如何在此基础上构建学习策略训练模式的理论框架。需研究探讨的实践问题有：如何在理论框架下，选择具体的训练内容、制定训练教学原则以及评价训练效果等。

（2）研究内容

① 各类学习困难儿童学习策略训练模式的比较研究

a. 国外较流行的学习困难儿童学习策略训练模式资料的搜集与整理。

b. 各类学习困难儿童学习策略训练模式的分析与比较。

② 学习困难儿童有关认知特征研究

a. 学习困难儿童与正常儿童阅读理解能力、自我监控能力和信息加工时间的比较研究。

b. 学习困难儿童认知过程中继时性与同时性信息加工特征研究。

③ 学习困难儿童元认知及认知能力的训练

本研究拟构建"认知与监控"训练模式,训练内容主要包括:

a. 注意与监控训练,包括:从噪声背景、图形背景、多重干扰中分辨目标刺激和注意过程的自我监控训练。

b. 观察与监控训练,包括:顺序观察法、典型特征观察法、比较观察法、视觉分割观察法以及观察过程的自我监控训练。

c. 复述与监控训练,包括:听力复述、阅读复述、综合复述和复述过程的自我监控训练。

d. 精制与监控训练,包括:精制的方法与精制过程的自我监控训练。

e. 组织与监控训练,包括:组织的方法与组织过程中的自我监控训练。

f. 求异与监控训练,包括:求异的方法与求异过程中的自我监控训练。

g. 学习资源管理,包括:制订学习计划、管理学习环境、自我检查与评价、自我奖惩等。

(3) 拟解决的关键问题

通过比较、分析元认知理论、PASS 理论与学习策略介入训练模式的共同特征,构建"认知与监控"学习策略训练模式的理论框架。以"认知与监控"学习策略训练模式的理论框架为依据,制定以元认知策略与认知策略结合的训练内容。

3. 拟采取的研究方法、技术路线、实验方案及可行性分析

(1) 研究方法、技术路线、实验方案

首先,运用文献分析法,对国内外有关元认知、PASS 及学习策略的理论与实际应用进行比较、分析与综述,为构建"认知与监控"学习策略训练寻找理论依据。

其次,应用实验研究方法对学习困难儿童与正常儿童的认知策略、元认知策略及学习效率进行比较研究,探讨学习困难儿童的有关认知特征,从而为构建"认知与监控"学习策略训练模式提供一定的实证依据。实验方案见附录。

最后,运用调查法、个案分析法与单一被试实验研究法对"认知与监控学习策略训练"模式的有效性进行综合评价。

(2) 可行性分析

本人已搜集、整理了大量国内外有关元认知、PASS 理论及学习策略训练的有关资料。本人曾在上海市实验学校对普通儿童进行过三年多的元认知与学习策略训练的实验研究,积累了一定的研究与实践经验,已发表二十多篇有关论文,专著《元认知与学习策略》获上海市第五届哲学社会科学优秀成果著作类三等奖。自 1999 年起,已在上海市闸北区芷园路小学建立实验基地,并对该校学习困难儿童进行了初步的研究。另外,本人已与香港大学有关专家合作,进行学习困难儿童的有关研究,本人的研究生已完成上海版《学习困难儿童评定量表》的修订。

4. 本研究的特色与创新之处

(1) 本研究宏观与微观相结合,质的研究与量的研究相结合,运用多种手段研究学习困难儿童的认知特征、构建训练模式及检验其有效性。

(2) 本研究拟在有关理论分析与实验研究的基础上,开发学习困难学生学习策略训练

课程。预计对提高我国学习困难儿童的教育水平有较大的促进作用。

5. 预期的研究进展和成果

(1) 研究进展

搜集整理有关资料,设计、实施实验方案,制定、实施训练框架及内容,整理、统计有关数据,确定论文大纲,撰写、修改论文。

(2) 预期研究成果

① 发表有关论文若干篇。例如:《学习困难儿童学习策略训练模式的比较与研究》、《学习策略的执行与监控》、《学业不良与正常儿童阅读过程中认知特征比较的实验研究》。

② 用于学习困难儿童的"认知与监控学习策略训练"教材一套。(作者:杜晓新)

二、"构建智障儿童普通学校良好教育安置模式"的结题报告

1. 研究的背景

到 2000 年底,全国未入学的适龄残疾儿童少年总数为 390611 人,其中视力残疾 41260 人,听力残疾 72309 人,智力残疾 126262 人。残疾儿童的教育安置问题是我们经常面对的重要问题。国家教委从 1994 年开始就在全国范围内开展了随班就读工作,即让 1~2 名特殊儿童进入普通班级和普通学生一起学习。这种特殊学生的教育安置模式虽然在一定程度上推动了我国随班就读工作的开展,然而此模式是在我国经济条件的落后状态下不得已而采取的一种安置形式。这种形式的弊端主要有以下三点:一是随班就读的师资质量没有保证。随班就读的教师不仅要熟悉普通教育,而且要理解特殊需要儿童的身心特点,掌握特殊教育的规律和方法。但是我国普通学校的教师在师范院校未学过特殊教育的理论、知识和技能,当他们面对班级上的随班就读学生时,自然会力不从心。二是我国普通班级班额过大,在有限空间、时间内大班额的教学班,教师会顾此失彼,很难关注到特殊学生,这就导致特殊儿童的随班就读实际上成了随班就座或随班混读。在普通班级里,智力落后儿童不但得不到合理的教育,甚至最起码的社会适应、生存技能都学不到。三是在这种安置模式下随班就读的对象有很大的局限性,它的对象只局限于轻度残疾的学生,而相当数量的中重度特殊学生被排除在随班就读的队伍之外。

1994 年萨拉曼卡会议提出:每个儿童都有其特点、兴趣、能力和学习需要,因此,要真正实现受教育权利,教育体制的设计以及教育项目的执行都应该考虑儿童各自不同的特点和需要。日本 21 世纪特殊教育调查研究协力者会议提出:21 世纪特殊教育的方向是实施特别支援教育。也就是说,为了帮助残障儿童自立和增加社会参与能力,今后的特殊教育将适应每个儿童的教育需要,给予他们特别的教育支援。以上两次会议中的观点提示我们:当教育不适应学生发展需要的时候,我们应该寻找一种改变,以使其重新满足学生的需要。在弱智学生的教育安置方面,邻国日本的安置模式给我们提供了积极启示。

日本对智力落后儿童的教育安置主要采取统合式教育。这种统合式的教育是把有智力落后(轻度、中度、重度)的儿童安排在普通学校的特殊班级中学习,这种特殊班级

的任课教师都接受过专业训练,他们为在这里学习的特殊儿童进行多维度评估,然后,依照特殊儿童自身能力制订出个别教育计划,实行有长、短期教育目标的个别教育指导。学生经过这里的学习,不论是生活能力还是社会适应能力,都有不同程度的提高,深受家长们的欢迎。

2002年12月,长春大学在NPO日本九州亚洲记者俱乐部的协助下,通过吉林省科技厅向国家科技部国际合作处,向日本国际协力机构(JICA)申请了海外援助项目——关于智力落后儿童教育环境的研究课题,通过一年的实践,我们取得了初步成果,现将课题研究的成果与大家分享,以期引起大家对弱智学生教育安置问题的思考。

2. 研究的过程

本研究课题从2004年10月开始启动,到2006年3月结束,历时一年半的时间,分三个阶段,各阶段的主要工作和具体做法如下。

(1) 准备阶段(2004.3—2004.10)

① 确定目标

该课题的研究目标是:探索智力落后儿童教育安置的最佳途径。具体地说,就是在普通教育环境下,设立智力落后儿童特殊班级,通过实施有针对性的个别教育、康复计划,促进智力落后学生的最佳发展。

② 扩大宣传

研究表明:开展智力落后儿童教育安置工作,在思想认识、管理、师资和辅助条件等方面都存在着一系列必须解决的重要问题。对教育人员进行培训,提高认识,开展全社会的宣传,扭转人们对弱智学生教育工作的消极看法,是顺利开展对弱智学生教育的一个关键。为了促进本课题更好的实施,我们在课题实施之初,通过广播、电视、报纸和学校网页等媒体,宣传在普通学校开设特殊儿童教育班级的意义,加深社会对残疾儿童的关心、理解和支持。

③ 选拔教师

学校从200多名志愿从事特殊儿童教育工作的教师队伍中,层层选拔,最后精选出两名特教班班主任教师。其中一名男性教师为该校的优秀教师,多年从事儿童数学教学工作,有丰富的儿童教育经验。另一名女性教师,为该校的年轻教师,她工作认真,热情对待每一个孩子,和孩子说话的时候总是蹲下来,和孩子保持同一视线,深受孩子们的喜爱。

④ 培训教师

为了使任课教师适应新的教学任务,掌握特殊儿童的教育方法,在本项目的日方负责人的精心组织安排下,由项目负责人带队一行三人,于2004年9月赴日进修。他们见习了福冈、山口、京都和东京等普通小学设有特殊班级的学校和养护学校的教学活动,还参观了福利机构和残疾人工厂。他们学习了关于特殊儿童的教育方法、生活管理,以及基本的保健方法,对特殊儿童的教育有了整体性的掌握,同时,对日本特殊教育的发展和残疾人的就业安置也有了比较详细的了解。在特殊班级成立之前,日本特殊教育专家亲自到项目实施单位,举办特殊教育讲座,介绍日本特殊教育模式,指导教师如何教学,如何为特殊儿童制订个别指导计划,如何通过手工制作增强课堂互动,如何与家长、社区联合等,使全校教师受益匪浅。

⑤ 布置环境

为了让孩子能够在安全、温馨的环境中学习,实施学校选择了最好的教室。对墙壁采用软包装、对地板采取防滑处理、还安装了两台空调,使孩子能够在舒适的环境中愉快学习。为了使复杂、烦琐、抽象、枯燥的学习增加趣味性,项目组又为这个特殊班级购置了电脑、电视机、电子琴和音响设备,让孩子通过多种途径,在游戏中学习知识。为了使孩子适应新的环境,热爱这个班级,使孩子们产生在家一样的感觉,教室里挂着每个孩子的照片,有共同休息的床,还有各种各样的玩具。

⑥ 入学评估

弱智儿童的评估是弱智教育和教学中的一个非常重要的环节。它是教育教学工作的起点,又是评价教育教学效果的手段和改进教育教学工作的依据。我们对弱智学生的评估包括以下几方面的内容:个人资料、家庭资料、健康资料、认知功能、感统功能和适应行为等。根据研究计划要求,我们经过对入学儿童的筛选,留下了7名儿童入学学习,7名儿童的基本情况如表6-4-1。

表6-4-1　7名弱智学生基本情况与韦氏智力测查分数(C-WISC)

姓名	性别	年龄	言语量表分	言语量表IQ	操作量表分	操作量表IQ	全量表IQ	等级
斌斌	男	10	5	37	4	31	<36	重度智力低下
孝孝	男	8	20	55	19	53	49	中度智力低下
赫赫	男	6	5	37	0	0	<36	重度智力低下
阳阳	男	7	5	37	7	35	<36	重度智力低下
彤彤	女	12	6	39	7	35	<36	重度智力低下
琦琦	女	11	6	39	7	35	<36	重度智力低下
荨荨	女	6	13	47	16	52	42	中度智力低下

(2) 实施阶段(2004.10—2006.3)

项目小组根据入学儿童的评估结果,为每个孩子制订个别教育计划,并且编写了第一学期的各科教材。

① 实施初期(2004.10—2005.1)

对于陌生的学习环境,7名儿童所表现的特征是不同的,有的兴奋,在教室里、走廊、操场上狂奔乱跑,手舞足蹈不能控制自己;有的胆怯,躲藏在教室的角落不声不语;也有的孩子虽然端坐在书桌前,但两眼无神,静静地看着周围发生的一切。为了促进孩子适应班级的环境,在这个阶段我们主要做了以下三方面的工作。

第一,教学方法:在这一学期我们大多采用游戏教学、床上讲故事、公园里授课等精心策划的活动,使孩子在游戏中、在玩耍中培养了对学校和班级的热爱和对学习的兴趣。在儿童渐渐适应学校生活之后,我们开始有意识地培养孩子的生活自理能力,如早晨要一起收拾卫生,上厕所要自己解裤子,吃饭前要自己洗手。在自己完成分担的工作之后,还要帮助同伴和教师做些工作。虽然他们可能做得不够好,但他们已经有了独立完成和帮助别人的意识。

在新年举办的联欢晚会上,大家一起动手包饺子。家长看到孩子在短短半年的时间里发生了这么大的变化,都非常感动,感谢项目实施单位为自己孩子设立了这么好的班级。为了对比孩子每周、每月进步的情况,我们还建立了周志和月志填写制度。我们课题组每次的教学研讨,都是根据周志和月志上记载的情况,商讨下一步教育计划。

第二,专家指导:担当本项目研究指导的是日本著名特殊教育专家,原日本福冈教育大学教授,柯树籽学园园长昇地三郎博士。50年前,在日本经济发展还比较落后的时候,他就私人投资,在日本最早为智力落后儿童建起了学校,并摸索出关于智力落后儿童教育的方法,形成了具有推广价值的理论。在开学两周后,项目组邀请专家为全校师生、学生家长举办了"特殊儿童的心理与教育对策"的讲座,使教师对未来的工作有了心理上的准备。

第三,家校联系:我们每天记录孩子在学校学习、生活的情况,并建立与家长保持联系的日志,在日志里告诉家长孩子在学校的表现,同时,也要求家长在日志的背面,记下孩子在家里的情况,以便我们对孩子有整体上的了解。

② 实施中期(2005.3—2005.7)

经过半年的学校生活,孩子对这样的教育环境已经基本适应,工作重心也由此发生了转移。在这个阶段我们主要做了以下三方面的工作。

第一,加强学科学习:在教学上,改变了游戏中学生被动学习的形式,开始在游戏中增加生活内容,让学生主动参与、积极思考。比如,我们通过开汽车游戏,让孩子学习文字。通过售票学习数学。通过认识蔬菜学习颜色等等。在阅读理解课,我们给孩子讲寓言故事,然后让他们扮演不同的角色表演故事,以此来增强学生的学习兴趣,锻炼学生的思维能力。随着读书内容的丰富,他们的认知空间也在不断扩大。

第二,增加体能和康复训练:智力落后的孩子大多存在身体健康问题。为了提高学生的生活学习质量,我们根据昇地三郎教授的"棒操",改编了一套适合学生的体能训练操,每天课间休息和放学的时候,都要带领学生做一次。我们还指导任课教师进修学习,使他们掌握了言语语言康复训练、感觉统合训练、音乐治疗等基本康复训练知识,不断地把康复内容融入对弱智学生的教学过程之中。

第三,培养集体意识:在学校举行的运动会上,特殊班级为大会表演的体能训练操,获得了一等奖。在学校举办的入队仪式上,特殊班级的孩子们都带上了红领巾。这个时候,孩子们的脸上流露出幸福的笑容。他们自豪地说:"我们班级在学校最棒!""我们都是好孩子。"家长看到孩子在学校一天天的成长变化,心底充满无限的感激。

③ 实施后期(2005.9—2006.3)

第一,研讨会:到2005年9月,特殊班级成立整整一年,为了总结教育经验,探讨今后教育计划,我们按预定计划召开了"庆祝特殊班级成立一周年教育研讨会"。参加会议的有中日双方的教育专家、高校教授、中小学教师、学生家长、JICA代表,还有学校、教委、残联等单位的领导。在大会上,通过任课教师介绍、与会者观摩教学、家长发言,专家领导对这种新的教育模式给予了充分的肯定。研讨会的内容在电视、报纸等新闻媒体报道之后,有很多家长打来电话,咨询孩子的教育问题,并要求入学学习。

第二,融和教育:经过一年的学习、训练,孩子在感觉统合、适应行为、人际交往和沟通理解等方面都有了较大的提高,有3名同学可以和普通班级的健全儿童共同上部分学科的课了。于是我们在制订教育计划的时候,把3名学生转入了普通班级随班就读,由特殊班级教师陪同一起听课,下课后再回到特殊班级,进行强化指导。

第三,进行后测,搜集和整理研究过程中的有关数据资料。

④ 结题阶段(2006.3—2006.4)

这个阶段的主要工作是总结经验,做好结题验收工作,并组织专家对课题研究成果进行认证和鉴定,从而促进研究成果的推广。

3. 研究成果

正如有些特殊教育专家指出的那样:当残疾儿童的入学率提高后,自然要解决"留得住"、"学得好"的问题。在智力落后学生的入学问题得到解决之后,我们的关注焦点集中在了如何提高教育质量的问题上。通过一年的课题实施,我们发现:这些学生开始喜欢学校,与同学之间有了沟通互助、学习意识增强、自立能力提高。学生家长不断向教师反映孩子在家庭生活中发生的变化,在家长会上,家长说他们的孩子过去在家里不说话,现在可以和妈妈交流了;笑容增加了;自己会穿衣服,吃饭了;会帮助洗衣服,做饭了;甚至有的孩子还会提出自己的意见、主张了等。为了量化学生的进步,我们对他们进行了感觉统合能力和适应行为的评估。所采用的评估工具分别是北京医科大学精神卫生研究所修订(1994)的儿童感觉统合能力发展评定量表,以及由姚树桥、龚耀先编制的儿童适应行为评定量表。

(1) 感觉统合

7名中重度智力落后学生在感觉统合上存在一定的问题。在入学之初,我们对他们的感统能力(A:前庭失衡 B:触觉过分防御及情绪不稳 C:本体感失调 D:学习能力发展不足 E:大年龄的特殊问题)进行了评估,经过一年的训练,我们又对他们进行了后测,前后测的结果如表6-4-2所示。

表 6-4-2 儿童感觉统合能力发展评定量表评定结果

姓名	A		B		C		D		E	
	前	后	前	后	前	后	前	后	前	后
斌斌	33	42	59	64	10	15	8	10	5	7
孝孝	51	63	62	70	25	39	11	13	10	11
赫赫	22	30	43	49	11	19	5	7	6	7
阳阳	46	53	52	61	19	20	9	10	7	12
彤彤	42	47	36	54	18	18	12	13	5	7
琦琦	29	33	29	44	17	26	7	11	3	7
莘莘	59	65	71	79	26	31	10	15	9	12
均值	40	48	50	60	18	24	9	11	6	9

对测验分数进行相关样本的 t 检验后,表明:经过实验班的相关干预,这些弱智学生的感觉统合能力得到极其显著的提高($t=-7.87, p=.000$)。并且,学生在感觉统合的5个方面都有提高(见图6-4-1)。

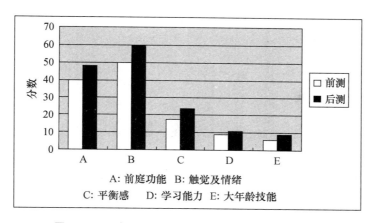

图 6-4-1 7 名学生的感觉统合能力发展前后对照图

（2）适应行为

1992 年，AAMR 最新的弱智定义认为：弱智学生除了智力明显低于平均水平以外，还意味着他们在十项基本的日常生活技能（如自我照料，沟通交流等）中至少有两项是有局限的。有相关研究发现：智力落后儿童的适应行为发展水平显著地落后于同龄普通儿童。以上结论表明，我们要重视对弱智学生适应行为的训练。在我们的特殊班级中，我们也有针对性地对弱智学生的适应行为进行训练，并对他们社会适应的八个方面进行了前后测。（A：感觉运动、B：生活自理、C：语言发展、D：个人取向、E：社会责任、F：时空定向、G：劳动技能、H：经济活动）测试结果如表 6-4-3 所示。

表 6-4-3 儿童适应行为评定量表评定结果

姓名	前测								后测							
	A	B	C	D	E	F	G	H	A	B	C	D	E	F	G	H
斌斌	12	22	10	11	9	5	10	5	15	29	15	20	13	5	14	6
孝孝	15	30	21	22	12	6	13	7	15	32	33	33	12	4	17	7
赫赫	8	15	5	9	8	3	9	4	8	16	10	9	14	5	9	6
阳阳	9	11	9	11	5	2	5	3	17	31	9	12	3	3	6	4
彤彤	7	19	15	19	9	5	11	5	8	34	17	23	9	6	16	5
琦琦	9	31	19	14	10	4	5	5	20	30	23	19	15	7	7	7
莘莘	15	32	25	26	13	4	14	8	21	42	36	36	17	8	14	11
均值	11	23	15	16	9	4	10	5	15	30	20	22	12	5	12	7

对测试结果进行相关样本的 t 检验表明：在儿童的适应行为上，7 名学生的前后测分数存在着极其显著性差异（$t=-6.34, p=0.00$），学生在适应行为的 8 个方面都显示出了进步的趋势（见图 6-4-2）。

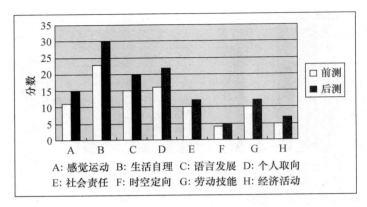

图 6-4-2　7 名学生的 8 类适应行为干预前后对照图

4. 讨论与反思

我们的实践表明:在普通学校设立特殊班级来对弱智学生进行安置和教育是有效的,也是可行的,这种新的弱智学生教育安置的模式值得推广。在此模式的实践过程中,应该注意以下问题。

(1) 学校领导重视,教师培训到位

融合教育中的管理问题是顺利开展特殊儿童教育的一个关键问题。特殊儿童的教育问题涉及教育的公正和教育人权问题。学校领导如何看待这些儿童的教育,关系到对特殊儿童教育安置工作的成败。学校领导在师资配备时要选择有较强的事业心和责任心,在生活上关心、爱护学生,掌握儿童的心理、生理特点,善于做学生思想工作,而且有一定教学经验,家长信得过的教师担任特殊班级的教师。

另外,学校要组织教育相关人员成立教育研讨小组,聘请专家学者讲学,制订师资培训计划,以现代化特教思想、理论、方法、手段武装和充实教师,使教师认识到特教的意义,了解特殊儿童学习的方式方法,进而内化为热爱自己职业的自觉行动。同时,学校要对特殊班级教师的职责要求、考核奖励制度做出明确规定。在我国教育设施尚不完备,教育资源尚不丰富的情况下,通过对普通学校教师的特殊教育知识培训,在普通学校开设特殊教育班级,在全国推广这种新型的特殊教育模式,更利于智力落后儿童在学科学习、生活技能和社会适应方面的全面发展。

(2) 建立个人档案,教学管理全面

个人档案资料是了解学生德、智、体全面发展和身心康复情况,分析教学手段、方法成败的第一手资料,也是考核评估的主要依据。因此,学校要给班级的每个学生分别建立特殊儿童受教育档案。由教师与学生家长,采取测试、询查等方式,就思想品德、文化知识、语言发展、心理素质、社会适应能力和自学能力等方面逐项如实记载,以便采取相应对策。同时,要注意整理特殊班级学生检测的原始记录,教育鉴定,学籍卡,个别教学计划,辅导记录,各学科作业和试卷等,每学年装订成册,存入学生个人档案袋内,做到特殊班级学生档案管理的动态化、制度化和规范化。还要通过日志、周志、月志、家庭访问、社区调查、生活能力检测以及日常观察,时时关注学生每天发生的变化,使教师可以有效地调整学生的个人教育计划。

(3) 制订个别教学计划,个别指导具体

特殊班级课堂教学的明显特点之一是个别教学,这是保证教学效果的主要手段。任课教师、教辅人员及学生家长要一起制订有利于学生康复、学业进步的个别教学计划。所制订的计划必须与学生已有的知识、经验联系起来,体现因材施教的原则。要求教师在教学中必须选择适合的教学内容,因人而异,力求接近学生生活和劳动的实际需要。同时,根据人的各感官之间的优劣,对接受事物具有互补性的生理特点,使每个学生在教学中充分发挥其优势。可选择多提问,强化其听力,培养语言表达能力。使学生多动手实践,培养其动手能力。利用电教媒体及直观教具,培养学生对事物的认识能力。还有,通过多种教学方法和手段,发挥学生潜在优势,从而达到或接近正常儿童认识水平,逐步实现回归主流的目的。

(4) 拟订教学目标,训练反馈及时

智力落后儿童的教育是一种特殊教育,对他们的教学要求不能与正常儿童一样,否则会使他们产生厌学情绪。因此,要针对他们智力缺陷的不同程度,从思想品德、文化知识、劳动技能等方面制定出不同层次的教学目标,拟定的教学目标要有长期、短期之分,每个阶段要表述具体明白,使学生可以接受。要依照特教教学目标系统评估教学质量,评估形式包括口头、书面、操作等。轻度智力落后的学生可以参加普通班的测试,但要降低评估标准;中、重度的学生,由任课教师根据个别教学计划出卷评估。同时,还要对学生的学习习惯、态度、情趣等非智力因素进行评估。此评价要由班主任、任课教师会同家长根据平时的观察做出鉴定。评估要坚持动态化,能够进行日、周、月、学期和年度评估,及时反映学生的进步以及存在的问题。教师对学生进行全面、系统地评估鉴定后,要及时地把评估结果记入他们的个人教育档案,并细致认真地讨论分析目标的落实程度。

(5) 优化学习环境,授课方法多样

根据日本的经验和我们的实践,采取小班形式上课,有利于教师关注所有学生,而且更适宜孩子的个性化发展。学生学习的内容要由易到难,学习初期,学生在学习时会显得非常困难,这时的学习内容最好与孩子的日常生活相结合,可以利用孩子的家庭照片、班级生活照、录音和录像来学习。学习的内容不要仅仅局限于书本知识,在有条件的情况下,还要带他们走出校门,到大自然中去学习,到社区中去学习,通过实际的生活体验,增强他们对学科知识和日常生活知识的理解,启发他们自己去思索。

在教学上,特殊班级相关教师应通过互相听课,了解任课教师课堂教学中的讲解、提问、指导学生学习等具体环节,从中探讨如何利用一切可以利用的教学空隙,保证个别教学计划的有效实施。对智力落后学生当堂不能理解的内容要在课后重点辅导,逐步优化弱智学生的学习环境。

(6) 家长积极参与,家校配合融洽

为了全面掌握班级每个同学各方面的情况,要建立填写日志、周志、月志制度。通过日志,与家长保持联系,让家长知道孩子在学校都做了什么,哪些东西理解了,哪些知识学得还不够。同时,要求家长反馈孩子在家庭中的表现。要定期举办家长座谈会,了解家长的呼声和要求,与家长共同讨论孩子的教育问题。针对教育过程中出现的情况,研究具体解决问题的方法。还要对家长定期举办培训班,辅导家长教育孩子,使学校和家长对孩子的教育方法保持一致。

在普通教育环境下,为智力落后儿童开设特殊教育班级,这种教育模式有利于智障学生与正常儿童接触,加强他们与同伴之间的沟通与联系,正常孩子也可以通过与残疾孩子交流融合在一起,建立起友谊,减少陌生感和对残障学生的歧视,这是融合教育思想的具体体现。目前,课题组承办单位与教育部联系,于 2006 年 8 月在项目实施单位举办全国规模的特殊教育现场报告会,通过这次会议,让更多的教师理解在普通学校开设特殊教育班级的意义;让更多的专家学者参与特殊儿童的教育问题讨论;让教育部门的主管领导更加重视特殊儿童的教育问题。(作者:金野)

本章小结

1. 选题的基本过程可分为寻找一个主题、界定概念,明晰研究内容、论证和确定课题三个阶段。选题的原则是:选题必须有价值、选题必须具体明确、选题要新颖有独创性、选题要有可行性。

2. 开题报告的一般格式包括:课题的名称、课题的目的和意义、课题的基本目标、内容,预计突破哪些难题、课题的研究思路和方法,研究工作方案和进度计划、课题研究成果的预计去向及使用范围、课题研究的组织机构和人员分工、课题实施的可行性、课题研究工作的资料准备情况、课题研究经费的预算及其他。

3. 结题报告的一般格式包括:研究背景与意义、研究的目标、研究的内容和方法、研究的过程、研究成果、研究的反思与展望、参考文献和附件。

思考与练习

1. 请对下面的开题报告进行评价。

课题名称:轻度弱智随班就读生组织策略训练的研究

一、理论依据、实践意义、国内外研究现状

随班就读是在普通教育机构中对特殊学生实施教育的一种形式,是特殊儿童少年特殊教育的安置形式之一。轻度弱智学生是随班就读的主要群体,大多数学生均表现出学业不良。目前,随班就读的理论研究进展缓慢,相关研究较少,主要集中在心理健康、安置模式的研究上,另外,对轻度弱智随班就读生的智力、自我监控能力和学习适应性行为等方面,有学者开展过调查研究;对于轻度弱智随班就读生的认知特点,与普通学生的比较等也有个别研究报告(陈国鹏、杜晓新等人)。而关于轻度弱智随班就读生的训练研究甚少。

综合以往研究,我们发现,轻度弱智随班就读生在认知和学习策略上可能与正常学生存在一些差异,这可能是造成其学业不良的主要原因。因此,对其进行学习策略的训练,能有效提高其认知监控能力,从而提高其学习效率。

组织策略是学习策略的一种。"组织"是一种复杂、深层次的编码方式,其目的是在各信息之间建立语义上的联系。同样,也有许多具体的组织策略,如部分联系、类别联系、因果联系、类比联系、特征联系等。认知加工理论认为提取信息是一个搜索的过程,对经过组织的信息进行搜索时,由于已对易混淆的概念经过梳理,并将较大的搜索范围分成若干相互联系的较小的搜索范围,故可以减轻思维负荷,提高提取与保存信息的能力。

我们的前期研究结果表明：组织策略能够有效培养特殊学生的语言与思维能力,提高其阅读监控水平、数学解题能力,从而提高其思维的整体水平,促进他们学科学习能力的提高。因此,本研究将以认知心理学最新研究成果为依据,对轻度弱智随班就读生认知过程进行动态研究,编制相应的组织策略训练课程,开展有针对性的集体与个别训练,并通过教学实践进行检验。

本研究的具体内容包括轻度弱智随班就读生组织策略运用能力的调查研究,轻度弱智随班就读生组织策略训练模式的研究,组织策略训练效果的检验等。通过以上研究,编写一套轻度弱智随班就读生组织策略评估及训练题集,该题集将以轻度弱智随班就读生认知发展水平和学科学习能力为主要依据,结合学科教学进度,综合高校、区教研室、区特教康复指导中心以及普通学校的多方力量进行编写。

本研究将主要关注轻度弱智随班就读生学业成绩的提高,通过个别和集体辅导相结合的方法,探索其组织策略的训练内容和训练模式,努力提高轻度弱智随班就读生的学业成绩和其他表现,为普通小学开展随班就读生辅导提供一定的参考材料,为相关的理论研究提供一些参考依据。

二、研究目标、内容、方法、过程、本课题拟解决的主要问题、关键问题、特色之处

(一) 研究目标

1. 了解轻度弱智随班就读生在组织策略运用上的认知特点,与正常学生是否具有差异性？差异性具体表现在哪些组织策略上？通过这些调研,为今后开展相关的训练提供依据。

2. 探索轻度弱智随班就读生组织策略训练的内容、方法和途径,提高随班就读生的学业表现,为进一步开展随班就读研究提供依据,从而提高我区随班就读工作的实效。

3. 综合专家、研究员以及普、特教教师的力量,编写一套轻度弱智随班就读生组织策略评估及训练题集,结合普通学校学科教学进度,对训练题集进行修改和试用。

(二) 研究内容

1. 轻度弱智随班就读生组织策略运用能力的调查研究。

2. 轻度弱智随班就读生组织策略训练模式的研究。

3. 轻度弱智随班就读生组织策略训练效果的检验。

(三) 课题研究方法

1. 实验法：通过实验,了解轻度弱智随班就读生组织策略运用能力的特点以及和其他学生的差异性,检验组织策略训练的有效性。

2. 行动研究法：通过实践,探讨轻度弱智随班就读生组织策略训练的模式和内容,并在实践中检验训练的有效性,总结训练经验。

3. 案例研究法：跟踪研究2～3名轻度弱智随班就读生,以案例研究的方法研究其训练的内容、方法和效果。

(四) 拟解决的主要问题

轻度弱智随班就读生组织策略训练模式是本研究的关键问题。轻度弱智随班就读生应该如何理解组织策略的含义,如何使用组织策略提高学习效率,教师个别辅导和集体教学如何安排等,这些都是本课题研究要解决的主要问题。

三、完成课题的条件和保证

(一) 研究人员结构、研究能力

本课题的主要负责人是多年从事特教研究的教研员,主要研究人员既有高校的硕士、博士,又有多年从事随班就读工作的普特教教师。教师科研能力强,具有一定的理论基础。教师来自多门学科的任课教师,教学经验丰富,多年从事随班就读学生的教育工作。

(二) 课题研究的基础、背景

课题组成员已开展过对一些学习困难学生,包括轻度弱智生在内的认知训练研究,其中组织策略训练也有部分涉及。通过长期的认知训练,能够有效发展特殊学生的语言与思维能力,提高其阅读监控水平、数学解题能力,从而提高其思维的整体水平,促进他们学科学习能力的提高。因此,本研究将继续开展轻度弱智随班就读生在组织策略方面的研究。

本研究综合分析了认知心理学最新研究成果,将以此为依据,对轻度弱智随班就读生认知过程进行动态研究,编制相应的组织策略训练课程,开展有针对性的集体与个别训练,并通过教学实践进行检验。

四、预期研究成果

1. 轻度弱智随班就读生组织策略评估及训练题集题库。
2. 轻度弱智随班就读生组织策略运用能力的研究报告。
3. 轻度弱智随班就读生组织策略训练的研究论文。
2. 结合自己的专业,写一份开题报告。

参 考 文 献

[1] Donna M. Mertens, John A. McLaughlin. Research Methods in Special Education[M]. London: Sage Publications, Inc, 1994.

[2] Kirk, S. A. Early education of the mentally retarded: An experimental study[M]. Urbana, IL: University of Illinois Press, 1958.

[3] Jerome L. Myers, Arnold D. Research Design and Statistical Analysis[M]. New York: Harper Collins Publishers Inc, 1991.

[4] Altrichter, Posch & Somekh. 夏林清, 译. 行动研究方法导论——教师动手做研究. 台北: 远流出版公司, 2000.

[5] Curtis H. Krishef. Fundamental Approaches to Single Subject Design and Analysis. 单一受试者设计与分析[M]. 蔡美华, 等译, 王文科校阅. 台北: 五南图书出版公司, 1999.

[6] 陈向明. 教师如何作质的研究[M]. 北京: 教育科学出版社, 2001.

[7] 陈向明. 质的研究方法与社会科学研究[M]. 北京: 教育科学出版社, 2003.

[8] 丁国盛, 李涛. SPSS统计教程——从研究设计到数据分析[M]. 北京: 机械工业出版社, 2006.

[9] 杜晓新, 宋永宁, 黄昭鸣. 聋校中、高年级语文阅读教学中组织策略训练的实验研究[J]. 北京: 中国听力语言康复科学杂志, 2008(4). 42-44.

[10] 高觉敷. 西方心理学史[M]. 北京: 人民教育出版社, 2000.

[11] 金野. 特殊儿童普校安置模式的实践研究[J]. 北京: 中国特殊教育, 2007(10).

[12] 林正治. 单一受试研究法[M]. 台北: 心理出版社, 2006.

[13] 刘杰. 学龄儿童五项认知常模的修订及应用[D]. 上海: 华东师范大学教育学院硕士论文, 2008.

[14] 刘红云, 张雷著. 追踪数据分析方法及其应用[M]. 北京: 教育科学出版社, 2005.

[15] 卢纹岱. SPSS for Windows统计分析[M]. 北京: 电子工业出版社, 1996.

[16] 宋永宁, 杜晓新, 黄昭鸣. 标记对聋生句子意义整体理解水平影响的实验研究[J]. 北京: 中国特殊教育, 2006(3): 17-19.

[17] 宋永宁. 一个自闭症儿童辅导的行动研究[J]. 北京: 中国特殊教育, 2006(1).

[18] 舒华. 心理与教育研究中的多因素实验设计[M]. 北京: 北京师范大学出版社, 1994.

[19] 王孝玲.教育统计学[M].上海:华东师范大学出版社,1993.

[20] 汪利兵.教育行动研究:意义、制度与方法[M].杭州:浙江大学出版社,2003:111.

[21] 许天威.个案实验研究法[M].台北:五南图书出版公司,2003.

[22] 叶 澜.教育研究及其方法[M].北京:中国科学技术出版社,1990.

[23] 张文新.3~4岁儿童攻击行为发展的追踪研究[J].上海:心理科学,2003(26):1.

[24] 邱 轶.构建区域性随班就读支持系统的行动研究[G]//上海市教育成果获奖论文集.上海:上海教育出版社,2006:1178-1182.

[25] 王和平,杜晓新,房安荣.注意缺陷多动症伴学习困难儿童自我监控训练的个案研究[J].北京:中国特殊教育,2004(5).

附　录

附表1：标准正态曲线下的面积表

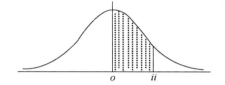

Z	0	1	2	3	4	5	6	7	8	9
0.0	.0000	.0040	.0080	.0120	.0160	.0199	.0239	.0276	.0319	.0359
0.1	.0398	.0438	.0478	.0517	.0557	.0596	.0636	.0675	.0714	.0754
0.2	.0793	.0832	.0871	.0910	.0948	.0987	.1026	.1064	.1103	.1141
0.3	.1179	.1217	.1255	.1293	.1331	.1368	.1406	.1443	.1480	.1517
0.4	.1554	.1591	.1628	.1664	.1700	.1736	.1772	.1808	.1844	.1879
0.5	.1915	.1950	.1985	.2019	.2054	.2088	.2123	.2157	.2190	.2224
0.6	.2258	.2291	.2324	.2357	.2389	.2422	.2454	.2486	.2518	.2549
0.7	.2580	.2612	.2642	.2673	.2704	.2734	.2764	.2794	.2823	.2852
0.8	.2881	.2910	.2939	.2967	.2996	.3023	.3051	.3078	.3106	.3133
0.9	.3159	.3186	.3212	.3238	.3264	.3289	.3316	.3340	.3365	.3389
1.0	.3413	.3438	.3461	.3485	.3508	.3531	.3554	.3577	.3599	.3621
1.1	.3643	.3665	.3686	.3708	.3729	.3749	.3770	.3790	.3810	.3830
1.2	.3849	.3869	.3888	.3907	.3925	.3944	.3962	.3980	.3997	.4015
1.3	.4032	.4049	.4066	.4082	.4099	.4115	.4131	.4147	.4162	.4177
1.4	.4192	.4207	.4222	.4236	.4251	.4265	.4270	.4292	.4306	.4319
1.5	.4332	.4345	.4357	.4370	.4382	.4394	.4406	.4418	.4429	.4441
1.6	.4452	.4463	.4474	.4484	.4495	.4505	.4515	.4525	.4535	.4545
1.7	.4554	.4564	.4573	.4582	.4591	.4599	.4608	.4616	.4625	.4633
1.8	.4641	.4649	.4656	.4664	.4671	.4678	.4686	.4693	.4699	.4706
1.9	.4713	.4719	.4726	.4732	.4733	.4744	.4750	.4756	.4761	.4767
2.0	.4772	.4778	.4783	.4788	.4793	.4798	.4803	.4808	.4812	.4817
2.1	.4821	.4826	.4830	.4834	.4838	.4842	.4846	.4850	.4854	.4857
2.2	.4861	.4864	.4868	.4871	.4875	.4878	.4881	.4884	.4887	.4890
2.3	.4893	.4896	.4898	.4901	.4904	.4906	.4909	.4911	.4913	.4916
2.4	.4918	.4920	.4922	.4925	.4927	.4929	.4931	.4932	.4934	.4936
2.5	.4938	.4940	.4941	.4943	.4945	.4946	.4948	.4949	.4951	.4952

续表

Z	0	1	2	3	4	5	6	7	8	9
2.6	.4953	.4955	.4956	.4957	.4959	.4960	.4961	.4962	.4963	.4964
2.7	.4965	.4966	.4967	.4968	.4960	.4970	.4971	.4972	.4973	.4974
2.8	.4974	.4975	.4976	.4977	.4977	.4978	.4979	.4979	.4980	.4981
2.9	.4981	.4982	.4982	.4983	.4984	.4984	.4985	.4985	.4986	.4986
3.0	.4987	.4987	.4987	.4988	.4998	.4989	.4989	.4989	.4990	.4990
3.1	.4990	.4991	.4991	.4991	.4992	.4992	.4992	.4992	.4993	.4993
3.2	.4993	.4993	.4994	.4994	.4994	.4994	.4994	.4995	.4995	.4995
3.3	.4995	.4995	.4995	.4996	.4996	.4996	.4996	.4996	.4996	.4997
3.4	.4997	.4997	.4997	.4997	.4997	.4997	.4907	.4997	.4997	.4998
3.5	.4998	.4998	.4998	.4998	.4998	.4998	.4998	.4998	.4998	.4998
3.6	.4998	.4998	.4999	.4999	.4999	.4999	.4999	.4999	.4999	.4999
3.7	.4999	.4999	.4999	.4999	.4999	.4999	.4999	.4999	.4999	.4999
3.8	.4999	.4999	.4999	.4999	.4999	.4999	.4999	.4999	.4999	.4999
3.9	.5000	.5000	.5000	.5000	.5000	.5000	.5000	.5000	.5000	.5000

附表2：t值表

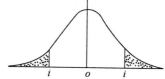

df	P(2):	0.50	0.20	0.10	0.05	0.02	0.01	0.005	0.002	0.001
	P(1):	0.25	0.10	0.05	0.025	0.01	0.005	0.0025	0.001	0.0005
1		1.000	3.078	6.314	12.706	31.821	63.657	127.321	318.309	636.619
2		0.816	1.886	2.920	4.303	6.965	9.925	14.089	22.327	31.599
3		0.765	1.638	2.353	3.182	4.541	5.841	7.453	10.215	12.924
4		0.741	1.533	2.132	2.776	3.747	4.604	5.598	7.173	8.610
5		0.727	1.476	2.015	2.571	3.365	4.032	4.773	5.893	6.869
6		0.718	1.440	1.943	2.447	3.143	3.707	4.317	5.208	5.959
7		0.711	1.415	1.895	2.365	2.998	3.499	4.029	4.785	5.408
8		0.706	1.397	1.860	2.306	2.896	3.355	3.833	4.501	5.041
9		0.703	1.383	1.833	2.262	2.821	3.250	3.690	4.297	4.781
10		0.700	1.372	1.812	2.228	2.764	3.169	3.581	4.144	4.587
11		0.697	1.363	1.796	2.201	2.718	3.106	3.497	4.025	4.437
12		0.695	1.356	1.782	2.179	2.681	3.055	3.428	3.930	4.318
13		0.694	1.350	1.771	2.160	2.650	3.012	3.372	3.852	4.221
14		0.692	1.345	1.761	2.145	2.624	2.977	3.326	3.787	4.140
15		0.691	1.341	1.753	2.131	2.602	2.947	3.286	3.733	4.073
16		0.690	1.337	1.746	2.120	2.583	2.921	3.252	3.686	4.015
17		0.689	1.333	1.740	2.110	2.567	2.898	3.222	3.646	3.965
18		0.688	1.330	1.734	2.101	2.552	2.878	3.197	3.610	3.922
19		0.688	1.328	1.729	2.093	2.539	2.861	3.174	3.579	3.883
20		0.687	1.325	1.725	2.086	2.528	2.845	3.153	3.552	3.850
21		0.686	1.323	1.721	2.080	2.518	2.831	3.135	3.527	3.819
22		0.686	1.321	1.717	2.074	2.508	2.819	3.119	3.505	3.792
23		0.685	1.319	1.714	2.069	2.500	2.807	3.104	3.485	3.768
24		0.685	1.318	1.711	2.064	2.492	2.797	3.091	3.467	3.745
25		0.684	1.316	1.708	2.060	2.485	2.787	3.078	3.450	3.725
26		0.684	1.315	1.706	2.056	2.479	2.779	3.067	3.435	3.707
27		0.684	1.314	1.703	2.052	2.473	2.771	3.057	3.421	3.690
28		0.683	1.313	1.701	2.048	2.467	2.763	3.047	3.408	3.674
29		0.683	1.311	1.699	2.045	2.462	2.756	3.038	3.396	3.659
30		0.683	1.310	1.697	2.042	2.457	2.750	3.030	3.385	3.646
31		0.682	1.309	1.696	2.040	2.453	2.744	3.022	3.375	3.633

续表

df	$P(2)$: $P(1)$:	0.50 0.25	0.20 0.10	0.10 0.05	0.05 0.025	0.02 0.01	0.01 0.005	0.005 0.0025	0.002 0.001	0.001 0.0005
32		0.682	1.309	1.694	2.037	2.449	2.738	3.015	3.365	3.622
33		0.682	1.308	1.692	2.035	2.445	2.733	3.008	3.356	3.611
34		0.682	1.307	1.091	2.032	2.441	2.728	3.002	3.348	3.601
35		0.682	1.306	1.690	2.030	2.438	2.724	2.996	3.340	3.591
36		0.681	1.306	1.688	2.028	2.434	2.719	2.990	3.333	3.582
37		0.681	1.305	1.687	2.026	2.431	2.715	2.985	3.326	3.574
38		0.681	1.304	1.686	2.024	2.429	2.712	2.980	3.319	3.566
39		0.681	1.304	1.685	2.023	2.426	2.708	2.976	3.313	3.558
40		0.681	1.303	1.684	2.021	2.423	2.704	2.971	3.307	3.551
50		0.679	1.299	1.676	2.009	2.403	2.678	2.937	3.261	3.496
60		0.679	1.296	1.671	2.000	2.390	2.660	2.915	3.232	3.460
70		0.678	1.294	1.667	1.994	2.381	2.648	2.899	3.211	3.436
80		0.678	1.292	1.664	1.990	2.374	2.639	2.887	3.195	3.416
90		0.677	1.291	1.662	1.987	2.368	2.632	2.878	3.183	3.402
100		0.677	1.290	1.660	1.984	2.364	2.626	2.871	3.174	3.390
200		0.676	1.286	1.653	1.972	2.345	2.601	2.839	3.131	3.340
500		0.675	1.283	1.648	1.965	2.334	2.586	2.820	3.107	3.310
1000		0.675	1.282	1.646	1.962	2.330	2.581	2.813	3.098	3.300
∞		0.6745	1.2816	1.6449	1.9600	2.3263	2.5758	2.8070	3.0902	3.2905

注：表上右上角图中的阴影部分表示概率 P，$P(2)$ 是双侧的概率，$P(1)$ 是单侧的概率，n' 是自由度。

附表 3(1)：F 值表

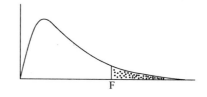

$P=0.05$

Df_2	Df_1（分子的自由度）															Df_2
	1	2	3	4	5	6	7	8	9	10	12	14	16	18	20	
1	161	200	216	225	230	234	237	239	241	242	244	245	246	247	248	1
2	18.5	19.0	19.2	19.2	19.3	19.3	19.4	19.4	19.4	19.4	19.4	19.4	19.4	19.4	19.4	2
3	10.1	9.55	9.28	9.12	9.01	8.94	8.89	8.85	8.81	8.79	8.74	8.71	8.69	8.67	8.66	3
4	7.71	6.94	6.59	6.39	6.26	6.16	6.09	6.04	6.00	5.96	5.91	5.87	5.84	5.82	5.80	4
5	6.61	5.79	5.41	5.19	5.05	4.95	4.88	4.82	4.77	4.74	4.68	4.64	4.60	4.58	4.56	5
6	5.99	5.14	4.76	4.53	4.39	4.28	4.21	4.15	4.10	4.06	4.00	3.96	3.92	3.90	3.87	6
7	5.59	4.74	4.35	4.12	3.97	3.87	3.79	3.73	3.68	3.64	3.57	3.53	3.49	3.47	3.44	7
8	5.32	4.46	4.07	3.84	3.69	3.58	3.50	3.44	3.39	3.35	3.28	3.24	3.20	3.17	3.15	8
9	5.12	4.26	3.86	3.63	3.48	3.37	3.29	3.23	3.18	3.14	3.07	3.03	2.99	2.96	2.94	9
10	4.96	4.10	3.71	3.48	3.33	3.22	3.14	3.07	3.02	2.98	2.91	2.86	2.83	2.80	2.77	10
11	4.84	3.98	3.59	3.36	3.20	3.09	3.01	2.95	2.90	2.85	2.79	2.74	2.70	2.67	2.65	11
12	4.75	3.89	3.49	3.26	3.11	3.00	2.91	2.85	2.80	2.75	2.69	2.64	2.60	2.57	2.54	12
13	4.67	3.81	3.41	3.18	3.03	2.92	2.83	2.77	2.71	2.67	2.60	2.55	2.51	2.48	2.46	13
14	4.60	3.74	3.34	3.11	2.96	2.85	2.76	2.70	2.65	2.60	2.53	2.48	2.44	2.41	2.39	14
15	4.54	3.68	3.29	3.06	2.90	2.79	2.71	2.64	2.59	2.54	2.48	2.42	2.38	2.35	2.33	15
16	4.49	3.63	3.24	3.01	2.85	2.74	2.66	2.59	2.54	2.49	2.42	2.37	2.33	2.30	2.28	16
17	4.45	3.59	3.20	2.96	2.81	2.70	2.61	2.55	2.49	2.45	2.38	2.33	2.29	2.26	2.23	17
18	4.41	3.55	3.16	2.93	2.77	2.66	2.58	2.51	2.46	2.41	2.34	2.29	2.25	2.22	2.19	18
19	4.38	3.52	3.13	2.90	2.74	2.63	2.54	2.48	2.42	2.38	2.31	2.26	2.21	2.18	2.16	19
20	4.35	3.49	3.10	2.87	2.71	2.60	2.51	2.45	2.39	2.35	2.28	2.22	2.18	2.15	2.12	20
21	4.32	3.47	3.07	2.84	2.68	2.57	2.49	2.42	2.37	2.32	2.25	2.20	2.16	2.12	2.10	21
22	4.30	3.44	3.05	2.82	2.66	2.55	2.46	2.40	2.34	2.30	2.23	2.17	2.13	2.10	2.07	22
23	4.28	3.42	3.03	2.80	2.64	2.53	2.44	2.37	2.32	2.27	2.20	2.15	2.11	2.07	2.05	23
24	4.26	3.40	3.01	2.78	2.62	2.51	2.42	2.36	2.30	2.25	2.18	2.13	2.09	2.05	2.03	24
25	4.24	3.39	2.99	2.76	2.60	2.49	2.40	2.34	2.28	2.24	2.16	2.11	2.07	2.04	2.01	25
26	4.23	3.37	2.98	2.74	2.59	2.47	2.39	2.32	2.27	2.22	2.15	2.09	2.05	2.02	1.99	26
27	4.21	3.35	2.96	2.73	2.57	2.46	2.37	2.31	2.25	2.20	2.13	2.08	2.04	2.00	1.97	27
28	4.20	3.34	2.95	2.71	2.56	2.45	2.36	2.29	2.24	2.19	2.12	2.06	2.02	1.99	1.96	28
29	4.18	3.33	2.93	2.70	2.55	2.43	2.35	2.28	2.22	2.18	2.10	2.05	2.01	1.97	1.94	29
30	4.17	3.32	2.92	2.69	2.53	2.42	2.33	2.27	2.21	2.16	2.09	2.04	1.99	1.96	1.93	30

续表

Df_2	\multicolumn{14}{c	}{Df_1(分子的自由度)}	Df_2
	1	2	3	4	5	6	7	8	9	10	12	14	16	18	20	
32	4.15	3.29	2.90	2.67	2.51	2.40	2.31	2.24	2.19	2.14	2.07	2.01	1.97	1.94	1.91	32
34	4.13	3.28	2.88	2.65	2.49	2.38	2.29	2.23	2.17	2.12	2.05	1.99	1.95	1.92	1.89	34
36	4.11	3.26	2.87	2.63	2.48	2.36	2.28	2.21	2.15	2.11	2.03	1.98	1.93	1.90	1.87	36
38	4.10	3.24	2.85	2.62	2.46	2.35	2.26	2.19	2.14	2.09	2.02	1.96	1.92	1.88	1.85	38
40	4.08	3.23	2.84	2.61	2.45	2.34	2.25	2.18	2.12	2.08	2.00	1.95	1.90	1.87	1.84	40
42	4.07	3.22	2.83	2.59	2.44	2.32	2.24	2.17	2.11	2.06	1.99	1.93	1.89	1.86	1.83	42
44	4.06	3.21	2.82	2.58	2.43	2.31	2.23	2.16	2.10	2.05	1.98	1.92	1.88	1.84	1.81	44
46	4.05	3.20	2.81	2.57	2.42	2.30	2.22	2.15	2.09	2.04	1.97	1.91	1.87	1.83	1.80	46
48	4.04	3.19	2.80	2.57	2.41	2.29	2.21	2.14	2.08	2.03	1.96	1.90	1.86	1.82	1.79	48
50	4.03	3.18	2.79	2.56	2.40	2.29	2.20	2.13	2.07	2.03	1.95	1.89	1.85	1.81	1.78	50
60	4.00	3.15	2.76	2.53	2.37	2.25	2.17	2.10	2.04	1.99	1.92	1.86	1.82	1.78	1.75	60
80	3.96	3.11	2.72	2.49	2.33	2.21	2.13	2.06	2.00	1.95	1.88	1.82	1.77	1.73	1.70	80
100	3.94	3.09	2.70	2.46	2.31	2.19	2.10	2.03	1.97	1.93	1.85	1.79	1.75	1.71	1.68	100
125	3.92	3.07	2.68	2.44	2.29	2.17	2.08	2.01	1.96	1.91	1.83	1.77	1.72	1.69	1.65	125
150	3.90	3.06	2.66	2.43	2.27	2.16	2.07	2.00	1.94	1.89	1.82	1.76	1.71	1.67	1.64	150
200	3.89	3.04	2.65	2.42	2.26	2.14	2.06	1.98	1.93	1.88	1.80	1.74	1.69	1.66	1.62	200
300	3.87	3.03	2.63	2.40	2.24	2.13	2.04	1.97	1.91	1.86	1.78	1.72	1.68	1.64	1.61	300
500	3.86	3.01	2.62	2.39	2.23	2.12	2.03	1.96	1.90	1.85	1.77	1.71	1.66	1.62	1.59	500
1000	3.85	3.00	2.61	2.38	2.22	2.11	2.02	1.95	1.89	1.84	1.76	1.70	1.65	1.61	1.58	1000
∞	3.84	3.00	2.60	2.37	2.21	2.10	2.01	1.94	1.88	1.83	1.75	1.69	1.64	1.60	1.57	∞

附表 3(2)：F 值表

$P = 0.05$

Df_2	\multicolumn{15}{c}{Df_1(分子的自由度)}	Df_2
	22	24	26	28	30	35	40	45	50	60	80	100	200	500	00	
1	161	200	216	225	230	234	237	239	241	242	244	245	246	247	248	1
1	249	249	249	250	250	251	251	251	252	252	252	253	254	254	254	1
2	19.5	19.5	19.5	19.5	19.5	19.5	19.5	19.5	19.5	19.5	19.5	19.5	19.5	19.5	19.5	2
3	8.65	8.64	8.63	8.62	8.62	8.60	8.59	8.59	8.58	8.57	8.56	8.55	8.54	8.53	8.53	3
4	5.79	5.77	5.76	5.75	5.75	5.73	5.72	5.71	5.70	7.69	5.67	5.66	5.65	5.64	5.63	4
5	4.54	5.53	4.52	4.50	4.50	4.48	4.46	4.45	4.44	4.43	4.41	4.41	4.39	4.37	4.37	5
6	3.86	3.84	3.83	3.82	3.81	3.79	3.77	3.76	3.75	3.74	3.72	3.71	3.69	3.68	3.67	6
7	3.43	3.41	3.40	3.39	3.38	3.36	3.34	3.33	3.32	3.30	3.29	3.27	3.25	3.24	3.23	7
8	3.13	3.12	3.10	3.09	3.08	3.06	3.04	3.03	3.02	3.01	2.99	2.97	2.95	2.94	2.93	8
9	2.92	2.90	2.89	2.87	2.83	2.84	2.83	2.81	2.80	2.79	2.77	2.76	2.73	2.72	2.71	9
10	2.75	2.74	2.72	2.71	2.70	2.68	2.66	2.65	2.64	2.62	2.60	2.59	2.56	2.55	0.54	10
11	2.63	2.61	2.59	2.58	2.57	2.55	2.53	2.52	2.51	2.49	2.47	2.46	2.43	2.42	2.40	11
12	2.52	2.51	2.49	2.48	2.47	2.44	2.43	2.41	2.40	2.38	2.36	2.35	2.32	2.31	2.30	12
13	2.44	2.42	2.41	2.39	2.38	2.36	2.34	2.33	2.31	2.30	2.27	2.26	2.23	2.22	2.21	13
14	2.37	2.35	2.33	2.32	2.31	2.28	2.27	2.25	2.24	2.22	2.20	2.19	2.16	2.14	2.13	14
15	2.31	2.29	2.27	2.26	2.25	2.22	2.20	2.19	2.18	2.16	2.14	2.12	2.10	2.08	2.07	15
16	2.25	2.24	2.22	2.21	2.19	2.17	2.15	2.14	2.12	2.11	2.08	2.07	2.04	2.02	2.01	16
17	2.21	2.19	2.17	2.16	2.15	2.12	2.10	2.09	2.08	2.06	2.03	2.02	1.99	1.97	1.96	17
18	2.17	2.15	2.13	2.12	2.11	2.08	2.06	2.05	2.04	2.02	1.99	1.98	1.95	1.93	1.92	18
19	2.13	2.11	2.10	2.08	2.07	2.05	2.03	2.01	2.00	1.98	1.96	1.94	1.91	1.89	1.88	19
20	2.10	2.08	2.07	2.05	2.04	2.01	1.99	1.98	1.97	1.95	1.92	1.91	1.88	1.86	1.84	20
21	2.07	2.05	2.04	2.02	2.01	1.98	1.96	1.95	1.94	1.92	1.89	1.88	1.84	1.82	1.81	21
22	2.05	2.03	2.01	2.00	1.98	1.96	1.94	1.92	1.91	1.89	1.86	1.85	1.82	1.80	1.78	22
23	2.02	2.00	1.99	1.97	1.96	1.93	1.91	1.90	1.88	1.86	1.84	1.82	1.79	1.77	1.76	23
24	2.00	1.98	1.97	1.95	1.94	1.91	1.89	1.88	1.86	1.84	1.82	1.80	1.77	1.75	1.73	34
25	1.98	1.96	1.95	1.93	1.92	1.89	1.87	1.86	1.84	1.82	1.80	1.78	1.75	1.73	1.71	25
26	1.97	1.95	1.93	1.91	1.90	1.87	1.85	1.84	1.82	1.80	1.78	1.76	1.73	1.71	1.69	26
27	1.95	1.93	1.91	1.90	1.88	1.86	1.84	1.82	1.81	1.79	1.76	1.74	1.71	1.69	1.67	27
28	1.93	1.91	1.90	1.88	1.87	1.84	1.82	1.80	1.79	1.77	1.74	1.73	1.69	1.67	1.65	28
29	1.92	1.90	1.88	1.87	1.85	1.83	1.81	1.79	1.77	1.75	1.73	1.71	1.67	1.65	1.64	29
30	1.91	1.89	1.87	1.85	1.84	1.81	1.79	1.77	1.76	1.74	1.71	1.70	1.66	1.64	1.62	30
32	1.88	1.86	1.85	1.83	1.82	1.79	1.77	1.75	1.74	1.71	1.69	1.67	1.63	1.61	1.59	32
34	1.86	1.84	1.82	1.80	1.80	1.77	1.75	1.73	1.71	1.69	1.66	1.65	1.61	1.59	1.57	34
36	1.85	1.82	1.81	1.79	1.78	1.75	1.73	1.71	1.69	1.67	1.64	1.62	1.59	1.56	1.55	36
38	1.83	1.81	1.79	1.77	1.76	1.73	1.71	1.69	1.68	1.65	1.62	1.61	1.57	1.54	1.53	38
40	1.81	1.79	1.77	1.76	1.74	1.72	1.69	1.67	1.66	1.64	1.61	1.59	1.55	1.53	1.51	40

续表

Df_2	Df_1(分子的自由度)														Df_2
	22	24	26	28	30	35	40	45	50	60	80	100	200	500	∞	
42	1.80	1.78	1.76	1.74	1.73	1.70	1.68	1.66	1.65	1.62	1.59	1.57	1.53	1.51	1.49	42
44	1.79	1.77	1.75	1.73	1.72	1.69	1.67	1.65	1.63	1.61	1.58	1.56	1.52	1.49	1.48	44
46	1.78	1.76	1.74	1.72	1.71	1.68	1.65	1.64	1.62	1.60	1.57	1.55	1.51	1.48	1.46	46
48	1.77	1.75	1.73	1.71	1.70	1.67	1.64	1.62	1.61	1.59	1.56	1.54	1.49	1.47	1.45	48
50	1.76	1.74	1.72	1.70	1.69	1.66	1.63	1.61	1.60	1.58	1.54	1.52	1.48	1.46	1.44	50
60	1.72	1.70	1.68	1.66	1.65	1.62	1.59	1.57	1.56	1.53	1.50	1.48	1.44	1.41	1.39	60
80	1.68	1.65	1.63	1.62	1.60	1.57	1.54	1.52	1.51	1.48	1.45	1.43	1.38	1.35	1.32	80
100	1.65	1.63	1.61	1.59	1.57	1.54	1.52	1.49	1.48	1.45	1.41	1.39	1.34	1.31	1.28	100
125	1.63	1.60	1.58	1.57	1.55	1.52	1.49	1.47	1.45	1.42	1.39	1.36	1.31	1.27	1.25	125
150	1.61	1.59	1.57	1.55	1.53	1.50	1.48	1.45	1.44	1.41	1.37	1.34	1.29	1.25	1.22	150
200	1.60	1.57	1.55	1.53	1.52	1.48	1.46	1.43	1.41	1.39	1.35	1.32	1.26	1.22	1.19	200
300	1.58	1.55	1.53	1.51	1.50	1.46	1.43	1.41	1.39	1.36	1.32	1.30	1.23	1.19	1.15	300
500	1.56	1.54	1.52	1.50	1.48	1.45	1.42	1.40	1.38	1.34	1.30	1.28	1.21	1.16	1.11	500
1000	1.55	1.53	1.51	1.49	1.47	1.44	1.41	1.38	1.36	1.33	1.29	1.26	1.19	1.13	1.08	1000
∞	1.54	1.52	1.50	1.48	1.46	1.42	1.39	1.37	1.35	1.32	1.27	1.24	1.17	1.11	1.00	∞

附表 3(3)：F 值表

$P = 0.01$

Df_2	Df_1（分子的自由度）															Df_2
	1	2	3	4	5	6	7	8	9	10	12	14	16	18	20	
1	4052	5000	5403	5625	5754	5859	5928	5981	6022	6056	6106	6142	6169	6190	6209	1
2	98.5	99.0	99.2	99.2	99.3	99.3	99.4	99.4	99.4	99.4	99.4	99.4	99.4	99.4	99.4	2
3	34.1	30.8	29.5	28.7	28.2	27.9	27.7	27.5	27.3	27.2	27.1	26.9	26.8	26.8	26.7	3
4	21.2	18.0	16.7	16.0	15.5	15.2	15.0	14.8	14.7	14.5	14.4	14.2	14.2	14.1	14.0	4
5	16.3	13.3	12.1	11.4	11.0	10.7	10.5	10.3	10.2	10.1	9.89	9.77	9.68	9.61	9.55	5
6	13.7	10.9	9.78	9.15	8.75	8.47	8.26	8.10	7.98	7.87	7.72	7.60	7.52	7.45	7.40	6
7	12.2	9.55	8.45	7.85	7.46	7.19	6.99	6.84	6.72	6.62	6.47	6.36	6.27	6.21	6.16	7
8	11.3	8.65	7.59	7.01	6.63	6.37	6.18	6.03	5.91	5.81	5.67	5.56	5.48	5.41	5.36	8
9	10.6	8.02	6.99	6.42	6.06	5.80	5.61	5.47	5.35	5.26	5.11	5.00	4.92	4.86	4.81	9
10	10.0	7.56	6.55	5.99	5.64	5.39	5.20	5.06	4.94	4.85	4.71	4.60	4.52	4.46	4.41	10
11	9.65	7.21	6.22	5.67	5.32	5.07	4.89	4.74	4.63	4.54	4.40	4.29	4.21	4.15	4.10	11
12	9.33	6.93	5.95	5.41	5.06	4.82	4.64	4.50	4.39	4.30	4.16	4.05	3.97	3.91	3.86	12
13	9.07	6.70	5.74	5.21	4.86	4.62	4.44	4.30	4.19	4.10	2.96	3.86	3.73	3.71	3.66	13
14	8.86	6.51	5.56	5.04	4.70	4.46	4.23	4.14	4.03	3.94	3.80	3.70	3.62	3.56	3.51	14
15	8.68	6.36	5.42	4.89	4.56	4.32	4.14	4.00	3.89	3.80	3.67	3.56	3.49	3.42	3.37	15
16	8.53	6.23	5.29	4.77	4.44	4.20	4.03	3.89	3.78	3.69	3.55	3.45	3.37	3.31	3.26	16
17	8.40	6.11	5.18	4.67	4.34	4.10	3.93	3.79	3.68	3.59	3.46	3.35	3.27	3.21	3.16	17
18	8.29	6.01	5.39	4.58	4.25	4.01	3.84	3.71	3.60	3.51	3.37	3.27	3.19	3.13	3.68	18
19	8.18	5.93	5.01	4.50	4.17	3.94	3.77	3.63	3.52	3.43	3.30	3.10	3.12	3.05	3.00	19
20	8.10	5.85	4.94	4.43	4.10	3.37	3.70	3.56	3.46	3.37	3.23	3.13	3.05	2.99	2.94	20
21	8.02	5.78	4.87	4.37	4.04	3.81	3.64	3.51	3.40	3.31	3.17	3.07	2.99	2.93	2.88	21
22	7.95	5.72	4.82	4.31	3.99	3.76	3.59	3.45	3.35	3.26	3.12	3.02	2.94	2.88	2.83	22
23	7.88	5.66	4.76	4.26	3.94	3.71	3.54	3.41	3.30	3.21	3.07	2.97	2.89	2.83	2.78	23
24	7.82	5.61	4.72	4.22	3.90	3.67	3.50	3.36	3.26	3.17	3.03	2.93	2.85	2.79	2.74	24
25	7.77	5.57	4.68	4.18	3.86	3.63	3.46	3.32	3.22	3.13	2.99	2.89	2.81	2.75	2.70	25
26	7.72	5.53	4.64	4.14	3.82	3.59	3.42	3.29	3.18	3.09	2.96	2.86	2.78	2.72	2.66	26
27	7.68	5.49	4.60	4.11	3.78	3.56	3.39	3.26	3.15	3.06	2.93	2.82	2.75	2.68	2.63	27
28	7.64	5.45	4.57	4.07	3.75	3.53	3.36	3.23	3.12	3.03	2.90	2.79	2.72	2.65	2.60	28
29	7.60	5.42	4.54	4.04	3.73	3.50	3.33	3.20	3.09	3.00	2.87	2.77	2.69	2.62	2.57	29
30	7.56	5.39	4.51	4.02	3.70	3.47	3.30	3.17	3.07	2.98	2.84	2.74	2.66	2.60	2.55	30
32	7.50	5.34	4.46	3.07	3.65	3.43	3.26	3.13	3.02	2.93	2.80	2.70	2.62	2.55	2.50	32
34	7.44	5.29	4.42	3.93	3.61	3.39	3.22	3.09	2.98	2.89	2.76	2.66	2.58	2.51	2.46	34
36	7.40	5.25	4.38	3.89	3.57	3.35	3.18	3.05	2.95	2.86	2.72	2.62	2.54	2.48	2.43	36
38	7.35	5.21	4.34	3.86	3.54	3.32	3.15	3.02	2.92	2.83	2.69	2.59	2.51	2.45	2.40	38
40	7.31	5.18	4.31	3.83	3.51	3.29	3.12	2.99	2.89	2.80	2.66	2.56	2.48	2.42	2.37	40
42	7.28	5.15	4.29	3.80	3.49	3.27	3.10	2.97	2.86	2.78	2.64	2.54	2.46	2.40	2.34	42

续表

Df_2	Df_1（分子的自由度）															Df_2
	1	2	3	4	5	6	7	8	9	10	12	14	16	18	20	
44	7.25	5.12	4.26	3.78	3.47	3.24	3.08	2.95	2.84	2.75	2.62	2.52	2.44	2.37	2.32	44
46	7.22	5.10	4.24	3.76	3.44	3.22	3.06	2.93	2.82	2.73	2.60	2.50	2.42	2.35	2.30	46
48	7.20	5.08	4.22	3.74	3.43	3.20	3.04	2.91	2.80	2.72	2.58	2.48	2.40	2.33	2.28	48
50	7.17	5.06	4.20	3.72	3.41	3.19	3.02	2.89	2.79	2.70	2.56	2.46	2.38	2.32	2.27	50
60	7.08	4.98	4.13	3.65	3.34	3.12	2.95	2.82	2.72	2.63	2.59	2.39	2.31	2.25	2.20	60
80	6.96	4.88	4.04	3.56	3.26	3.04	2.87	2.74	2.64	2.55	2.42	2.31	2.23	2.17	2.12	80
100	6.90	4.82	3.98	3.51	3.21	2.99	2.82	2.69	2.59	2.50	2.37	2.26	2.19	2.12	2.07	100
125	6.84	4.78	3.94	3.47	3.17	2.95	2.79	2.66	2.55	2.47	2.33	2.23	2.15	2.08	2.03	125
150	6.81	4.75	3.92	3.45	3.14	2.92	2.76	2.63	2.53	2.44	2.31	2.20	2.12	2.06	2.00	150
200	6.76	4.71	3.88	3.41	3.11	2.89	2.73	2.60	2.50	2.41	2.27	2.17	2.09	2.02	1.97	200
300	6.72	4.68	3.85	3.38	3.08	2.86	2.70	2.57	2.47	2.38	2.24	2.14	2.06	1.99	1.94	300
500	6.69	4.65	3.82	3.36	3.05	2.84	2.68	2.55	2.44	2.36	2.22	2.12	2.04	1.97	1.92	500
1000	6.66	4.63	3.80	3.34	3.04	2.82	2.66	2.53	2.43	2.34	2.20	2.10	2.02	1.95	1.90	1000
∞	6.63	4.61	3.78	3.32	3.02	2.80	2.64	2.51	2.41	2.32	2.18	2.08	2.00	1.93	1.88	∞

附表 3(4)：F 值表

$P = 0.01$

Df_2	\multicolumn{15}{c	}{Df_1（分子的自由度）}	Df_2
	22	24	26	28	30	35	40	45	50	60	80	100	200	500	∞	
1	6220	6234	6240	6250	6258	6280	6286	6300	6302	6310	6334	6330	6352	6361	6366	1
2	99.5	99.5	99.5	99.5	99.5	99.5	99.5	99.5	99.5	99.5	99.5	99.5	99.5	99.5	99.5	2
3	26.6	26.6	26.6	26.5	26.5	26.5	26.4	26.4	26.4	26.3	26.3	26.2	26.2	26.1	26.1	3
4	14.0	13.9	13.9	13.9	13.8	13.8	13.7	13.7	13.7	13.7	13.6	13.6	13.5	13.5	13.5	4
5	9.51	9.47	9.43	9.40	9.38	9.33	9.29	9.26	9.24	9.20	9.16	9.13	9.08	9.04	9.02	5
6	7.35	7.31	7.28	7.25	7.23	7.18	7.14	7.11	7.09	7.06	7.01	6.99	6.93	6.90	6.88	6
7	6.11	6.07	6.04	6.02	5.99	5.94	5.91	5.88	5.86	5.82	5.78	5.75	5.70	5.67	5.65	7
8	5.32	5.28	5.25	5.22	5.20	5.15	5.12	5.00	5.07	5.03	4.99	4.96	4.91	4.88	4.86	8
9	4.77	4.73	4.70	4.67	4.65	4.60	4.57	4.54	4.52	4.48	4.44	4.42	4.36	4.33	4.31	9
10	4.36	4.33	4.30	4.27	4.25	4.20	4.17	4.14	4.12	4.08	4.04	4.01	3.96	3.93	3.91	10
11	4.06	4.02	5.99	3.96	3.94	3.89	3.86	3.83	3.81	3.78	3.73	3.71	3.66	3.62	3.60	11
12	3.82	3.78	3.75	3.72	3.70	3.65	3.62	3.59	3.57	3.54	3.49	3.47	3.41	3.38	3.36	12
13	3.62	3.59	3.56	3.53	3.51	3.46	3.43	3.40	3.38	3.34	3.30	3.27	3.22	3.19	3.17	13
14	3.46	3.43	2.40	3.37	3.35	3.30	3.27	3.24	3.22	3.18	3.14	3.11	3.06	3.03	3.00	14
15	3.33	3.29	3.26	3.24	3.21	3.17	3.13	3.10	3.08	3.05	3.00	2.98	2.92	2.89	2.87	15
16	3.22	3.18	3.15	3.12	3.10	3.05	3.02	2.99	2.97	2.93	2.89	2.86	2.81	2.78	2.75	16
17	3.12	3.08	3.05	3.03	3.00	2.96	2.92	2.89	2.87	2.83	2.79	2.76	2.71	2.68	2.65	17
18	3.03	3.00	2.97	2.94	2.92	2.87	2.84	2.81	2.78	2.75	2.70	2.68	2.62	2.59	2.57	18
19	2.96	2.92	2.89	2.87	2.84	2.80	2.76	2.73	2.71	2.67	2.63	2.60	2.55	2.51	2.49	19
20	2.90	2.86	2.83	2.80	2.78	2.73	2.69	2.67	2.64	2.61	2.56	2.54	2.48	2.44	2.42	20
21	2.84	2.80	2.77	2.74	2.72	2.67	2.64	2.61	2.58	2.55	2.50	2.48	2.42	2.38	2.36	21
22	2.78	2.75	2.72	2.69	2.67	2.62	2.58	2.55	2.53	2.50	2.45	2.42	2.36	2.33	2.31	22
23	2.74	2.70	2.67	2.64	2.62	2.57	2.54	2.51	2.48	2.45	2.40	2.37	2.32	2.28	2.26	23
24	2.70	2.66	2.63	2.60	2.58	2.53	2.49	2.46	2.44	2.40	2.36	2.33	2.27	2.24	2.21	24
25	2.66	2.62	2.59	2.56	2.54	2.49	2.45	2.42	2.40	2.36	2.32	2.29	2.23	2.19	2.17	25
26	2.62	2.58	2.55	2.53	2.50	2.45	2.42	2.39	2.36	2.33	2.28	2.25	2.19	2.16	2.13	26
27	2.59	2.55	2.52	2.49	2.47	2.42	2.38	2.35	2.33	2.29	2.25	2.22	2.16	2.12	2.10	27
28	2.56	2.52	2.49	2.46	2.44	2.39	2.35	2.32	2.30	2.26	2.22	2.19	2.13	2.09	2.06	28
29	2.53	2.49	2.46	2.44	2.41	2.36	2.33	2.30	2.27	2.23	2.19	2.16	2.10	2.06	2.03	29
30	2.51	2.47	2.44	2.41	2.39	2.34	2.30	2.27	2.25	2.21	2.16	2.13	2.07	2.03	2.01	30
32	2.46	2.42	2.39	2.36	2.34	2.29	2.25	2.22	2.20	2.16	2.11	2.08	2.02	1.98	1.96	32
34	2.42	2.38	2.35	2.32	2.30	2.25	2.21	2.18	2.16	2.12	2.07	2.04	1.98	1.94	1.91	34
36	2.38	2.35	2.32	2.29	2.26	2.21	2.17	2.14	2.12	2.08	2.03	2.00	1.94	1.90	1.87	36
38	2.35	2.32	2.28	2.26	2.23	2.18	2.14	2.11	2.09	2.05	2.00	1.97	1.90	1.86	1.84	38
40	2.33	2.29	2.26	2.23	2.20	2.15	2.11	2.08	2.06	2.02	1.97	1.94	1.87	1.83	1.80	40
42	2.30	2.26	2.23	2.20	2.18	2.13	2.09	2.06	2.03	1.99	1.94	1.91	1.85	1.80	1.78	42

续表

Df_2	\multicolumn{13}{c}{Df_1（分子的自由度）}	Df_2
	22	24	26	28	30	35	40	45	50	60	80	100	200	500	∞	
44	2.28	2.24	2.21	2.18	2.15	2.10	2.06	2.03	2.01	1.97	1.92	1.89	1.82	1.78	1.75	44
46	2.26	2.22	2.19	2.16	2.13	2.08	2.04	2.01	1.99	1.95	1.90	1.86	1.80	1.75	1.73	46
48	2.24	2.20	2.17	2.14	2.12	2.06	2.02	1.99	1.97	1.93	1.88	1.84	1.78	1.73	1.70	48
50	2.22	2.18	2.15	2.12	2.10	2.05	2.01	1.97	1.95	1.91	1.86	1.82	1.76	1.71	1.68	50
60	2.15	2.12	2.08	2.05	2.03	1.98	1.94	1.90	1.88	1.84	1.78	1.75	1.68	1.63	1.60	60
80	2.07	2.03	2.00	1.97	1.94	1.89	1.85	1.81	1.79	1.75	1.69	1.66	1.58	1.53	1.49	80
100	2.02	1.98	1.94	1.92	1.89	1.84	1.80	1.76	1.73	1.69	1.63	1.60	1.52	1.47	1.43	100
125	1.98	1.94	1.91	1.88	1.85	1.80	1.76	1.72	1.69	1.65	1.59	1.55	1.47	1.41	1.37	125
150	1.96	1.92	1.88	1.85	1.83	1.77	1.73	1.69	1.66	1.62	1.56	1.52	1.43	1.38	1.33	150
200	1.93	1.89	1.85	1.82	1.79	1.74	1.69	1.66	1.63	1.58	1.52	1.48	1.39	1.33	1.28	200
300	1.89	1.85	1.82	1.79	1.76	1.71	1.66	1.62	1.59	1.55	1.48	1.44	1.35	1.28	1.22	300
500	1.87	1.83	1.79	1.76	1.74	1.68	1.63	1.60	1.56	1.52	1.45	1.41	1.31	1.23	1.16	500
1000	1.85	1.81	1.77	1.74	1.72	1.66	1.61	1.57	1.54	1.50	1.43	1.38	1.28	1.19	1.11	1000
∞	1.83	1.79	1.76	1.72	1.70	1.64	1.59	1.55	1.52	1.47	1.40	1.36	1.25	1.15	1.00	∞

附表 4：F_{max} 界值表

（哈特莱方差齐性检验）

Df	P	\multicolumn{11}{c}{K＝方差的数目}
		2	3	4	5	6	7	8	9	10	11	12
4	0.05	9.60	15.5	20.6	25.2	29.5	33.6	37.5	41.4	44.6	48.0	51.4
	0.01	23.2	37	49	59	69	79	89	97	106	113	120
5	0.05	7.15	10.8	13.7	16.3	18.7	20.8	22.9	24.7	26.5	28.2	29.9
	0.01	14.9	22	28	33	38	42	46	50	54	57	60
6	0.05	5.82	8.38	10.4	12.1	13.7	15	16.3	17.5	18.6	19.7	20.7
	0.01	11.1	15.5	19.1	22	25	27	30	32	34	36	37
7	0.05	4.99	6.94	8.44	9.70	10.8	11.8	12.7	13.5	14.3	15.1	15.8
	0.01	8.89	12.1	14.5	16.5	18.4	20	22	23	24	26	27
8	0.05	4.43	6	7.18	8.12	9.03	9.78	10.5	11.1	11.7	12.2	12.7
	0.01	7.5	9.9	11.7	13.2	14.5	15.8	16.9	17.9	18.9	19.8	21
9	0.05	4.03	5.34	6.31	7.11	7.8	8.41	8.95	9.45	9.91	10.3	10.7
	0.01	6.54	8.5	9.9	11.1	12.1	13.1	13.9	14.7	15.3	16	16.6
10	0.05	3.72	4.85	5.67	6.34	6.92	7.42	7.87	8.28	8.66	9.01	9.34
	0.01	5.85	7.4	8.6	9.6	10.4	11.1	11.8	12.4	12.9	13.4	13.9
12	0.05	3.28	4.16	4.79	5.3	5.72	6.09	6.42	6.72	7	7.25	7.48
	0.01	4.91	6.1	6.9	7.6	8.2	8.7	9.1	9.5	9.9	10.2	10.6
15	0.05	2.86	3.54	4.01	4.37	4.68	4.95	5.19	5.4	5.59	5.77	5.93
	0.01	4.07	4.9	5.5	6	6.4	6.7	7.1	7.3	7.5	7.8	8
20	0.05	2.46	2.95	3.29	3.54	3.76	3.94	4.1	4.24	4.37	4.49	4.59
	0.01	3.32	3.8	4.3	4.6	4.9	5.1	5.3	5.5	5.6	5.8	5.9
30	0.05	2.07	2.4	2.61	2.78	2.91	3.02	3.12	3.21	3.29	3.36	3.39
	0.01	2.63	3	3.3	3.4	3.6	3.7	3.8	3.9	4	4.1	4.2
60	0.05	1.67	1.85	1.96	2.04	2.11	2.17	2.22	2.26	2.3	2.33	2.36
	0.01	1.96	2.2	2.3	2.4	2.4	2.5	2.5	2.6	2.6	2.7	2.7
∞	0.05	1	1	1	1	1	1	1	1	1	1	1
	0.01	1	1	1	1	1	1	1	1	1	1	1

附表 5：双侧 U 检验的临界值表（α 值为 0.05）

N_L	1	2	3	4	5	6	7	8	9	10	11	12	13	14	15	16	17	18	19	20
1	—	—	—	—	—	—	—	—	—	—	—	—	—	—	—	—	—	—	—	—
2	—	—	—	—	—	—	—	0	0	0	0	1	1	1	1	1	2	2	2	2
3	—	—	—	—	0	1	1	2	2	3	3	4	4	5	5	6	6	7	7	8
4	—	—	—	0	1	2	3	4	4	5	6	7	8	9	10	11	11	12	13	13
5	—	—	0	1	2	3	5	6	7	8	9	11	12	13	14	15	17	18	19	20
6	—	—	1	2	3	5	6	8	10	11	13	14	16	17	19	21	22	24	25	27
7	—	—	1	3	5	6	8	10	12	14	16	18	20	22	24	26	28	30	32	34
8	—	0	2	4	6	8	10	13	15	17	19	22	24	26	29	31	34	36	38	41
9	—	0	2	4	7	10	12	15	17	20	23	26	28	31	34	37	39	42	45	48
10	—	0	3	5	8	11	14	17	20	23	26	29	33	36	39	42	45	48	52	55
11	—	0	3	6	9	13	16	19	23	26	30	33	37	40	44	47	51	55	58	62
12	—	1	4	7	11	14	18	22	26	29	33	37	41	45	49	53	57	61	65	69
13	—	1	4	8	12	16	20	24	28	33	37	41	45	50	54	59	63	67	72	76
14	—	1	5	9	13	17	22	26	31	36	40	45	50	55	59	64	67	74	78	83
15	—	1	5	10	14	19	24	29	34	39	44	49	54	59	64	70	75	80	85	90
16	—	1	6	11	15	21	26	31	37	42	47	53	59	64	70	75	81	86	92	98
17	—	2	6	11	17	22	28	34	39	45	51	57	63	67	75	81	87	93	99	105
18	—	2	7	12	18	24	30	36	42	48	55	61	67	74	80	86	93	99	106	112
19	—	2	7	13	19	25	32	38	45	52	58	65	72	78	85	92	99	106	113	119
20	—	2	8	14	20	27	34	41	48	55	62	69	76	83	90	98	105	112	119	127
21	—	3	8	15	22	29	36	43	50	58	65	72	80	88	96	103	111	119	126	134
22	—	3	9	16	23	30	38	45	53	61	69	77	85	93	101	109	117	125	133	141
23	—	3	9	17	24	32	40	48	56	64	73	81	89	98	106	115	123	132	140	149
24	—	3	10	17	25	33	42	50	59	67	76	85	94	102	111	120	129	138	147	156
25	—	3	10	18	27	35	44	53	62	71	80	89	98	107	117	126	135	145	154	163
26	—	4	11	19	28	37	46	55	64	74	83	93	102	112	122	132	141	151	161	171
27	—	4	11	20	29	38	48	57	67	77	87	97	107	117	127	137	147	158	168	178
28	—	4	12	21	30	40	50	60	70	80	90	101	111	122	132	143	154	164	175	186
29	—	4	13	22	32	42	52	62	73	83	94	105	116	127	138	149	160	171	182	193

续表

NL	\multicolumn{20}{c}{Ns}																			
	1	2	3	4	5	6	7	8	9	10	11	12	13	14	15	16	17	18	19	20
30	—	5	13	23	33	43	54	65	76	87	98	109	120	131	143	154	166	177	189	200
31	—	5	14	24	34	45	56	67	78	90	101	113	125	136	148	160	172	184	196	208
32	—	5	14	24	34	46	58	69	81	93	105	117	129	141	153	166	178	190	203	215
33	—	5	15	25	37	48	60	72	84	96	108	121	133	146	159	171	184	197	210	222
34	—	5	15	26	38	50	62	74	87	99	112	125	138	151	164	177	190	203	217	230
35	—	6	16	27	39	51	64	77	89	103	116	129	142	156	169	183	196	210	224	237
36	—	6	16	28	40	53	66	79	92	106	119	133	147	161	174	188	202	216	231	245
37	—	6	17	29	41	55	68	81	95	109	123	137	151	165	180	194	200	223	238	252
38	—	6	17	30	43	56	70	84	98	112	127	141	156	170	185	200	216	230	245	259
39	0	7	18	31	44	58	72	86	101	115	130	145	160	175	190	206	221	236	252	267
40	0	7	18	31	45	59	74	89	103	119	134	149	165	180	196	211	227	243	258	274

* 计算得的 U 值必需小于或等于表中的临界值,才能拒绝零假设。

北京大学出版社
教育出版中心 精品图书

21世纪高校广播电视专业系列教材
电视节目策划教程（第二版）	项仲平
电视导播教程（第二版）	程 晋
电视文艺创作教程	王建辉
广播剧创作教程	王国臣
电视导论	李 欣
电视纪录片教程	卢 炜
电视导演教程	袁立本
电视摄像教程	刘 荃
电视节目制作教程	张晓锋
视听语言	宋 杰
影视剪辑实务教程	李 琳
影视摄制导论	朱 怡
新媒体短视频创作教程	姜荣文
电影视听语言——视听元素与场面调度案例分析	李 骏
影视照明技术	张 兴
影视音乐	陈 斌
影视剪辑创作与技巧	张 拓
纪录片创作教程	潘志琪
影视拍摄实务	翟 臣

21世纪信息传播实验系列教材（徐福荫 黄慕雄 主编）
网络新闻实务	罗 昕
多媒体软件设计与开发	张新华
播音与主持艺术（第三版）	黄碧云 睢 凌
摄影基础（第二版）	张 红 钟日辉 王首农

21世纪数字媒体专业系列教材
视听语言	赵慧英
数字影视剪辑艺术	曾祥民
数字摄像与表现	王以宁
数字摄影基础	王朋娇
数字媒体设计与创意	陈卫东
数字视频创意设计与实现（第二版）	王 靖
大学摄影实用教程（第二版）	朱小阳
大学摄影实用教程	朱小阳

21世纪教育技术学精品教材（张景中 主编）
教育技术学导论（第二版）	李 芒 金 林
远程教育原理与技术	王继新 张 屹
教学系统设计理论与实践	杨九民 梁林梅
信息技术教学论	雷体南 叶良明
信息技术与课程整合（第二版）	赵呈领 杨 琳 刘清堂

教育技术学研究方法（第三版）	张 屹 黄 磊

21世纪高校网络与新媒体专业系列教材
文化产业概论	尹章池
网络文化教程	李文明
网络与新媒体评论	杨 娟
新媒体概论（第二版）	尹章池
新媒体视听节目制作（第二版）	周建青
融合新闻学导论（第二版）	石长顺
新媒体网页设计与制作（第二版）	惠悲荷
网络新媒体实务	张合斌
突发新闻教程	李 军
视听新媒体节目制作	邓秀军
视听评论	何志武
出镜记者案例分析	刘 静 邓秀军
视听新媒体导论	郭小平
网络与新媒体广告（第二版）	尚恒志 张合斌
网络与新媒体文学	唐东堰 雷 奕
全媒体新闻采访写作教程	李 军
网络直播基础	周建青
大数据新闻传媒概论	尹章池

21世纪特殊教育创新教材·理论与基础系列
特殊教育的哲学基础	方俊明
特殊教育的医学基础	张 婷
融合教育导论（第二版）	雷江华
特殊教育学（第二版）	雷江华 方俊明
特殊儿童心理学（第二版）	方俊明 雷江华
特殊教育史	朱宗顺
特殊教育研究方法（第二版）	杜晓新 宋永宁等
特殊教育发展模式	任颂羔

21世纪特殊教育创新教材·发展与教育系列
视觉障碍儿童的发展与教育	邓 猛
听觉障碍儿童的发展与教育（第二版）	贺荟中
智力障碍儿童的发展与教育（第二版）	刘春玲 马红英
学习困难儿童的发展与教育（第二版）	赵 微
自闭症谱系障碍儿童的发展与教育	周念丽
情绪与行为障碍儿童的发展与教育	李闻戈
超常儿童的发展与教育（第二版）	苏雪云 张 旭

21世纪特殊教育创新教材·康复与训练系列
特殊儿童应用行为分析（第二版）	李 芳 李 丹

特殊儿童的游戏治疗	周念丽
特殊儿童的美术治疗	孙 霞
特殊儿童的音乐治疗	胡世红
特殊儿童的心理治疗（第三版）	杨广学
特殊教育的辅具与康复	蒋建荣
特殊儿童的感觉统合训练（第二版）	王和平
孤独症儿童课程与教学设计	王 梅

21世纪特殊教育创新教材·融合教育系列

融合教育本土化实践与发展	邓 猛等
融合教育理论反思与本土化探索	邓 猛
融合教育实践指南	邓 猛
融合教育理论指南	邓 猛
融合教育导论（第二版）	雷江华
学前融合教育（第二版）	雷江华 刘慧丽
小学融合教育概论	雷江华 袁 维

21世纪特殊教育创新教材（第二辑）

特殊儿童心理与教育（第二版）	杨广学 张巧明 王 芳
教育康复学导论	杜晓新 黄昭鸣
特殊儿童病理学	王和平 杨长江
特殊学校教师教育技能	昝 飞 马红英

自闭谱系障碍儿童早期干预丛书

如何发展自闭谱系障碍儿童的沟通能力	朱晓晨 苏雪云
如何理解自闭谱系障碍和早期干预	苏雪云
如何发展自闭谱系障碍儿童的社会交往能力	吕 梦 杨广学
如何发展自闭谱系障碍儿童的自我照料能力	倪萍萍 周 波
如何在游戏中干预自闭谱系障碍儿童	朱 瑞 周念丽
如何发展自闭谱系障碍儿童的感知和运动能力	韩文娟 徐 芳 王和平
如何发展自闭谱系障碍儿童的认知能力	潘前前 杨福义
自闭症谱系障碍儿童的发展与教育	周念丽
如何通过音乐干预自闭谱系障碍儿童	张正琴
如何通过画画干预自闭谱系障碍儿童	张正琴
如何运用ACC促进自闭谱系障碍儿童的发展	苏雪云
孤独症儿童的关键性技能训练法	李 丹
自闭症儿童家长辅导手册	雷江华
孤独症儿童课程与教学设计	王 梅
融合教育理论反思与本土化探索	邓 猛
自闭症谱系障碍儿童家庭支持系统	孙玉梅
自闭症谱系障碍儿童团体社交游戏干预	李 芳
孤独症儿童的教育与发展	王 梅 梁松梅

特殊学校教育·康复·职业训练丛书（黄建行 雷江华 主编）

信息技术在特殊教育中的应用	
智障学生职业教育模式	
特殊教育学校学生康复与训练	
特殊教育学校校本课程开发	
特殊教育学校特奥运动项目建设	

21世纪学前教育专业规划教材

学前教育概论	李生兰
学前教育管理学（第二版）	王 雯
幼儿园课程新论	李生兰
幼儿园歌曲钢琴伴奏教程	果旭伟
幼儿园舞蹈教学活动设计与指导（第二版）	董 丽
实用乐理与视唱（第二版）	代 苗
学前儿童美术教育	冯婉贞
学前儿童科学教育	洪秀敏
学前儿童游戏	范明丽
学前教育研究方法	郑福明
学前教育史	郭法奇
外国学前教育史	郭法奇
学前教育政策与法规	魏 真
学前心理学	涂艳国 蔡 艳
学前教育理论与实践教程	王 维 王维娅 孙 岩
学前儿童数学教育与活动设计	赵振国
学前融合教育（第二版）	雷江华 刘慧丽
幼儿园教育质量评价导论	吴 钢
幼儿园绘本教学活动设计	赵 娟
幼儿学习与教育心理学	张 莉
学前教育管理	虞永平
国外学前教育学本文献讲读	姜 勇

大学之道丛书精装版

美国高等教育通史	［美］亚瑟·科恩
知识社会中的大学	［英］杰勒德·德兰迪
大学之用（第五版）	［美］克拉克·克尔
营利性大学的崛起	［美］理查德·鲁克
学术部落与学术领地：知识探索与学科文化	［英］托尼·比彻 保罗·特罗勒尔
美国现代大学的崛起	［美］劳伦斯·维赛
教育的终结——大学何以放弃了对人生意义的追求	［美］安东尼·T.克龙曼
世界一流大学的管理之道——大学管理研究导论	程 星
后现代大学来临？	［英］安东尼·史密斯 弗兰克·韦伯斯特

大学之道丛书

以学生为中心：当代本科教育改革之道	赵炬明
市场化的底限	［美］大卫·科伯
大学的理念	［英］亨利·纽曼
哈佛：谁说了算	［美］理查德·布瑞德利
麻省理工学院如何追求卓越	［美］查尔斯·维斯特

大学与市场的悖论	[美]罗杰·盖格
高等教育公司：营利性大学的崛起	[美]理查德·鲁克
公司文化中的大学：大学如何应对市场化压力	
	[美]埃里克·古尔德
美国高等教育质量认证与评估	
	[美]美国中部州高等教育委员会
现代大学及其图新	[美]谢尔顿·罗斯布莱特
美国文理学院的兴衰——凯尼恩学院纪实	[美]P.F.克鲁格
教育的终结：大学何以放弃了对人生意义的追求	
	[美]安东尼·T.克龙曼
大学的逻辑（第三版）	张维迎
我的科大十年（续集）	孔宪铎
高等教育理念	[英]罗纳德·巴尼特
美国现代大学的崛起	[美]劳伦斯·维塞
美国大学时代的学术自由	[美]沃特·梅兹格
美国高等教育通史	[美]亚瑟·科恩
美国高等教育史	[美]约翰·塞林
哈佛通识教育红皮书	哈佛委员会
高等教育何以为"高"——牛津导师制教学反思	
	[英]大卫·帕尔菲曼
印度理工学院的精英们	[印度]桑迪潘·德布
知识社会中的大学	[英]杰勒德·德兰迪
高等教育的未来：浮言、现实与市场风险	
	[美]弗兰克·纽曼等
后现代大学来临？	[英]安东尼·史密斯等
美国大学之魂	[美]乔治·M.马斯登
大学理念重审：与纽曼对话	[美]雅罗斯拉夫·帕利坎
学术部落及其领地——当代学术界生态揭秘（第二版）	
	[英]托尼·比韵 保罗·特罗勒尔
德国古典大学观及其对中国大学的影响（第二版）	陈洪捷
转变中的大学：传统、议题与前景	郭为藩
学术资本主义：政治、政策和创业型大学	
	[美]希拉·斯劳特 拉里·莱斯利
21世纪的大学	[美]詹姆斯·杜德斯达
美国公立大学的未来	
	[美]詹姆斯·杜德斯达 弗瑞斯·沃马克
东西象牙塔	孔宪铎
理性捍卫大学	眭依凡

学术规范与研究方法系列

如何为学术刊物撰稿（第三版）	[英]罗薇娜·莫瑞
如何查找文献（第二版）	[英]萨莉·拉姆齐
给研究生的学术建议（第二版）	[英]玛丽安·彼得 等
社会科学研究的基本规则（第四版）	[英]朱迪斯·贝尔
做好社会研究的10个关键	[英]马丁·丹斯考姆
如何写好科研项目申请书	[美]安德鲁·弗里德兰等
教育研究方法（第六版）	[美]梅瑞迪斯·高尔等
高等教育研究：进展与方法	[英]马尔科姆·泰特
如何成为学术论文写作高手	[美]华乐丝
参加国际学术会议必须要做的那些事	[美]华乐丝
如何成为优秀的研究生	[美]布卢姆
结构方程模型及其应用	易丹辉 李静萍
学位论文写作与学术规范（第二版）	李 武 毛远逸 肖东发
生命科学论文写作指南	[加]白青云
法律实证研究方法（第二版）	白建军
传播学定性研究方法（第二版）	李琨

21世纪高校教师职业发展读本

如何成为卓越的大学教师	[美]肯·贝恩
给大学新教员的建议	[美]罗伯特·博伊斯
如何提高学生学习质量	[英]迈克尔·普洛瑟等
学术界的生存智慧	[美]约翰·达利等
给研究生导师的建议（第2版）	[英]萨拉·德拉蒙特等
高校课程理论——大学教师必修课	黄福涛

21世纪教师教育系列教材·物理教育系列

中学物理教学设计	王霞
中学物理微格教学教程（第三版）	张军朋 詹伟琴 王恬
中学物理科学探究学习评价与案例	张军朋 许桂清
物理教学论	邢红军
中学物理教学法	邢红军
中学物理教学评价与案例分析	王建中 孟红娟
中学物理课程与教学论	张军朋 许桂清
物理学习心理学	张军朋
中学物理课程与教学设计	王霞

21世纪教育科学系列教材·学科学习心理学系列

数学学习心理学（第三版）	孔凡哲
语文学习心理学	董蓓菲

21世纪教师教育系列教材

青少年心理发展与教育	林洪新 郑淑杰
教育心理学（第二版）	李晓东
教育学基础	庞守兴
教育学	余文森 王晞
教育研究方法	刘淑杰
教育心理学	王晓明
心理学导论	杨凤云
教育心理学概论	连榕 罗丽芳
课程与教学论	李允
教师专业发展导论	于胜刚
学校教育概论	李清雁
现代教育评价教程（第二版）	吴钢
教师礼仪实务	刘霄
家庭教育新论	闫旭蕾 杨萍
中学班级管理	张宝书
教育职业道德	刘亭亭
教师心理健康	张怀春

现代教育技术	冯玲玉
青少年发展与教育心理学	张清
课程与教学论	李允
课堂与教学艺术（第二版）	孙菊如 陈春荣
教育学原理	靳淑梅 许红花
教育心理学（融媒体版）	徐凯
高中思想政治课程标准与教材分析	胡田庚 高鑫

21世纪教师教育系列教材·初等教育系列

小学教育学	田友谊
小学教育学基础	张永明 曾碧
小学班级管理	张永明 宋彩琴
初等教育课程与教学论	罗祖兵
小学教育研究方法	王红艳
新理念小学数学教学论	刘京莉
新理念小学音乐教学论（第二版）	吴跃跃
初中历史跨学科主题学习案例集	杜芳 陆优君
青少年心理发展与教育	林洪新 郑淑杰
名著导读12讲——初中语文整本书阅读指导手册	文贵良
小学融合教育概论	雷江华 袁维

教师资格认定及师范类毕业生上岗考试辅导教材

教育学	余文森 王晞
教育心理学概论	连榕 罗丽芳

21世纪教师教育系列教材·学科教育心理学系列

语文教育心理学	董蓓菲
生物教育心理学	胡继飞

21世纪教师教育系列教材·学科教学论系列

新理念化学教学论（第二版）	王后雄
新理念科学教学论（第二版）	崔鸿 张海珠
新理念生物教学论（第二版）	崔鸿 郑晓慧
新理念地理教学论（第三版）	李家清
新理念历史教学论（第二版）	杜芳
新理念思想政治（品德）教学论（第三版）	胡田庚
新理念信息技术教学论（第二版）	吴军其
新理念数学教学论	冯虹
新理念小学音乐教学论（第二版）	吴跃跃

21世纪教师教育系列教材·语文教育系列

语文文本解读实用教程	荣维东
语文课程教师专业技能训练	张学凯 刘丽丽
语文课程与教学发展简史	武玉鹏 王从华 黄修志
语文课程学与教的心理学基础	韩雪屏 王朝霞
语文课程名师名课案例分析	武玉鹏 郭治锋等
语用性质的语文课程与教学论	王元华
语文课堂教学技能训练教程（第二版）	周小蓬
中外母语教学策略	周小蓬

中学各类作文评价指引	周
中学语文名篇新讲	杨朴 杨旸
语文教师职业技能训练教程	韩世姣

21世纪教师教育系列教材·学科教学技能训练系列

新理念生物教学技能训练（第二版）	崔鸿
新理念思想政治（品德）教学技能训练（第三版）	
	胡田庚 赵海山
新理念地理教学技能训练（第二版）	李家清
新理念化学教学技能训练（第二版）	王后雄
新理念数学教学技能训练	王光明

王后雄教师教育系列教材

教育考试的理论与方法	王后雄
化学教育测量与评价	王后雄
中学化学实验教学研究	王后雄
新理念化学教学诊断学	王后雄

西方心理学名著译丛

儿童的人格形成及其培养	[奥地利]阿德勒
活出生命的意义	[奥地利]阿德勒
生活的科学	[奥地利]阿德勒
理解人生	[奥地利]阿德勒
荣格心理学七讲	[美]卡尔文·霍尔
系统心理学：绪论	[美]爱德华·铁钦纳
社会心理学导论	[美]威廉·麦独孤
思维与语言	[俄]列夫·维果茨基
人类的学习	[美]爱德华·桑代克
基础与应用心理学	[德]雨果·闵斯特伯格
记忆	[德]赫尔曼·艾宾浩斯
实验心理学（上下册）	[美]伍德沃斯 施洛斯贝格
格式塔心理学原理	[美]库尔特·考夫卡

21世纪教师教育系列教材·专业养成系列（赵国栋 主编）

微课与慕课设计初级教程	
微课与慕课设计高级教程	
微课、翻转课堂和慕课设计实操教程	
网络调查研究方法概论（第二版）	
PPT云课堂教学法	
快课教学法	

其他

三笔字楷书书法教程（第二版）	刘慧龙
植物科学绘画——从入门到精通	孙英宝
艺术批评原理与写作（第二版）	王洪义
学习科学导论	尚俊杰
艺术素养通识课	王洪义